JN278904

日中関係の管見と見証

国交正常化30年の歩み

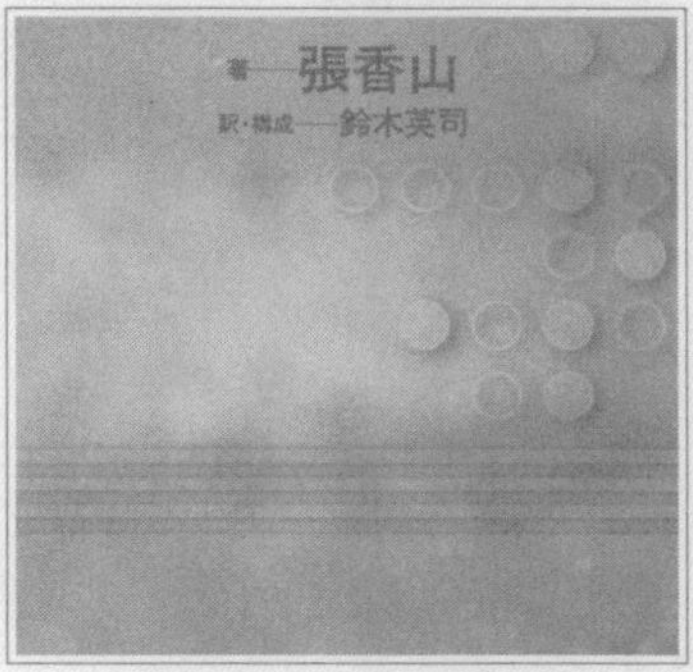

三和書籍

日本語版の刊行にあたって

一九九八年に「中日関係管窺与見証」が出版されてから、もうすぐ四年になる。今年は中日間の国交が正常化して三〇周年にあたる。両国人民にとってきわめて重要な年である。この度、これを記念するため、日本の友人鈴木英司先生の熱心なご支援により、本書が日本語に翻訳され、日本で刊行することになった。

書名が示すとおり、本書は主に中日両国の関係、そして筆者と日本の各界の人々との交流を記述したものである。これは主に両国の国交が回復した一九七二年から一九九七年までのものだが、日本語版には、私が二〇〇二年一月に開催された中日民間友好団体責任者会議において行った発言等を追加したため、本書では二〇〇二年までのものを記載することとなった。この論集の中には、国交回復前の両国関係に触れた文章もいくつかある。

本書の内容から分かるように、中日関係は国交回復後の三〇年間、政治、経済、文化、科学技術そして民間交流などのいろいろな面において順調な発展を遂げてきた。しかし、いくつかの面において曲折を経てきたことも事実である。この三〇年の日中関係は、主に以下の過程を経てきた。

(1)一九七二年から八一年まで…両国の関係は順調に発展しており、難しいトラブルは発生しなかったといって良い。

(2)一九八二年から九〇年代半ばまで…両国の関係は引き続き大きな発展を遂げたが、一方で食い違いや摩擦・トラブルが発生した。

(3)一九九〇年代半ばから…冷戦後の世界情勢と中日両国自身も激しく変化したことにより、両国の友好関係には大きな変化は生じなかったものの、両国間の食い違いや摩擦やトラブルも増加し、中日関係の健全かつ順調な発展の障害となった。

両国間の食い違いや摩擦・トラブルには政治問題も経済問題もあるが、主にその中心は政治問題である。しかし、このような政治問題は年ごとに異なった内容をもつもので、その根本的性格を分類すれば、主に二つの問題がある。即ち、歴史に対する認識と台湾問題であるが、その原因を究明すると、主に日本のある政治家・官僚や右翼たちが「中日共同声明」と「中日平和友好条約」の原則によって、この二つの問題を処理しないことにある。

本書中の文章は、両国間で生じた問題を善処し、友好協力関係をさらに引き続き発展させるため、これまでの実践をもとに、幾つかの重要な経験と教訓を述べたものである。この中には一〇年前、それ以前のものもあるが、今日の世界と日本の情勢はその時となんらかの違いはあるものの、よく考えてみると、これらの基本的な経験と教訓は時代遅れではなく、現実的な意義が有るといえよう。たとえば、両国民間の友好交流と民間外交をもっとしっかりしなければならない点についていえば、そのとき両国の国交を回復するため、最初は「民間往来」がその中心となり、その後は、「官民」つまり「政府と民間の二本立て」という形式が全体の流れとなったのである。そして民間の友好交流は、中日両国人民の友好交流を発展させてきた。その交流は、両国間にわだかまる不穏当な感情をなくし、両国の友好関係が損なわれることも抑止するという独特な役割を果たし続けてきたのである。

私は、両国の国民の真なる努力によって、両国の歴史の中でかつて経験したことがない新しい時代が到来しても、中日両国がともに発展を続け、さらなる友好の新しい一ページが開かれていくものと確信する。

最後に、本書の翻訳と出版のためにいろいろご協力をいただいた鈴木英司先生に衷心から感謝申し上げたい。

張香山

日中関係の管見と見証　目　次

日本語版の刊行にあたって

序　章　中日国交正常化への道

第一章　中日国交正常化

結章　中日国交正常化三〇周年を記念して

——友好と協力関係のさらなる発展を希求する——

序章　中日国交正常化への道

一、中日国交正常化以前の情勢

毛沢東主席、周恩来総理、そして鄧小平は、毛主席を核心とする中国共産党の第一代リーダー集団である。そしてまた鄧小平は、第二代リーダー集団の中心でもある。新しい中国が成立して以来、彼らは中日関係を発展させるうえで大きな役割を果たすと同時に、多くの問題に決定的な役割を果たしてきた。

毛沢東主席は、わが中国共産党の日本関係についての指導者である。新しい中国が成立してからの対日関係の総方針、総政策の多くは彼の指導的意見によって策定された。特に、抗日戦争初期からの日本国民を数少ない軍国主義者と区別して対処するという指導方針に従い、戦後の日本政府が米国に追随し中国を敵視するという状況を考慮しつつ、様々な政策が策定されていったのである。その総方針を総括すると、それは中日両国の国民の間（政府間ではない）の友好関係を発展させることによって米国を孤立させることであり、間接的には日本の国民に影響を与えることで日本政府に圧力を加え、日本政府の中国に対する敵視政策を変更させ、中日国交正常化を次第に実現させていこうとするものであった。

その方針を実現するため、毛主席は訪中した日本の要人と自ら会見し、宣伝、説明を行った。彼が初めて会見したのは一九九五年に訪中した戦前の右翼政治家久原房之助氏であったが、続いて同年一〇月国慶節に参加した超党派の議員による国会議員訪中団と会見した。日本の要人との会談に際し、毛主席は哲学的言葉でユーモアを交え次のように述べた。

「われわれ中国人は日本人と同じ人間であり、白色人種ではなく、有色人種です。有色金属は非常に高いものですが、それと同様に、私たちは有色人種を一文の価値のないように見てはいけません。中国も日本も偉大な民族であります。現在、私たち両国は同じところが他にもあります。これは、私たち両国の国民の頭が米国の圧力に抑えられているということです。その圧力は日本人と中国人の頭の上にあるだけでなく、南米国民の頭の上にもあります。これは、独立の問題です。あなたたちは遅かれ早かれその圧力から完全に離れることができると確信しています。」

そして、毛主席は

「あなたたちは過ちを犯した事がありますが、今ではそのお陰であなたたちの乗っていた植民地が無くなり、肩の上の負担もなくなりました。われわれ中国にも植民地がありません。その点において、私たちは米国を責める権利を持っています。」

と指摘した。続いて毛主席は

「私たちはお互いに助け合い、相互に文化交流を通して正常な国交関係を打ち立てるように努力しましょう。」

と励ましたのである。

一九五〇年代から、毛主席は多くの日本からの要人と会見したが、そのうち政治家だけでなく、文化界、科学界の方々や有名な社会活動家とも会見した。毛主席は、晩年、体の調子がよくないにもかかわらず、中日国交正常化を実現するために訪中した田中角栄首相、大平正芳外相、二階堂進官房長官等の日本政府メンバーと精力的に会見した。ここで注目すべき点は、毛主席が日本の大衆運動に非常に関心を持ち、一九六〇年の日本国民による「日米安保条約反対闘争」を高く評価したことである。

周総理は、わが国の対日関係の総方針を策定する上で大きな役割を果たした。彼は、わが党とわが国の対日方針を総合的に統括し実行した指導者であるが、彼は、わが国の対日政策を完全に実施するため、広く日本の各界人士と交流した。彼は、わが国の指導者層の中で最も広範な多くの日本人と交流した指導者であった。辻政信のような極右の人物や新左の人たちとも接触し、また政党では自民党はじめすべての野党、そして日本共産党から独立した労働党などの人たちとも会見した。その他、財界をはじめ文化、科学、体育界の人たち、また労働者、主婦、青年、学者まで幅広い交流を行ったのである。

周総理は、相手の意見に耳を傾けるのが上手であった。例えば、公明党委員長の竹入義勝氏が始めて訪中したとき、国交正常化について五項目の意見を提出した。それに対して周総理は、その五項目があれば中日国交正常化が実現できると賞賛したのであった。

また、周総理は自分の意見を相手に押し付けたことがない。相手に間違った見方があるとき、彼は適当に批判をするが絶対に攻撃をしない。日本では、田中首相との首脳会談のとき、周総理が外務省条約局長高島益郎氏を「法匪」と責めたと言われているが、実際にはそんなことはない。というのは、「法匪」という言葉は中国の辞書だけではなく、日本の辞書にも無いからである。周総理は、日本のお客様と違う意見をもっているときもあるが、その人に対しても態度を変えず、良き友人として扱った。

佐藤栄作氏は、在任末期に中国との関係を改善しようとして周総理に手紙を書いた。自民党幹事長保利茂氏は、その手紙を訪中する東京都知事美濃部亮吉氏に託し、周総理に渡そうとした。これがいわゆる「保利書簡」であるが、外交部はこれを読んで、その手紙に「二つの中国」という言い方があるから受け入れることができないとした。そのため、周総理は「その手紙を受け取ることができない。お持ち帰りください」と美濃部氏に述べた。美濃部氏はそれに対して理解を示したようだが、保利氏にとっては残念なことであった。

中日国交正常化の後、田川誠一氏の協力によって保利氏は初めて中国を訪問した。その時、周総理はすでに入院中であったが、保利氏の願いに応じて病院で会見した。その際、周総理は佐藤栄作氏からの手紙の受け取りを断った理由について説明し、「それはすでに去ったことなので気にしないで下さい」と慰めた。保利氏は、それを聞いて非常に感動されたようで、その後中日友好の推進派として、中日平和友好条約の締結に積極的な役割を果たした。

また、周総理は暗殺された淺沼稲次郎氏、暗殺の目的によって傷つけられた竹入氏など、中日友好のために自らをささげた日本の友人に対して弔慰や慰問の意を表した。また、中日友好の仕事が忙しく、選挙区へ戻る時間が無くなったため落選した古井喜実氏、川崎秀二氏などの友人に対しても、周総理は激励の言葉を伝えた。そして、彼は国交正常化の直前に「水を飲むとき、その源を忘れてはならない」という言葉を使って、日本の友人を感動させた。

周総理は、部下の報告を重んじた。例えば、一九七〇年当時、中国側の「日本軍国主義が復活した」という意見に対して、日本の友人にはこれに賛成する人が僅かだった。また、中日覚書貿易交渉の際、会談記録に「日本軍国主義が復活した」ということを書き入れるかどうかについて激しく論争したが、その後、私は周総理とともに外国からのお客様と会見した後、「日本軍国主義が復活した」という言い方は日本の友人になかなか受け入れられないということを報告し、その表現をさらに研究する必要があると提案した。

周総理はそれを聞いて、その表現の出所を解釈してくれた。それは、彼が朝鮮で朝鮮との共同声明について交渉した際、朝鮮側の試案に、その表現が用いられたとのことであった。その時、中国は文化大革命の最中であり、国家機関に日本研究者が少ないため、日本についての同志の方が自分よりもっと詳しいと思い、その「復活した」という表現を採用したというのである。そして、今の情況から見れば、その言い方はもう一度よく考える必要がある。「復活」の現在完成形(*The present perfect progressive*)を使わないで、その現在進行形(*the present progressive*)つまり英語の動詞の後ろにingをつける方が良いのではないかと周総理は提案した。それによって、私たちは「復活した」

という表現を使わなくなった。

　そして周総理は私に、現在のいわゆる軍国主義は昔の軍部独裁、軍部が政府を従えるという軍国主義と比べて大きな違いがあるので、それを研究する必要があると教えてくれた。その後、中国が国連の議席を取り戻し、そして米国との関係改善が進むに従って国際情勢は大きく変化した。中日関係においては、佐藤内閣の終焉によって中日国交正常化が実現し、その後しばらくの間、日本軍国主義の復活という問題が持ち出されることはなかったのである。

　鄧小平は一九五四年に北京へ転勤し、財政部長を担当、一九五五年には国務院秘書長に就任、また中聯部の仕事をする形で党中央の仕事を始めた。当時の対日関係において、中聯部は日本共産党を重要対象としていたため、鄧小平は日本共産党と接触することが多かった。彼は、徳田球一氏を除き、訪中した全ての日本共産党指導者と会見した。また一九五七年、彼は、ソ連十月革命勝利四〇周年祝賀の際に開かれた各国の共産党と労働者代表会議に参加し、日本共産党代表の志賀義雄、蔵原惟人の両氏と会見した。そして、一九六〇年にモスクワで開かれた二六ヶ国共産党と労働党の代表会談及び八一ヶ国共産党と労働党代表会議では、特に日本共産党代表団と接触し、意見を交換した。この主な目的は、日本共産党の進めるいわゆる現代修正主義と闘争について意見を交換することであった。

　文化大革命の時、鄧小平は間違った扱いをされたが、一九七三年にもう一度仕事に復活した。そして、一九七四年、一九七五年に、彼は周総理の代わりにあるいは周総理の委託によって多くの日本の友人と会見した。当時、対日関係の重点は日本と中日平和条約を締結することであった。一九七五年に三木内閣が成立し、彼らは反覇権条項を阻止しようとしたが、それについて鄧小平は批判を加えた。一九七六年の始め、鄧小平は再び仕事を辞めさせられたが、一九七七年彼はもう一度復帰し、特に一九七八年には中日友好条約の締結に力を注いだ。当時、華国鋒が主席であったが、中日友好条約の締結に決定的な役割を果たしたのは鄧小平であった。

二、一九五〇年代以降における対日政策の決定

前にも述べたように、一九五〇年代になると、中国は対日政策の総方針を策定し、その総方針にしたがって対日関係を展開した。われわれは一九五二年から積極的に日本の民間との往来を進め、日本の各界各層の訪中代表団を受入れた。また、われわれは代表団を日本に派遣して日本との民間貿易を行い、民間貿易協定と漁業協定に調印した。戦争で中国に残していた三万名の日本人俘虜を帰国させたり、また一部の戦犯を特赦したりもした。それらの仕事を通して、私たちは対日関係を進めるための経験を積み重ねたが、その他に解決しなければならない問題もまだ多くあった。

一九五四年の年末に吉田内閣が終わり、鳩山内閣が成立した。総理大臣になったばかりの鳩山氏は、中国と引き続き関係を発展させたいという意向を表明した。当時中国には国際活動指導委員会があったが、その主任は中聯部部長を兼任している王稼祥であった。彼は、中日関係の発展にしたがって中国の情況や対日方針を知るために中国を訪れようとする日本人が大勢いるという実情を知ると、日本側が中国の方針を理解するために、周総理が一九五四年一〇月に日本の国会議員代表団・日本学術文化代表団と会見した際の内容と、一九五五年一月に村田省蔵氏と会見した際の会談の概要を発表するよう、新華社に提案した。

それに対し、張聞夫外交部副部長等はその提案を検討した結果、その二回の会見の内容は、必ずしも総合的に対日政策を説明する文書ではないため、これとは別に、対日政策を総合的に説明する文書を策定する必要があるという意見を提出した。そして、張副部長は王稼祥が責任者としてその文書を起草すべきだと提案した。周総理の同意を得て、

王稼祥部長はすぐ対日関係に関する部門の責任者を集めて検討を行い、一ヵ月ぐらいかかってその文書を起草した。そして周総理の指示に従って政治局で検討され、一九五五年三月一日に可決された。

その文書のテーマは「中共中央の対日政策活動についての方針と計画」であった。それは、これまでの対日政策の総方針を肯定し、引き続きその総方針に従うということを表明したものであったが、特に、以下の五点について詳しく説明されていた。

第一、吉田内閣の失敗の原因についての分析

第二、鳩山内閣と吉田内閣の対外政策における相違点と共通点

第三、中国における対日政策の基本原則

第四、これからの対日政策と対日活動の方針と計画

第五、今後の情勢に関する予測

その文書は、わが党が初めて総合的に対日政策を説明した文献であり、日本との外交だけでなく、日本との関係について各方面にわたって検討が加えられたものであった。例えば、そこに明記されているわが国の対日政策の基本原則は、

第一、米軍が日本から撤退することを主張するとともに、米国が日本に軍事基地を建設することに反対する。

第二、平等互恵の原則に基づいて中日関係を改善し、段階的に外交関係の正常化を実現させる。

第三、日本国民を味方に引き入れ、中日両国の国民の間に友情を打ち立て、また日本国民の現状に同情すること。

第四、日本政府に圧力を加え、米国を孤立させ、日本政府に中国との関係を見直させる。

第五、間接的に日本国民の反米と日本の独立、平和、民主を求める運動に影響を与え、これを支持すること。

等である。また、文書は新しい情勢の下で行うべき七点を提起した。それは、

(1)中日貿易
(2)漁業問題
(3)文化友好往来
(4)中日両国の議会間の往来
(5)日本の中国に残した遺留民と日本の戦犯の問題
(6)中日国交正常化の問題(その点において特に戦争の賠償問題と戦争状態の終結の問題はこの段階では出さず、国交正常化のあと、それらの問題を解決する方が良いということを強調した)
(7)世論喚起について

等であり、その七点について実行性の高い計画をも詳しく規定したのであった。

私の知る限りでは、一九五五年に作られたその文書は、新中国の建国以来、対日政策についてのもっとも総合的なものであり、政治局の検討によって可決された初めてのものであったと思う。日本のある中国問題の専門家は、その文書は中国の対外政策の制定において組織の討論を経ず、一部の指導者の意志だけで決定された物であると批判しているが、以上の経過からみれば、その批判が的を得ていないということが充分に証明される。わが党と国の主な政策は、そのほとんどが党の組織と責任者団体の検討によって決められたものである。個人崇拝の時期においては、指導者の意志で政策が決められる傾向もあったが、すべての政策がそのように制定されたものであるとは限らない。例えば、中日両国の「共同声明」の内容を決める時、その中の多くの条文は五、六〇年代において繰り返し検討され、決定されたものである。「共同声明」の草案は、周総理によって作られた後、毛主席の意見を求めたが、最後には両国政府が合意した共同声明の内容について、政治局の協議を経て可決されたのである。

三、中日国交正常化の国際的背景

私は、新中国誕生からこれまでを概ね次の三つに分けて、その時々の国際環境について述べたいと思う。

(一) 新中国誕生から一九五〇年代中期

一九四〇年代の後半、世界は東西に対立する冷戦体制が形成された。一九四五年、毛沢東主席はわれわれが「一辺倒」の政策をとり、ソ連をはじめとする社会主義陣営に参加すると宣言した。それは、ソ連が中国革命に賛同・支持し、援助を提供してくれたからである。一九五〇年、中国とソ連は中ソ友好互助同盟条約を締結した。その条約は、日本および日本と同盟を組んだ帝国主義国家による中国侵略を抑止する作用を持っていた。一九五〇年、米国が朝鮮戦争に介入し、中国の台湾省及び沿海の諸島を侵略したことに対して、中国人民志願軍は朝鮮において米軍と戦った。当時、日本は米国に占領されており、吉田政府は米国に追随するだけであった。その後、米国は中国を除きサンフランシスコにおいて日本と一方的な平和条約を結んだ。さらに、日本は蔣介石が率いる台湾の国民党政府といわゆる「日華条約」を結んだ。そのため、一九五〇年代の中頃までは、中国と米国は敵視し合い、日本は米国に従うという情勢であった。しかしその一方で、われわれは日本の国民が中国との友好を希望し、米国の占領に反対し、独立と平和を求めたという事実を無視することはできなかった。そのため、当時われわれは米国、日本にまたがった政策と対峙する時に、日本国民の闘争を支持し、友好関係を打ち立てられるよう努力した。

（二）一九五〇年代中期から六〇年代後半

一九五四年、ジュネーブ会議によって朝鮮とインドシナ戦争の終結が実現し、国際情勢は比較的緩和した。しかし、その安定的局面は長く維持することができなかった。バンドン会議の影響により、植民地と半植民地国家の人民が独立実現のために闘争し、帝国主義の植民地体制を崩壊させていったからである。また、米国とソ連の軍拡競争が一段と激しくなり覇権争いも激化したが、米国はその一〇年余りの間も依然として中国敵視政策をとったのである。

米国は、中国の領土である台湾省を占領し、中国の内政に干渉すると同時に、ベトナム戦争を引き起こした。これに対し、中国はベトナムの要請に応じて莫大な援助をあたえた。その間、岸内閣と佐藤内閣は相変わらず米国に追随して中国を敵視していた。このように中日関係も不正常な状態であったが、日本国民の反米闘争と中国との友好を求める努力は依然として続いていた。ここで強調すべき点は、同時期に中国とソ連との矛盾が大きくなり、また互いに敵視し合うようになり、社会主義陣営の結束に揺らぎが生じてきたことであった。

中国とソ連が対立した原因は幾つかある。

第一は、イデオロギーについての論争である。一九五六年、ソ連共産党第二〇回大会の後、中国共産党とソ連共産党の間には、二つの「半問題」において意見の相違が表面化した。一つは資本主義社会から平和的に社会主義に移行することができるかどうかということであった。ソ連共産党は平和的な移行を強調したが、中国共産党は平和的移行の可能性は否定しないが、主要な手段はやはり暴力革命であると主張した。そして、中国共産党は平和的移行にも戦略上の利点があるため、ソ連共産党がこの問題において半分正しく半分間違っていると考えた。もう一つは、スターリンに対する評価についてである。中国共産党はスターリンを批判すべきであるとしたが、彼には三分の過ちに対して七分の功績はあり、その功績を無視してはいけないとし、そのためスターリンを全面的に否定してはならないと主張した。そして、ソ連共産党がスターリンを批判する前に諸外国の共産党に知らせなかったため、スターリンの評価においてもソ連共産党は半分正しく半分間違ったと中共は考えた。その後、イデオロギー論争は次第に複雑になり、範囲も拡大した。一九六〇年に入ると、時代の問題、平和と戦争の問題、平和競争と平和共存の問題、暴力革命の問題、レーニン主義が時代遅れのものであるかどうかの問題などについて、中ソ両国には大きな意見の違いがあった。中国共産党は、ソ連共産党を現代修正主義と攻撃したのに対し、ソ連共産党は中国共産党を極左の冒険主義と攻撃した。しかし、その相互の攻撃は空疎なものであった。

第二は、国際共産主義運動の指導権争いである。中国共産党とソ連共産党がそれぞれ自分の国際共産主義運動の総路線と総綱領を提出したということはその証拠である。

第三は、ソ連が中国を従えようとしたことである。中国はそれに対して反抗した。その問題において、中国側の方に道理があると思う。

第四は、国際情勢が緩和した方がいいか、それとも緊張したほうがいいかということについてである。ここでも、中ソ両国の認識は対立していた。なぜなら、ソ連は長期にわたる軍備拡張競争に迫られ国内の建設が遅れていたため、経済建設のために長い安定した期間が必要だったからである。それに対して、毛主席は違う意見を出した。当時、世界において民族解放運動が高揚しており、イラク革命の後にキューバ革命が続いたように、アジア・アフリカ・南米諸国において革命が次々に勃発した。また日本においては反安保闘争が大規模に行われていた。毛主席は、今の革命の情況から見れば、国際情勢が緊張した方が良いと主張した。比較的緊張した国際情勢は、圧迫された国民と民族を激励し、帝国主義と闘争する役割を果たすからであり、特に「東の風は西の風より強い」、つまり社会主義の力が西側帝国主義の力より強いというこの時期に、緊張した情勢を利用して一層革命を推し進めるべきであるとその理由を説明した。

これら一連の問題において、両国の対立と矛盾は激化の一途をたどり、中ソ両国はついに軍事衝突をするに至った。一九六九年に起こった珍宝島軍事衝突がそれである。

実際一九六〇年代の後半、中国をめぐる国際環境は非常に厳しかった。北には中ソ国境と中モン（中国とモンゴル）にソ連軍が結集し、一〇〇万人の軍隊が圧力をかけていた。南ではベトナム戦争が激化し、中国はそれに巻きこまれる恐れがあった。西には一九六二年に国境衝突のため戦ったインドがあり、終戦はしたものの再び戦争が起こる可能性があった。そして、東では佐藤内閣が引き続き米国に追随して、米国の「アジア戦略」に協力し、強硬に中国を敵視し抑制する政策をすすめていた。そのため、同時にわが国の東南西北で戦争が起こる恐れがあったのである。その上、中国は文化大革命を始めたため、国内も混乱していた。

（三）一九七〇年代以降

一九七〇年代に入り、毛主席と周総理は当時の情況を正しく判断し、厳しい情勢から新しい局面を切り開くように努力した。情勢を変えるために最も重要なことは、米国との関係を改善することと考えたのである。当時米国も、中国との関係改善を迫られていた。というのは米ソ対立は、米国が直面しなければならない厳しい問題であり、その上、米国はベトナム戦争の失敗を解消して、世界における覇権を保とうとしていたからである。米国にとって、ソ連の挑戦に対しては中国との関係改善が必要であった。彼らは、中ソ関係の悪化によって、それを実現できる可能性があると考えた。このように、中米ともに考えが一致したことにより、一九七一年七月、当時の米国務長官キシンジャーの訪中と、一九七二年二月にニクソン大統領の訪中が実現し、両国関係は正常化への道をたどったのである。

中米関係の改善は、そのまま中日関係の改善を推し進め、中日国交正常化に新しい契機を与えた。

第一に、米国が中国と関係を改善するために「頭越し外交」を行ったことで、日本国内に大きな反響が巻き起こったことである。これによって、日本は中国と国交正常化を実現する充分な理由を見つけたのであった。米国が中国と関係を改善することができるなら、日本が中国との関係正常化をすることも、無理ではなくなるということである。実際ニクソン大統領も、田中首相が中国と関係を改善し、国交正常化を実現するということに対して反対を唱えなかった。田中氏がニクソン氏とハワイで会談した時、中日国交正常化についてニクソンの了解を得たのであった。

第二の原因は、一九七一年一〇月、日本は米国と共に中国の国連復帰を阻止しようとしたが、これに失敗し台湾が国連から除名されたことである。これによって、国連は中華人民共和国が中国を代表する唯一の合法政府であることを認めたのである。

第三には、一九七〇年から、政治家を含む日本の各界の人士と友好組織が国交正常化の実現を目指して行動を開始し、「日中国交回復促進議員連盟」「日中国交正常化促進国民会議」等の組織が相次いで成立したことである。以上のような新しい背景の下で、彼らは積極的に活動し、集会を開いたり、代表団を中国に派遣したりした。自民党の各派閥の指導者たちや野党の指導者たちも相次いで中国を訪れ、中国との共同努力によって国交正常化を実現しようとしたのである。

第四には、佐藤内閣が沖縄問題を解決したあと退陣し、佐藤氏の後任に台湾と親しい福田氏ではなく、中日国交正常化に賛成する田中氏が就任したことである。自民党の三派、つまり三木派、大平派、中曽根派の支持を得て、国交正常化を主張する田中氏が内閣を作ったことよって、中日国交正常化は実現の途をたどったのである。

四、田中首相訪中の道を開く

佐藤氏が退陣の決意をした後、周総理は次期首相に大変関心をよせ、訪中した日本の友人と会見するたびに、その問題について話し合った。古井喜実氏とも、藤山愛一郎氏とも、その後、公明党の二回目の訪中代表団が来た時には二宮文造団長とも、周総理はその問題を話し合った。要するに、日本に新しい首相が誕生する前から、周総理は日本の世論の動向に重大な関心を払っていたのである。一方で、訪中した他の日本の友人(以上のほかに三木武夫氏、春日一幸氏などの重要人物)からも情況を聞くとともに、中日国交正常化をできるだけ早く実現するよう呼びかけた。その後、田中氏が当選し、中日国交正常化を一段と速く推し進めるという意志を表した途端、周総理はすぐにそれを歓迎するという意を表明した。一九七二年七月九日、イエメン総理歓迎宴会において、周総理は「田中内閣はすでに七日に成立し、外交において中日国交正常化を目標とすることを明確に表明した。それは歓迎に値することであります」と発言し、田中氏の訪中を誘ったのである。

その後、周総理はただちに東京にある中日覚書貿易事務所の首席代表に肖向前を派遣し、続いて上海歌舞団の訪日を利用して孫平化を団長として派遣、日本の政府要人と広く接触して田中氏の訪中を推し進めるよう指示した。この時、周総理は二人に対し、二人の身分は連絡員でしかないために独断で交渉してはならないこと、中日国交正常化は両国の指導者の交渉を経なければ実現できないことを指示した。孫平化と肖向前は、よく自分の任務を達成した。その間、周総理は田中氏の訪中について何度も会議を開き、分析し検討を加えた。これらの会議は、ほとんど人民大会堂で行われた。各部門の責任者は、最近の日本の政局について報告したり、また中国がそれらの情況を報道する時の注意点を検討したりして、新しい情況に応じた対策を練った。また、周総理は自分が考える措置を参加者に述べて意見を求め、思想を統一し、それに歩調をあわせるように努めた。

ここで、二つのことを述べなければならない。

第一は、日本社会党委員長の佐々木更三氏が七月一二日に訪中したことである。佐々木氏の訪中前、田中氏は彼と会見し、日本政府は中国側の提出した復交三原則を認めるが、その内容をどのように公表するのかまだ相談する必要があるということも表明していた。佐々木氏が田中首相の意を周総理に伝えると、周総理は田中首相が中国を訪れ国交回復について話し合うことに対して歓迎の意を表明した。佐々木氏は帰国したあと、周総理の意を田中氏に伝えたのであった。

第二は、公明党の竹入委員長が「和風キッシンジャー」として中国を訪問したことである。「和風キッシンジャー」の派遣を提案したのは、公明党の二宮文造氏であった。公明党の第二次訪中団が五月に北京で周総理と会談した時、二宮氏は田中氏が首相になって中日国交正常化のために中国を訪れるなら、中国側はそれを歓迎するのかという質問をした。周総理は、「今度の訪中が実現したら、日本側は吉田・岸・佐藤という体系を打ち破ったことになり、それほどの勇気ある方が中国に来るのであれば、それを歓迎するのは当たり前のことであり、そうしないと正義に反する」と答えた。周総理は、また次のようにも言った。「もし、公明党の委員長あるいは副委員長が田中先生に会ったら、私の意見を伝えて下さい。日本では、帝国大学の卒業生か軍人しか首相になることが出来ないといわれている。しかも早稲田のような有名な大学の卒業生もだめで、他の大学の卒業生はもちろんだめだと言われている。田中氏のような出身の方が首相になることは、日本の官僚政治の伝統を打ち破ることである」と。

二宮氏は鋭敏な政治家で、周総理に「もし、田中氏に言いたいことがあったら、私にお任せください」と述べた。そして、頭が痛い問題であるが、まず「和風キッシンジャー」を中国に派遣していいかという質問を加えた。これに対し、周総理は彎曲に「それは私が言うことではなく、日本側が自ら決めることである」と答えた。そのため、二宮氏は周総理に派遣の意思をつたえ、周総理は歓迎の意を表したが、実際に周総理は「和風キッシンジャー」が訪中することを確かに望んでいた。それによって、前もって共同声明の草案を作成することができ、両国の首相の交渉が合意しやすくなるからである。

当時、自民党の内部は中日国交正常化についての意見が統一されていなかったため、その中で自民党内に適当な人物を見つけるのは難しいことであった。もし「和風キッシンジャー」がいなければ、通常の外交ルートを通して草案を作成することになり、それによって機密が洩れる恐れがある。これを防ぐため、田中首相は信頼できる人物として、自民党ならぬ公明党の竹入義勝氏を選んだのであった。

竹入氏は、中国側に信頼度が高い政治家であった。竹入氏は中日国交回復五原則を提出したことがあり、中日友好のために右翼に傷つけられたこともある。それに、竹入氏は田中首相との個人的な関係も良いため、「和風キッシンジャー」として周総理が歓迎できる人物でもあった。竹入氏は周総理と会談した際、遠慮せずにいろいろ要求を出したが、そのうち公明党の立場としては出してはならない問題があると釈明した。周総理はそれに対して、「あなたは公明党の立場でなく友人の立場にたって中国に来た。確かに、あなたは公明党の中国国交回復を要求する立場にたって田中先生の意思を伝えに来たのだが、この問題においては公明党の立場とは矛盾しない」と慰めた。

周総理は竹入氏と三回の会談を行った。三回目の会談で、周総理は毛主席の合意を得た中日共同声明の八条の内容と三項の草案を出し、これを竹入氏に託した。竹入氏は、その草案の内容を一気に書き写した。そして、帰国後の八月四日、田中首相に中国側の国交回復への意見を伝え、いわゆる「竹入メモ」を田中首相と大平外相に渡した。このように、竹入氏の訪中は田中首相の訪中実現に決定的な役割を果たしたのである。これによって、田中首相と大平外相は中国側の国交回復の要求をはっきり理解し、中国訪問を決めたのである。八月一一日、大平外相は孫平化および肖向前と会見し、正式に田中首相の中国訪問の決定を伝えた。周総理はその知らせを聞いて、早速「田中首相を中日国交正常化の問題について交渉し、解決するため中国に招待する」ということを発表するよう姫鵬飛外交部長に指示した。これによって田中首相の中国訪問は確実となった。その後、大平外相は友人の古井喜実氏に託して、日本側の共同声明対案を中国に送った。

周総理は、できるだけ早く中日国交正常化を実現させようとする田中首相の政策を賞賛した。それと同時に、彼は中日国交正常化を阻害する情況も軽視しなかった。田中首相は、訪中前に小坂善太郎氏を団長とする自民党議員代表団を中国に派遣した。これは、議員が二三名もいる大きな代表団であったが、中国について詳しい人は少なかった。周総理には、議員たちに中国を理解する機会を与えることによって、中日国交正常化の支持を得るという田中氏の目的がはっきり分かっていた。

ところが、代表団の帰国前夜に大変な問題が発生したのである。盛大な答礼宴会が終わってしばらくたってから、周総理は台湾と日本の通信社の報道を知った。記事によれば、椎名氏が特使として台湾へ行き、台湾の政府に日本が中国と国交正常化を実現した後も相変わらず台湾の政府と外交関係を維持するということを表明したというのである。それは重大なことであり、はっきりしなければならない問題であった。

そのため、周総理は夜遅く、もう一度小坂氏をはじめとする主な代表団員と会見し、その報道は確かかどうか、田中氏の決心が動揺したのかどうか、椎名氏の発言が日本政府あるいは田中氏の意思を代表するものであるかどうかかなどを質問した。私の記憶によると、その夜の雰囲気は非常に厳しかった。小坂氏はその場の緊張した雰囲気を感じ、自分の考えとしてその報道は確かではない。それは田中氏がもう決心したからであると言明した。周総理はまた他の団員にも質問したが、彼らが同じ返事をしたため、皆さんが同じ答えなので私は安心したと発言した。

そして、彼は中日両国が国交正常化したら、日本は必ず台湾と国交を断絶しなければならないという原則をもう一度強調した。そして、廖承志と小坂氏との会談の内容をひとりずつ配り、それを日本に持ち帰るよう要請した。廖承志の発言は周総理の指示のもとで行われたものであり、その中で、中日関係を発展させるには「一つの中国、一つの台湾」に反対しなければならないという原則を説明したのである。

その会談が終わると、もう深夜であった。また当日は、古井氏が北京に滞在していたため、周総理は古井氏を人民大会堂に呼び、古井氏に椎名氏の発言についての報道を紹介し、併せて先の会談の内容をも紹介し、椎名氏の発言は本当かどうかと質問した。古井氏も、椎名氏の発言はでたらめなことだとし、田中氏の国交正常化を実現するという決心は変わらないと信じていると述べたのであった。

以上は、周総理が当時の日本の国内情勢に大きな関心を持ち、両国関係の正常化に影響がある問題について非常に重視していたことを証明したものであるが、これによっても周総理が、中日国交正常化の実現のために自ら関与し、事を適切に処理し、そして直接指導することによって組織の役割を果たしたということが言えるのである。

第一章　中日国交正常化

一、中日国交正常化前後

――「共同声明」調印によって開かれた新しい友好の歴史――

中日国交正常化を実現するため、日本の田中角栄首相は周恩来総理の招待に応じ、一九七二年九月二五日北京を訪問した。そして、双方は三日間にわたる交渉を経て九月二九日午前『共同声明』に調印した。それによって、中日両国は半世紀にわたる敵対関係に終止符を打ち、友好的な歴史の新しいページを開いたのである。

貴重な機会

一九七二年九月二七日の午後八時半、毛沢東主席は田中首相と会談した際、「数十年、百年近くにわたって達成できなかった協議は、数日以内に解決する」と発言したが、これに対し田中氏は「時機が熟しさえすれば、すぐ解決できる」と発言、毛主席もこれに同意を表した。

当時の状況から見ると、中日国交正常化実現の時期は既に熟していた。それは第一に、世界の潮流が変化したことにある。一九七二年のニクソン米大統領の中国訪問は、米国の中国敵視政策を変更せざるを得ないことを示していた。第二に、中日友好が人心の向かうところとなっていたことである。当時、日本では中日国交正常化の実現を求める大規模な大衆運動が起こった。これについては、野党と無党派の議員による活動が中日国交回復への道を切り開いたと田中首相も述べている。第三に、「正常化は両国にとっても必要であった」（毛主席の言葉）ことである。

機は熟したとはいえ、この時をつかまえるか否かがカギとなった。日本側から見ると、田中首相がこの時機をつかんだと言ってよいが、彼は首相に就任する四ヵ月前、既に中日国交正常化を求めるべきだと発表していた。彼は七月七日の首相就任当日、中日国交正常化を実現させるための会談を早めるべきだと表明した。田中首相のこの主張は、大平、三木、中曽根派の支持を得た。これに対し、中国では佐藤栄作内閣が退陣する気配がした時期から、周総理は中日国交の回復への動きを早めていた。一九七二年五月一日には、日本公明党の第二次訪中団が中国を訪問。周総理は二宮文造副委員長と会見の際、「もし田中内閣が実現し、中日国交の問題を解決しようとして中国へ来るなら、私たちは歓迎する。それは吉田茂、岸信介、佐藤栄作と続く体制を打ち破ることになるからだ。こういう勇気のある人が中国に来るなら、これを歓迎するのは当たり前であり、そうしないと正義に反する。公明党の委員長もしくは副委員長が田中氏に会ったら伝えてください」と明確に述べた。二宮氏は帰国の翌日、竹入義勝委員長と一緒に田中氏に会い、周総理の話を伝えた。

六月一七日佐藤栄作氏は退陣したが、周総理は日本政局の動向に注目し、七月七日、田中氏の中華人民共和国との国交正常化の実現を早めたいとの談話を聞くと、直ちに「田中内閣が実現し、外交面において中日国交正常化の実現を早めることは歓迎に値すべきことだ」と、イエメン総理歓迎宴会において表明。迅速な反応は日本で大きな反響を引き起こした。

七月一六日、周総理は中国を訪問した佐々木更三日本社会党委員長と会見した。佐々木氏は、田中首相は決心が強く、自分の手で中日国交を回復しようとしていると発言したが、これに対し、周総理は「私は信頼してよいと思う。北京の空港は首相または大臣に開放している」と述べた。佐々木氏は帰国後、田中首相に周総理の話を伝えたが、周総理の迅速かつ適切な対応は、田中首相の中国訪問への動きに拍車をかけた。

日本の「キッシンジャー」

田中首相には、中国側が彼の中国訪問に歓迎の意を表したことを喜んだものの、不安もあった。田中首相は、中国を敵視する佐藤内閣の下で、通産大臣と自民党幹事長を歴任したことがあるので、中国が彼のことを十分に信じているかどうかを心配していた。そして彼は、親友である竹入義勝公明党委員長に、自分より先に中国を訪問してもらうことを要請、正木良明氏と大久保直彦氏が竹入氏に同行することとなった。

周総理は、七月二七日から二九日までの三日三晩、約一〇時間にわたって人民大会堂で竹入氏一行と会談を行った。会談は三回にわたったが、第一・二回めの会談で、竹入氏は主に中国に来る前に田中氏と話した問題を紹介した。周総理はその話をよく聞いた上で竹入氏の質問に一つずつ答え、その上で中国の対米政策や台湾問題について詳細に紹介した。

第三回めの会談において、周総理は前の二日間に話した内容を八項目にまとめて竹入氏に示した。これは、後の国交回復の際に発表された共同声明の基本内容となった。この八項目の主な点は、

一、戦争状態はこの共同声明が発効と同時に終結する。
二、日本国政府は中国が提出した国交回復三原則を十分に理解し、中華人民共和国政府が中国唯一の合法政府であることを承認し、国交を結び、大使を互いに派遣する。
三、中日両国の国交樹立は両国国民の長年にわたる願望にも合致し、世界各国の国民の利益にも合致する。
四、双方は、平和共存五原則に基づいて、中日両国の関係を処理することに同意する。中日両国の紛争は平和的話し合いを通じて解決し、武力や武力による威嚇に訴えない。
五、覇権を求めず、覇権主義に反対する。
六、平和共存五原則に基づいて、平和友好条約を締結する。
七、中華人民共和国政府は日本国に対する戦争賠償請求権を放棄する。
八、双方は通商、航海、航空、気象、漁業、科学技術などの協定をそれぞれ締結する。

というものであった。

以上の八項目のほか、周総理はまた三項目を黙約として、口頭で提案した。それは、

一、台湾は中華人民共和国の領土であって、台湾を解放することは中国の内政問題である。

二、共同声明が発表された後、日本国政府は台湾からその大使館、領事館を撤去し、また、効果的な措置を講じ、蒋介石集団の大使館、領事館を日本から撤去させる。

三、戦後の台湾における日本の団体や企業および個人の投資は、台湾が解放される際に適当な配慮が払われるものとする。

というものであった。これらは、日本側の難しい事情に配慮して声明に書き込まなかったが、竹入氏ら三人は周総理が口述した八項目と後の三項目を一項目ずつはっきりメモした。そして、この「八項目」は、田中、大平両氏の意見を全部まとめたもので、これで自分の訪中の任務が達成されたと竹入氏は喜びの意を表明した。

東京に戻ると、彼は直ちに田中首相と大平外相に会談の内容を報告した。これに対し日本側は、八月一一日大平外相が孫平化との会見の際に田中首相の訪中希望を伝えた。周総理は、孫平化からの報告が届くと、その晩人民大会堂に関係者を呼び、姫鵬飛外交部長に対して周総理が田中首相の訪中を歓迎し招待するという声明を発表するよう指示した。これに対し、一五日、田中首相は孫平化、肖向前との会見の際、周総理の招待に感謝すると表明。これによって田中首相の訪中が決定した。

もう一人の「キッシンジャー」

竹入氏は田中首相、大平外相と会談した時、彼らが中国の八項目に異議がないこと、そして日本側がそれを受け入れられるだろうということを孫平化を通じて中国側に伝えてもらったが、その時彼らは「黙約三項目」について、将

来何か秘密協定でもあったかと疑われた時困ったことにならないように、前の二項目を声明にうまく書き込む用意があったようである。また、第三項目については、大平外相は日台の国交が断たれた後、日台間の経済貿易問題を処理するために、台湾に民間機構を設置するという希望を表明した。私たちは、竹入氏の報告は大平外相の正式の意見ではないということを考慮し、田中首相もしくは大平外相の正式な返事を待つ必要があった。九月九日から長期にわたって覚え書き貿易に従事してきた古井喜実氏と田川誠一氏、松本俊一氏が北京に来た。古井氏のこの訪中は大平外相より依頼されたものであり、その目的は日本政府の共同声明に関する意見を中国に伝え、その上で中国側の意見を求めることにあった。

九月一二日、二〇日と、周総理は二回にわたって古井氏らと会見し、彼らに日本側案に対する意見を要約して説明した。それは、はじめの三点は大体採用できるが、文章は双方が会談するときまた協議し決定する。また、本文の八項目にも基本的に同意するというものであった。ただし、戦争状態の終結についての表現、また国交回復三原則に対する態度、またどのように日台関係の断絶を表明するかという点については双方にまだ距離があり、言葉づかいについても再び協議する必要があった。周総理は、これらのすべては首脳会談の中で協議することによって完璧な解決を求めることができるとし、また各項目の中で「中日友好」、「他を排せず」という言葉を用いてもよいと述べた。

九月一四日から二〇日まで、小坂善太郎自民党中日国交正常化協議会会長を団長とする自民党議員団の一行が中国を訪問した。彼らは、田中一行の訪中の先遣隊であると表明した。彼らは一五日に廖承志等と会談を行ったが、小坂氏は、自民党内で賀屋興宣氏らの台湾派が「一中一台」の各種謬論を作っていることを詳細に紹介した。周総理はそれを知った後、一七日の会談で賀屋氏らの行動に厳しく反論し、また同時に、自民党のなかで中日友好と正常化の実現を主張した多数派を賞賛せよと廖承志に指示を出した。廖承志の談話の原文は周総理によって何回も修正された後、毛主席もこれに目を通した。一九日の深夜、周総理は再び小坂訪中団の主要メンバー、そして訪中団と一緒に来た橋本恕日本外務省中国課長を招き会談を行った。それは、椎名悦三郎自民党副総裁が特使として派遣された台湾において、また台湾から東京に戻ったとき、日本と中国が国交を回復した後も、外交関係を含め日台関係を維持すると言明したことに関するものであった。この会談で、周総理はこの内容を訪中団に伝え、再び中国の国交回復三原則を厳格に表明した。小坂氏らはそれを聞いた後、中日両国の国交を回復した後に台湾と外交関係を持つことは不可能であると、訪中団のすべての団員はそう思っており、田中首相は信頼できる、彼が中国に来たら彼と十分に意見を交わすことによって、必ず有意義な結論を出すことができると明確に表明した。これに対し、周総理は小坂氏に今夜の会談の内容を田中首相に報告してほしい、自分も毛主席に報告すると述べた。

「小異を残して、大同を求める」周総理の大胆な発想

九月二五日、田中首相一行が北京に到着し、両国の目が国交正常化一点に集中した。すなわち、首脳会談を通じ、共同声明についての協議を達成することである。

午後、まず両国首脳は会見を行ない、双方の重要なメンバーがこれに参加した。

会見後の第一回目の首脳会談で、田中首相は冒頭で、双方は二九日に共同声明の発表と中日国交正常化の実現を目標とし、そして二つの問題に注意しなければならないと単刀直入に表明した。それは、

第一に、中日国交正常化を実現するために、日本は台湾との関係を自発的に断ち切る必要がある。しかし、それによって自民党と日本の中で問題が起きるのを避けること。

第二に、台湾の地位の変動によって東アジア情勢が変化が起こり、それによってソ連が介入することを避けなければならない、共同声明については大平外相に協議してもらったと述べた。続いて大平外相は、田中首相は政治生命と命の危険をかえりみず訪中を決心した、中日国交正常化の事業を達成させることには歴史的意義があり、この事業は

是非成功させなければならないと述べ、しかし、国交樹立においては二つの問題があると述べた。それは、

第一に、われわれは中国の復交三原則を十分に理解し、中国の「日台条約は不法、無効であり、廃棄すべきだ」という立場に少しの異義をはさむものはでなく、また、貴国にこの見解を変更していただくこともしない。ただ、日本の立場を言うと、この条約はすでに日本の国会の批准を得ており、日本政府は当事国として責任を持っている。もし、日本が完全に中国側の見解に同意するとしたら、日本政府は過去の二〇年間、ずっと国会や国民をだましてきたことになるので、きっと批判されることになる。われわれの考えでは、中日国交正常化が実現すれば、日台平和条約の役割は終了するということになるので、中国にこの立場を理解してほしい。

第二に、日本と第三国との関係について、すなわち日米関係は日本の存在にとって極めて重要な意義を持つものであり、われわれの立場は日米の既存の関係を踏まえて、中日国交正常化を図りたいというものであった。

そして、今回持ってこられた共同声明の草案は皆さんの見解も十分に考慮し、同時にわれわれの立場も反映しており、われわれは貴国との協議によって、実行可能な共同声明を作りたいのだ。また、もうひとつ、共同声明とはおそらく関係ない問題だが、国交正常化が実現したら、日本と台湾の間でどのように関係を続けてよいかという現実的措置を考え出すために、貴国と十分に相談したいとつけ加えた。大平外相の発言が終わった後、周総理が七つの問題を提案した。それは、

一、中日両国の国交回復は双方の「大同」であり原則でもある。この原則に基づいて、ほかの問題は解決できる。

二、日本側は田中首相が誕生した後、中国側の提出した国交回復三原則を十分に理解した立場に立つと何度も述べてきた。これを踏まえ、われわれは日本政府の直面している部分的困難について配慮したい。

三、田中首相は、日本国と中華人民共和国の外交関係が回復することによって、日台条約は自発的に失効し、日台の外交関係も断絶するとはっきり表明した。私はあなた方の果断に感服する。

四、政治の面から問題を解決し、一部の歴史の面における問題を処理するのに、法律の条文にこだわらないこと、会談後、条約形式を採らずに、共同声明を発表することに同意する。その後また平和共存五原則に基づいた平和友好条約を締結してよい。

五、声明の中に、中日友好は他を排しないと明記する。第三国との関係や日米安保問題について不満はあるものの、触れなくてもよい。それはあなた方のことである。

六、共同声明の中に戦争状態が終結したと宣告すべきである。あなた方は戦争状態の終結を「確認」するという言葉遣いにしたが、これに対して、われわれは完全に同意するわけではない。この書き方ではサンフランシスコ平和条約が締結された後、中日間の戦争状態がもはや終結したと理解されるからである。二人の外相に頭を働かせてもらい、双方に納得できるような文面を考えてもらいたい。

七、声明の中に、あなた方が中日国交回復の三原則を理解するということを書いてほしい。

というものであった。

翌日の午前、外相会談が行われた。まず、高島益朗条約局長が日本側の考え方を説明した。それは、主に法律の角度から日本側案の一部の条文を弁護した。彼は日台条約が不法であると反論されるのを恐れ、日本が台湾を放棄することのみを承認し、台湾が中国に戻ることを避け、そして中国が賠償戦争請求権の放棄に言及した時には、日台条約締結の際、すでに賠償の請求権を放棄すると宣布したことによって、ここで再び共同声明に書き入れる必要がないと表明した。私たちは自分の案を説明し、そして高島氏の観点に同意できないことを表明した。午前の会談が終わった後、姫鵬飛外交部長が外相会談の状況をただちに周総理に報告した。

午後に行われた二回目の首脳会談で、周総理は次のように述べた。

第一に、田中首相は昨日の宴会での挨拶で、「過去数十年にわたって、日本が中国国民に多大な迷惑をかけた」と述べられたが、この言葉はわが国の国民に強い反響を巻き起こした。

第二に、双方が国交回復の交渉をする時、政治面から考えて法律条文にこだわらないこと。そうでないと、双方が満足できる声明をつくることが難しい。もし、サンフランシスコ平和条約や日台条約が根拠とされたら、問題は解決できない。

第三には、戦争賠償請求権の放棄問題について、外相会談での高島氏の発言を厳しく批判し、「これはわが国に対する侮辱であり、絶対に受け入れることができない。」と述べ、その上で、中国はなぜ賠償請求権を放棄するかを説明した。（その後、周総理が高島氏のことを「法匪」と批判したと日本のある文章に書かれたことがあるが、これはまったくのでたらめで、そのような事実はなかった）。

第四に、共同声明では、日米安保条約に触れなくてもよい。「中日友好」、「他を排せず」と書き入れてもよい。ただし、友好的国家との関係に影響を与えないと書くのは適当でない。日本にとって友好的な国が中国にとってもそうであるとは限らないし、同じように、中国にとっての友好的な国が日本にとっても必ずしもそうとは限らないから、というものであった。

これに対し、田中首相は「日本語の迷惑をかけた」という言葉の意味が中国語で軽いなら、中国の習慣に沿って表現し直してもよいと述べた。また、中国が戦争賠償の請求権を放棄することにも感謝を表明した。そして、両国外相の努力によって、共同声明は満足したものとなり、私たちは、今後千年、二千年にわたる中日友好の新しい起点を作るために、円満に両国の正常化問題を解決すると補足した。田中首相は会談の中で、日本の一部の人に、中国のような大国が革命を輸出しないかという心配があると婉曲的な表現で述べたが、周総理は「思想には国の境界がない、革命は輸出できない」と述べ、中国は絶対覇を唱えないと明言した。

「喧嘩によって結果が出たら、もう喧嘩しない」

毛主席は田中首相との会見で、「いかがでした、喧嘩しましたか?」と彼に質問した。これに対し、田中首相は喧嘩したことはしたが、基本的に問題が解決できたと述べた。毛主席は「喧嘩によって結果が出たら、もう喧嘩しません」と述べた。また「迷惑をかけたという問題はどう解決しますか」と尋ね、田中首相は中国の習慣にしたがって直すつもりだと述べた。毛主席はまた共同声明をいつ発表するかと尋ねたが、周総理は「今晩協議してから原稿を作成し、中国語、日本語のほか、英語にも翻訳してから初めて発表できる」と答えた。

外相会議では大平外相と姫鵬飛外交部長が司会をし、起草グループの打ち合わせは外相会談となった。共同声明の中で問題となった幾つかの重大な問題は、両外相が既に十分に相談をしたので原稿作成作業は早く進み、二八日の午前三時に原稿が決定した。共同声明の中で、外相会談を通じて解決した問題は主に次の通りである。

一、前言に、日本側が中華人民共和国政府の提出した復交三原則を十分に理解すると明確に表明する。それと同時に、日本側の難しい事情を考慮し、「日台条約は不法、無効であり、廃棄すべきだ」という項目を声明の中に書き入れない。日本側が外務大臣の談話の形式でこの条約の終結を宣言する。

二、声明の中に「日本側は、過去において日本国が戦争を通じて中国国民に重大な損害を与えたことについての責任を痛感し、深く反省する」と書き入れた。この文は大平外相が「多大な迷惑をかけた」という表現のかわりに、一語一語を口述したものである。

三、本文の第一項では「戦争状態の終結」を不正常な状態の終結を宣告すると書き直した。ただし、前文のところに、「戦争状態の終結、中日国交正常化」の文がまだ残っており、このような比較的柔軟な解釈をすることができるのは、双方の気持ちを考慮したうえでのことである。なお、「戦争状態」を「不正常な状態」と書き替えたのは、周総理の提案であった。

四、台湾問題を本文の第三項に書き入れることとした。これは日本側の意見によって、中国とオランダが国交を樹立したときと類似した表現を用いたもので、中国は台湾が中華人民共和国の領土の一部であると重ねて表明し、日本政府はこれに十分な理解を示した。ただし、同時に日本はポツダム宣言第八項に基づく立場を堅持すると書き入れた。この第八項は、カイロ宣言を実施すべきと要求しており、そのカイロ宣言では台湾を中国に返還すると規定しているので、このような書き方は実質上台湾の地位の未定論を排除したものになった。

五、「中日友好はどちら側かが他の友好国との利益を損なうべきではない」の日本側の草案のかわりに、「中日両国の友好は第三国に対するものではない」という表現を用いた。

六、日本側草案には、双方は各自の制度を選ぶ固有の権利を有することをお互いに尊重するという文があったが、声明の中に平和共存五原則の内政相互不干渉の原則があることを考慮し、協議によってこの文章を削除した。

最終的には、そのほかにも文章表現や言葉遣いについての議論があったものの、その後すべて一致をみることができた。共同声明の決定過程において、比較的重大な問題については、中国側はすべて指定された関係者によって電話で直ちに周総理に報告し、彼の指示を仰いだ。

二八日の午後、四回目の首脳会談が開かれた。双方は両外相が決定した原稿に同意し、二九日一〇時に人民大会堂で調印することとした。日本側は声明に調印後、大平外相がすぐ記者会見を行ない、台湾との外交関係を断絶することを宣言するとしたが、それに対して周総理が歓迎の意を表し、「あなたたちの訪中は信頼できます。これは両国の平和友好の良い始まりです。私たちが国交を再び樹立するには、まず信義を守らなければならない、これは最も大事なことです。中国には『言ったことは必ず守らなければならず、行動すれば必ず結果を出さなければならない』という諺があります」と述べた。これに対し田中首相は、日中国交正常化の基礎は「信は万事の本である」という日本の旧憲法の一文にありますと返答、そしてこの九文字を紙に書いたのであった。そして、大平外相は次のように述べた。日本政府は今後絶対台湾の独立運動を支持しない。日本は台湾に絶対野心をを持つべきではないし持たない。ただし、中日両国の国交正常化が実現すれば、私たちは中日の正常な関係を損なわないことを前提に、台湾と経済貿易関係は保ち続けたいので、民間貿易と一般の人々の往来を処理するために民間事務所を設定するつもりなので、了解してほしいと。これに対して、周総理は異議を唱えなかった。

九月二九日の午前一〇時、両国総理、外相が人民大会堂で「共同声明」に調印した。それによって、中日関係は新しい段階に入ったのである。

（『瞭望』雑誌 一九九二年第四〇期）

二、中日国交正常化一〇周年にあたって

——中日両国は一衣帯水の隣邦であり、友好関係の後退はあり得ない——

一〇年は歴史の長河のなかではほんの一瞬にすぎない。だが、ある意味において一〇年の重みは時として数十年ないし一〇〇年以上の重みをもつ。一九七二年中日国交正常化以来の一〇年は、中日関係史においてこのような重みをもっている。

一九七二年九月、田中角栄首相が中国を訪れ、中日両国政府は共同声明を発表し、両国の外交関係樹立を宣言した。これによって、三五年にわたって続いた両国間の戦争状態に終止符が打たれたばかりでなく、一八九四年以来の日本軍国主義の中国侵略による両国間の敵対的な歴史も根本的に改められ、中日両国の悠久の友好関係が回復された。

飛躍的に発展した友好関係

この一〇年間に、両国のあいだで平和友好の政治関係、平等互恵の経済関係が打ち立てられ、科学・文化など諸分野での交流も大きく発展した。ここで、大きな出来事をいくつか拾ってみよう。

一、両国政府は共同声明の精神に基づき、一九七八年八月、中日平和友好条約を締結した。この条約は、平和共存五原則を踏まえて両国の恒久的な平和友好関係を発展させると謳っている。これによって、両国関係の発展のための強固な基礎が作られた。さらに、両国はともに覇権を求めず、他国が覇権を求めることにも反対すると明記している。これは、中日両国だけでなく、アジア・太平洋地域諸国の国民の平和擁護のための共同事業にも極めて有利である。

二、相互理解と友好関係を深めるため、両国政府の指導者が相互に訪問した。日本側からは田中角栄、大平正芳の両氏が訪中し、鄧小平、華国鋒の両氏が日本を訪問した。今年は趙紫陽総理がすでに日本を訪れ、九月には鈴木善幸首相が中国を訪問することになっている。また両国政府は定期閣僚会議、外交官定期協議を設けた。そして日本の四七都道府県の多くが中国との関係をもち、さらに多くの地方自治体の首長が訪中した。友好都市、友好省＝県は三七組に増え、年内には四六組に達する見込みである。

三、両国政府は、貿易、航空、海運、漁業、科学技術、文化など一〇あまりの協定、取り決めを結び、広い分野にわたって交流と協力を行った。

四、両国の経済貿易関係は大きく発展した。一九八一年の中日の貿易額は、国交回復当時の一〇倍にあたる一〇〇億ドルの大台に乗った。近年、日本は中国に四五億ドルの比較的有利な借款を供与したが、これは主に中国の鉄道改善、エネルギー開発、宝山製鉄所建設に使われている。日本はさらに、中国の海底石油調査・開発に参加した。農業分野における交流・協力も新たな進展をみせ、政府、民間がともにさまざまなルートと方法によって交流を深め、その内容もより幅広いものとなった。また、品種・資料・資源の交換・農業技術の交流などは双方に大きな利益をもたらしている。一九八一年から中日双方は東北地区の三江平原開発において技術協力を開始した。

五、両国間の文化交流が盛んに行われた。双方は互いに各種文物展（国宝も含め）、芸術展を開催し、また演劇団、楽団などの派遣や、テレビ番組、映画の共同製作をおこない、映画週間なども開催した。交流項目が多くなり、且つ範囲も広くなり、中国の対外文化交流の中で日本は首位を占めている。またスポーツを見ても、一〇年間のスポーツ界の相互訪問、競技会などは延べ二九四種目を数え、参加者数は延べ四七九六人にのぼった。双方は留学生を交換し、一九七九年から八一年にかけて日本の受け入れた中国人留学生数は九六一人、中国が受け入れた日本人留学生は四八七人となった。

六、両国間の人的往来は年ごとに増加し、中国からの訪日者数は七一年には五〇〇人あまりだったのが、八一年には三〇数倍の一九〇〇〇人に、また日本からの訪中者数は七二年の八三〇〇人から八一年には一五倍の一三八〇〇〇人に増加し、訪中する外国人の中で、日本人が最も多数を占めている。

以上からもわかるように、一〇年間の中日両国の友好協力関係の発展の早さと規模は、過去のどの時期をもしのぐものであり、「飛躍的な」発展といっても過言ではない。いうまでもなく、このような関係の発展は両国の国民の根本的利益と共通の願望にかなうものであり、アジア・太平洋地域および世界の平和の安定にも役立っている。

紛争も避けがたい

しかし、両国関係の発展過程で、事がすべて順調に運び、いかなる問題、意見の相違、紛争も発生しないと考えるなら、それは非現実的で、あまりにも幼稚である。あらゆる事物にも矛盾が存在しているように、中日両国関係の発展過程にも矛盾があり、紛争が起こりうる。たとえば、尖閣諸島(釣魚島)の帰属問題、プラント契約問題がそうであった。最近では、日本の文部省が教科書の記述を改ざんしたことが中国の国民の強い不満を買い、外交問題にまで発展した。

中国政府と中国の国民が、これほど教科書問題を重視するのはなぜか。それは、日本の文部省が歴史教科書を検定するにあたって、一九三一年以来の日本軍国主義者の罪悪的な中国侵略を「進出」と改ざんし、日本軍国主義者がおこなった南京大虐殺事件の真相をもひどく歪曲したからである。こうした歴史的事実の改ざんは単なる教育問題では決してなく、両国関係にかかわる政治問題であり、中日両国の国民が世々代々にわたって友好的に付き合っていけるかどうかにかかわる原則的問題である。

一九七二年、中日両国政府の国交正常化交渉と共同声明協議の中で、中国側は半世紀以来、特に一九三一年から日本が中国に対し侵略戦争を起こし、中国の国民にこのうえない災難をもたらし、併せて日本の国民にも大きな損害を与えたことを指摘した。当時、大平外相はこれについて、日本側は過去において日本が戦争を通じて中国に重大な損害を与えたことについての責任を痛感し、強く反省すると述べ、このくだりは共同声明に盛り込まれた。両国が交渉と共同声明の中で日本の中国への侵略戦争を回顧した主な目的は、過去のことを掘り起こすためではなく、歴史の教訓とするためである。周総理が「前のことを忘れることなく、後の戒めとする」と述べたように、われわれはこのような経験と教訓をしっかり銘記しておかなければならない。日本の右翼分子や文部省の一部官僚は、故意に史実を改ざんし、日本国民、とりわけ青少年に日本が中国、アジア・太平洋地域諸国を侵略した歴史を忘れさせようとしているが、その狙いは軍国主義の復活にある。彼らは、「痛さがおさまった後、痛さを振り返る」のではなく、「傷が治ると痛さを忘れてしまった」のである。彼らは、日本はすでに経済大国になったのだから、次は軍事大国になってしかるべきだと思い込んでいるが、彼らのこうした動きは明らかに中日両国政府の共同声明と中日平和友好条約の原則に背くものである。もし、彼らの企みが成功するなら、中日両国の国民の末永い友好の前途はどうなるのか。中国政府と中国の国民はこれに強く反対する。日本の朝野の有識者、公正な世論および広範な国民がいっせいに文部省の教科書改ざんを批判し、非難しているのも当然のことであり、これは中日友好を守る正義の行動であるといえる。

友好関係の逆転はありえない

中日友好を心から願う人たちの中には、両国間に争いや紛争が起こり、しかも日本には侵略戦争の教訓を汲み取らず中日友好を敵視する少数の軍国主義者がいるのだから、いざ国際関係が急変すれば、両国間の争いや紛争が増え、友好関係が逆転するのではないかと憂慮する人がいるかもしれない。この憂慮は善意から出たものと思うが、こうした心配や憶測には十分な根拠がない。問題を観察し、歴史の発展を予測するには、主流を見、主導的作用を果たす要因を見なければならない。こうした角度から見ると、中日両国の友好という歴史的発展の趨勢の逆転はありえないと断言できる。今日は一九世紀の四〇年代でもなければ二〇世紀の三〇年代でもなく、二〇世紀八〇年代なのである。中国はすでに、他人に支配される半植民地、半封建国家ではなく、中国の国民ももはや「ばらばらの砂」ではなくなった。一九世紀四〇年代以降の中国は、欧米列強にとって垂涎の的であった。当時、欧米列強は侵略の鉾先を中国という大きな国に向け、中国の東の隣国日本への侵略には力を入れなかった。同時に、欧米列強は中国侵略によって矛盾が生じたので、日本を利用し、日本を盛り立てる必要があった。他でもなくこうした特定の条件のもとで、半植民地国になりかけた日本は、明治維新の変革を経て、軍国主義、さらには帝国主義の道を歩み、中国は日本の侵略の対象にもなったのである。しかし、今日の中国は、独立した目覚ましく発展しつつある社会主義国家である。これは、中日両国関係を分析するにあたって必ず把握しなければならない決定的作用を果たす要因である。同時にまた、第二次世界大戦を経て、日本の労働者階級と広範な国民が大きく前進したことも忘れてはならない。戦争は国民を教育し鍛えた。戦中、戦後生まれの世代は、戦前にファシズム・軍国主義に毒された世代とは大きく異なり、日本軍国主義復活反対の積極的な力となっている。さらには、中日両国は平和友好条約を結んだが、これは覇権を求めないことを規定したものであり、戦前両国が結んだ各種不平等条約に取って代わるものであった。中日両国は一衣帯水の隣邦であり、中国には豊富な鉱物資源、日本には先進的な科学技術と高度に発達した工業があり、両国とも平等互恵を踏まえて有無相通じ、長所を学び合い、自国の経済を発展させる必要がある。これらは、中日両国関係を発展させる上で大きな要因であるが、今後の中日の友好関係が停滞し、さらには後退、逆転するという考え方や憂慮には十分な根拠がない。

もちろん、中日両国間に友好関係を発展させる有利な要因があるからといって、両国の友好関係の促進に怠りがあってはならない。本年五月の趙紫陽総理訪日のプレス・コミュニケが指摘しているように、「両国を永久の友好的隣邦にするのは両国国民の厳粛な責務である」。つまり、両国の国民は友好関係を維持し発展させる事業を厳粛かつ真剣に担い、両国関係の基本的準則である平和友好条約を確実に守り、実行し、中日友好条約に背いたり破壊したりするいかなる言論、行動に対しても強い警戒心を持ち、断固として暴露し、これと闘わなければならない。同時に、中日友好事業のためにそれぞれが貢献をすべきである。われわれ両国の国民がともにこのように努力するならば、日本軍国主義者が破壊活動をおこなおうと、さらには国際的な波風が吹こうと、中日両国の平和友好・平等互恵・長期安定の関係は必ず引き続き発展し、強固になっていくであろう。

（『北京週報』三九号　一九八二・九・二八）

三、中日国交正常化一五周年で培われたもの
——「声明」と「条約」を厳格に守り、両国の世々代々にわたる友好を実現しよう——

時間は水のように流れ、瞬く間に中日国交回復一五周年を迎えた。同時に、今年は「蘆溝橋事件」から五〇周年でもある。両国国交の回復は、「蘆溝橋事件」から始まった中日戦争以来の両国の不正常状態を終結させた。したがって、厳格に言えば、中日両国の真の「戦後」の時期は一五年しかないといっても過言ではない。

この短い一五年の間、両国の関係の発展は総じて言うと良好で正常である。それは、新しい国家関係が平和共存五原則および中日両国政府の共同声明と中日平和友好条約の政治的基礎の上に確立され、しかも世々代々の友好を総目標としたからである。この新たな関係は、中日両国の過去半世紀にわたる侵略と被侵略、圧迫と被圧迫という対抗、敵対する関係とはまったく違う。この一五年間、両国の政治、経済、文化、科学技術などの面における協力は大きな進展を遂げ、とりわけ両国の国民の友好は、絶対に一時的な流れではなく、全体の歴史の傾向を反映する時代の流れである。この友好は両国の国民の根本的利益にも合致し、アジア・太平洋地域の平和にとっても有利である。両国の国交回復一五周年を記念する時、まずこの主流をはっきりと認識し、認めることは非常に重要である。むろん、すべての政治活動がまっすぐで平坦ではないように、国交回復後の両国関係の発展過程にも、波動や曲折があったし、中日共同声明と平和友好条約に違反する重大な問題が起きたこともあった。それらは教科書事件、靖国神社の公式参拝、蒋介石顕彰会事件、藤尾文相の暴言、清津号事件と光華寮の間違った判決などである。これらの事件には、日本軍国主義による中国侵略の歴史問題にいかに正しく対処するかという類型と、日台関係をいかに正確に処理するかというもうひとつの類型があった。そのほか、両国の経済分野においても、貿易の長期不均衡や日本が技術供与に消極的など

の問題が生じた。しかし、これは経済面での問題で、先ほどの問題のように中日共同声明と平和友好条約に違反することとは違う性格の問題である。

先ほど述べたように、中日両国の善隣友好関係の発展に影響を与えた政治問題は大体この五、六年の間に起きたものであり、この点からいうと、「新しい問題」といってもよい。しかし、その源と実際の内容から見ると、むしろ「新しい情勢の下における古い問題」といった方がより適切だ。一九四五年の敗戦以来、日本の旧軍国主義勢力はきわめて厳しい攻撃を受けたとはいえ、その後、東側に重大な変化が次々と生じ、米国がこの勢力に寛容な態度を取るようになった。しかも、日本国民にもこの勢力を徹底的に根絶する力が足りなかった。これは、ドイツとイタリアの両国において、戦後のファシスト勢力が徹底的に粉砕されたことと異なる。日本軍国主義時代に残った亡霊は現れたり、隠れたりし、旧軍国主義と違ったいろんな形で日本列島の上を徘徊していると見られる。五、六〇年代に、彼らは積極的に台湾当局と結託し、中日関係の正常化を防ごうとする大きな力となっていた。

一五年前、中日両国政府の首脳は共同声明に署名したことによって、両国関係の正常化が実現した。その後、両国は平和友好条約も締結した。これは日本軍国主義の亡霊にとって、きわめて大きな制約であり大きな衝撃だったことに違いない。当時の情勢のもとで、彼らはおとなしく、身を潜めざるをえなかった。しかし、ここ数年の間、日本では彼らに有利な傾向が表れ、彼らの活動はまた積極的になってきた。

日本にどういう新しい情勢が生じたかといえば、それは経済大国になった日本は、現在どういう方向へ発展していくかという分岐点に立っているということである。

一九六八年に、日本は資本主義世界で第二の経済大国となった。オイルショックを乗り越えた後、日本の経済力はより早い速度で強大となり、八〇年代の半ばごろには、世界第一の経済大国である米国は双子の赤字――対外貿易赤字と財政赤字が生じたため、世界の最大の債権国から最大の債務国になった。一方、日本は世界一の貿易黒字国と世界一の債権国となった。そのほか、日本の一人あたりの国民総生産もすでに米国を越えた。これらの変化によって、米国の一部の評論家は「日本主導の世界体制論」を主張するようになった。かつて「イギリス主導の体制」が「米国主導の世界体制」に替わったが、しかし米国のこの主導権もすでに終わりに近づき、二一世紀は「日本主導の世界体制」になるといわれている。

この論調に呼応し、この数年間、日本が今後政治大国になるのか、或いは世界体制を主導する軍事大国になるのかという問題まで登場した。このような背景のもと、軍国主義の亡霊は日本を軍事大国に推し進めようと目論んでいる。にもかかわらず、一部の政治家はこの活動の危険性を十分に認識できず、これを許し同調までした。そのため、中日関係における難題、すなわち先のような新しい情勢のもと、これまでと違った形による古い問題が次々と登場してくることになったのである。

これらの問題に対し、中国はどのような態度を取るべきか。そのまま口を出さずに放っておくのか、それとも未然に防ぐために、二葉のうちにそれを絶ち、適時に力強く警鐘を鳴らすのか？いうまでもなく、私たちは後者を選択する。これらの問題は、決して日本の一部の評論家の言ったような純粋な内政問題ではなく、両国の政治原則の問題であり、中日共同声明、中日平和友好条約を遵守するか否かにかかわる問題である。もし、これを漠然としてそのまま許しておけば、中日両国の世々代々にわたる友好は大きな損失をうけるのである。

もちろん、今日の覇権主義がすでに通用しない新しい時代において、日本が覇権主義をとなえ軍事大国になろうとすることは根本的に誤っている。いわゆる二一世紀が日本主導の世界体制になるという論調も科学的な論拠に欠け、きわめて一方的な見方であり、企みを持っているものといってよい。日本の指導層は、日本は絶対に軍事大国にならないし、中日友好の協力関係は日本外交における揺れてはならない柱のひとつであると述べ、とりわけ苦しい侵略戦争を経験した多くの日本人も、日本の平和憲法を擁護し、平和立国を追求し、中国の国民と世々代々にわたる友好を求めていくと重ねて表明している。したがって、日本の軍国主義の亡霊はあくまでも大したものにならないであろう。私たちは、新しい中国が成立して以来、中日両国の世々代々にわたる友好を国策として、これまで三八年間にわたってこれを堅持してきた。先ほどから述べていることは、すべて中日両国の友好関係を発展させ、強化することに主導的役割をはたすための条件である。したがって、この数年来、中日関係において不安を感じさせる問題が次々と現れたが、両国政府と両国の国民が中日共同声明、中日平和条約および両国関係を指導する四項目の原則を厳守し、そして両国関係を脅かすあらゆる風潮に対し適時にこれを糾弾し反対さえしていけば、両国の平和友好の協力関係は、必ず世々代々にわたって継承され発展していくはずである。中日両国の国交回復一五周年を記念するにあたり、私たちはこれに十分自信を持つべきである。

（『日本問題』一九八五年第五期）

四、中日国交正常化二〇周年で確認するべき課題

――国交回復後の中日関係における発展の経験と教訓――

時間が経つのは早いもので、瞬く間に中日国交正常化二〇周年を迎えた。

振り返って見れば、今日の中日関係は、正常化の初期と比較すると、まるで違った世代にいるような感じである。全体から見れば、この二〇年間、両国関係は両国政府と国民の努力のもとで大きな進展を遂げ、様々な領域における友好的な協力が各所で新しい局面を見せ、豊かな成果が実りつつある。そして、体制の異なった国家同士の長期にわたる平和的共存に貴重な経験を提供することとなった。

まず第一に政治の面から言うと、両国政府は「共同声明」を発表した後、「共同声明」の規定により、順調にお互いに大使を派遣し、各項目の協定を締結した。そして一九七八年には「平和友好条約」を締結し、「共同声明」の原則を法文によって固定した。「声明」と「条約」、およびその後、双方で確立した中日関係を規定する四原則は、どれもが中日関係の政治的な基礎であり、双方が国家関係を発展させる上でともに従うべき基本原則である。また、二〇年間のうちに両国の指導者は数多く相互訪問をおこなった。

第二には、八〇年代に、両国政府が定期諮問機関としての中日友好二一世紀委員会を設置したことである。

第三には、両国の政党間にも一定の連係をもち、また両国が民間人士間の会議を設置したことである。それらによって、両国間の善隣友好関係を固め、双方の相互理解と信頼を深めることができた。

国際関係においては、両国とも覇権主義に反対し、覇を唱えないと言明し、世界特にアジア・太平洋地域の平和、安全と発展を守るために互いに協調し、積極的な貢献をした。一九八九年に中国で天安門事件が起きた後、日本は西側

七ヶ国の中国に対する制裁に参加したものの、中国が孤立することにずっと反対し、しかも最も早く制裁を解除した。

経済貿易の面から見ると、平等互恵に基づき両国の協力は飛躍的な発展を遂げた。双方の輸出入の貿易は一九七二年の一〇・三億ドルから一九九一年の二〇二・八億ドルに増え、二〇年の間に二〇倍近くに増加した。一九七九年より、日本が中国に提供した三口の低利子の借款は計一兆六一〇九億円である。最近調印した一口も含めた三口のエネルギー借款は計一兆七〇〇〇億円である。一九八九年にまた黒字還流のプランを提供し、その資本金の総額は計一四〇〇億円であった。そして一九八一年より、続いて無償援助三八四・五億円を供与した。また改革開放のなかで、日本企業は中国へ直接投資を行ない、一九九一年六月末の実際投資額は二六億ドルとなった。一九七三年から一九九〇年の終わりまで、中国は日本から九八五項目の技術を輸入し、その金額は八四・二二億ドルとなった。また、急激に発展した中日の経済貿易協力は両国関係を強める主な絆となり、それは中国の社会主義現代化建設を推し進めるだけでなく、同時に日本の経済繁栄にも役立つものとなった。

両国の文化交流や国民の往来は、たいへん大きな進展を見せた。この種の交流は文化、教育、芸術、科学、技術など各領域にわたり、豊富かつ多彩で、形式も様々である。両国の人員の往来に限っていえば、一九九一年は一九七二年の五五倍であり、特に留学生と青年の往来は一〇〇倍ほどに増加した。わが国の在日留学生(就学生含めず)は一九九一年には計一九〇〇〇人あまりになったが、一九七八年には二三人だけであった。また双方の友好都市、友好省県はもう一二七組に達した。両国間の人員往来と民間活動は両国の国民の相互理解をより深め、両国の友好関係の発展を推し進めることに大きな役割を果たした。

要するに、この二〇年間の両国関係の発展は順調かつ良好といえよう。しかし、両国関係発展の過程で、すべてが順調であったわけでなく、摩擦やもつれによっていろいろな、曲折があったことを認識しておかなくてはならない。これには政治面の問題もあれば、経済面の問題もある。政治の面においては、「平和友好条約」を締結する際に反覇権条項のあつかいについて論争があったため、ほぼ三年半をかけてはじめて協議が達成されたこと、その後一九八二年以来日本の中国侵略に対する異なった認識によって、教科書問題や、日本の内閣総理大臣や閣僚によるA級戦犯を祀る靖国神社への公式参拝問題が発生しとこと、また二つの中国問題にかかわる日台関係問題では、例えば一九八七年に日本で結成された「蒋介石遺徳の顕彰会」に関すること、また同じ年に起こった「光華寮裁判」の問題、そして七〇年代後期以来の日台往来の面において、正常化交渉の口頭約束に合致しないこと、このほか、天安門事件の際日本が西側七ヶ国の中国に対する制裁に加わり、両国関係に支障をきたしたこと等である。また、歴史上棚上げになっている尖閣諸島(釣魚島)の主権についての帰属問題等もある。経済の面においては、平等互恵の原則にかかわる一部の問題のほか、実務上の問題が多く存在する。それらは主に一九七九年に中国が「洋躍進」(外国の先進技術を大量に導入し経済の躍進を図ること)を是正した後、発注契約の解除を求める問題、一定時期における双方の貿易の不均衡問題、日本の技術供与が行われる際すべて中国に譲らず中国投資がうまく進まない等の問題である。

前に述べた政治面の問題は、ほぼ八〇年代およびその後に起こったものであり、主に日本側が引き起こしたものである。これに対し、経済面の問題は中国の経験不足、および日本の経済政策と企業経営についての認識不足によるものも少なくない。しかし、実践によれば交渉をとおして比較的円満に解決される問題も少なくないし、双方の経験の積上げによって、ある程度改善されたものもある。また、外交交渉によって事実そのものを論じて一段落したにもかかわらず、一定の条件のもとでまた繰り返す可能性があるという問題もある。中には一時解決できずに放棄しかないという問題もある。このため、二〇年間、両国の間に起こった矛盾や摩擦は、中日両国の友好関係を発展させる障害とはならなかった。これらは両国の友好関係を発展させる長い河の支流にすぎず、友好協力があくまでも中日関係の主流である。これについて、中日両国政府と国民は喜びを感じている。

簡単に二〇年間の両国関係の発展を顧みたうえで、二〇年来の両国関係発展の客観的実践により、いくつかの重要な経験と教訓をまとめることは、世界が激変する状況下にあって、「世界の中の中国と日本」の友好関係を一層推し進め、ひきつづき長期にわたる安定的発展をはかるうえで必要である。

では、どのような重要な経験と教訓があるだろうか？それは、

一、中日両国はアジアの二つの大国であり、中日両国が善隣友好関係を固め・発展させることは、中日両国の国民の長期的且つ根本的利益にかかわる大きな問題であり、同時にアジアと世界の平和と安定を守り、アジア・太平洋地域と世界の発展に大きな役割を果たすものである。このことは、二〇年間にわたる両国関係の実践が証明している。この二〇年間、両国政府は両国の国民が世々代々にわたって友好的に付き合っていくという共同の願いに基づき、中日両国の善隣友好を中国のひとつの基本的政策とした。これはまったく正しいことである。中日の長期にわたる友好事業を見下し過小評価する考え方や行動は、皆将来の見通しに欠け間違っている。中日友好に反対する考え方と行動については、歴史の趨勢に反すると同時に、人心に逆行するものであり大きな間違いである。中日両国の政府と国民は、中日友好を大切にする自覚を高めることにひきつづき努力し、中日友好に反対する間違った主張を阻止し、中日両国の善隣友好関係の長期にわたる安定的発展に努力すべきである。

二、中日両国政府が「共同声明」と「平和友好条約」に厳格に従うことは、中日両国の友好協力関係が健全且つ順調に発展していくことを保証するカギであることを、二〇年間の両国関係の実践が証明している。社会制度と意識形態の違いによって国家関係の善し悪しを決定するのは歴史の発展に合致せず、平和共存五原則はすでに国と国の間の関係を規範する普遍的法則となった。中日両国政府の『共同声明』と『平和友好条約』は平和共存のための重要な内容のひとつであり、中日関係の特徴にもとづいて構成されている。したがって、この二つの文献およびその後達成された中日関係の四原則は、中日関係の政治的基礎であると同時に、双方が両国関係発展のために従うべき基本原則であり、両国関係を判断する基準でもある。これらの原則に厳格に従えば、両国関係は順調

に発展し、たとえ問題が起こっても、適当な処置を加え解決することができるのである。しかし、もしこれらの基本原則に離反したり違反すれば、両国の関係に影響をもたらし大きな問題へと発展する。したがって、特に両国の友好全般に影響をもたらしそうな重大な政治問題に直面したとき、双方は「共同声明」と「平和友好条約」の中のともに担うべき責任と義務をしっかり厳守し実行していくことがより重要といえる。

三、中日両国の善隣友好は、両国の友好の伝統を継承するとともに、半世紀にわたる不幸な歴史に対し正確に対処するということに基づいたものであるということを、二〇年にわたる両国関係の実践が証明している。二〇年の間、両国の友好協力が前述したような目立った成果を上げられたのは、中日両国には二〇〇〇年にわたる友好的往来があり、歴史、文化、風俗習慣の交流がずっと存在し続け、いったん国交を回復すると、長期にわたって両国の国民の心の中に内在していた友好的感情が湧き上がったからである。一方、半世紀以来、日本の極少数の軍国主義者による中国への侵略と戦争によって両国国民は大きな被害をこうむり、「平和によって栄え、戦いによって傷つく」ということがますます両国の国民の共通の認識となった。しかし、日本の極少数の者は深刻な反省はもちろん、過去の侵略戦争に対する正確な認識さえ欠落している。国交回復後、両国関係の中に起こった問題の一部はこれに関係がある。きちんと認識しなければならないということは、歴史に正確に対処し、その中から貴重な教訓を汲み取るということが現在においても、将来においても重要な意義をもっているのである。中国の諺である「前のことを忘れず、後の戒めとする」、「歴史を鏡に」にはとても大きな意義があるのだ。歴史を尊重することは昔の黒白を明らかにするためではなく、未来に着眼するためである。私たちにとって、歴史を断ち切ることは不可能であり、歴史を尊重することによってはじめて前へ向かうことができる。そして歴史の重荷を私たちの前進の駆動力へと転化することができるのである。両国政府と各界人士が自分の民族の感情を正確な方向へと発展させるために積極的に努力し、互いの民族感情を尊重し、最大の努力によって、相手の民族感情を損なうような言行は避けるべきである。

四、中日両国の長期にわたる善隣友好というとても大きな任務を実現するためには、両国関係に影響を与える一部の重大な現実問題を重視し、適切に処理しなければならないということを二〇年にわたる両国関係の実践が証明している。中日両国の社会制度、意識形態、価値観の違い、また国情や立場も完全に同じではないため、一部の問題に対する立場や見方が完全に一致することは不可能であり、そのため二〇年の間にはいろいろな問題が発生した。なかには両国関係の発展に支障をきたす問題まであったが、中日善隣友好の長期目標を実現するために両国は奮闘し、両国関係に影響を与える一部の重大問題について適切に処理してきた。「言ったことは必ず守り、行動したら必ず結果を出す」という正直な態度で真面目に対処し、外部の障害をできるだけ減らすことによって、互いに心を開き信頼し合い、また友好的な協議を通して、互いに理解し譲り適切に処理しなければならない。「平和友好条約」のような重要な文献は、まさに互いが理解し譲り、共通点を求め違いを残すと言う意味での産物であり、一部の解決できない問題に対しては、短落的な考え方で両国関係に大きな波動を招くのを避けるため、長期的且つ大局的に、むしろ放置することによって機を熟させ再び処理すべきである。このようにすることによって、両国の友好協力関係は各種の困難を克服し、持続的に進むことができるようになるのである。

五、中日両国の政治関係と経済関係は、両国の国民の目指した世々代々にわたる友好という共同事業の中で、ともに重要な位置を占め、しかもこれらの関係は一致したものであり、相互補完の関係にあるということを二〇年にわたる両国関係の実践が証明している。良好な政治関係は、経済協力を促進する強大な駆動力であるが、一方、両国経済の平等互恵による協力、両国の貿易の往来、および技術協力の全面的且つより深い協力は両国友好関係の長期安定を確保するために大きな役割を果たした。七〇年代後半以来、中国は経済建設を中心課題とし、改革開放政策を遂行した。日本は超経済大国として平和と発展の道をひきつづき歩んでいるがそれに加え、中日両国の相互補完性が強く、それによって、経済協力は両国の関係の中でますます重要な地位を占めた。この趨勢を過小評価し、無視する見方は正確ではない。しかし、一方経済関係の発展のみを重視し、経済関係がよくなれば政治関係はどうなっても大丈夫だと思ってはならない。政治における分岐と対立は、経済協力の発展に影響をもたらすことをこれまでの実践が重ねて証明している。そのため、政治と経済両方の発展を互いに促進させるよう努力すべきである。これによって、はじめて中日関係が全面的且つ健全に前へ進むことができるのである。

六、国交回復以前から、両国の友好を深め、両国の国交回復の促進に大きな役割を果たした両国の民間友好活動と友好組織は、国交が回復してからも依然として大きな役割を果たしていることが二〇年の両国関係の民間の実践によって証明されている。官による外交と並ぶ存在である民間外交は、両国関係の各領域における活動を推し進め、また両国の国民に善隣友好を教育することによって、両国の間に存在する一部の不安定要素を取り除き、両国の友好関係を破壊する活動に反対し、これを止めさせることでも独特の役割を果たしている。私たちは、ひきつづきこの民間の友好活動と民間外交を重視しなければならない。時の流れは早いもので、かつて中日友好のために力を尽くした多くの人々は亡くなったり、高齢によって活動が不可能となった。中日友好を絶えることなく次世代に伝えていくためには、中日友好の事業に携わる若い世代を特に育成する必要がある。青少年の交流活動を強めることによって相互理解と相互信頼を強め、また中日友好を達成することは容易なことではないことを深く認識させ、それによって、先人が切り開いた中日友好の大事業を継承、発展させることが可能となる。中日友好をこのように次代に伝えていくことによって、世々代々にわたって友好を続けていくという総目標が実現できるのである。

以上が、二〇年間の両国関係の発展における主要な経験と教訓であるが、最後にもうひとつ説明する必要がある。最近の数年間に、世界情勢に大きな変化がおこった。中日関係はすでに二国間の関係のみならず、世界の中の中国と日本の関係となったのである。このような新しい状況のもとで、両国の関係に新しい特色が生まれ、将来新しい経験と教訓をまとめる可能性もある。しかし、このような変化が起きて間もないため、物事はまだ芽生えの状態にあり、その中から完成した経験と教訓をまとめるのはまだ尚早である。そのため、この文ではこの面における問題を検討しないことにする。

（『中日関係二〇年』一九九二年一二月版）

五、中日国交正常化二五周年の回顧と展望

――新世紀への中日関係・中日国交正常化の二五周年を記念する――

中日両国が国交を回復してから四半世紀が過ぎたが、今なお私は、国交回復当時の情景をはっきり覚えている。当時、外相会議での「中日両国政府共同声明」の起草作業は、六回の会議と両外相の協議を経て、一九七二年九月二六日の朝三時半ようやく合意に達した。その場にいた私は、まるで山のような重荷を肩からおろしたような気がした。その場にいた他の人たちも、おそらく同じ気持ちであったろう。二九日の午前、周総理、田中角栄首相、そして姫鵬飛、大平正芳両外相が人民大会堂で「共同声明」に調印した。これは両国の歴史の中において、永遠に記されるべき一瞬であり、これによって中華人民共和国は日本国との間に存在した不正常な状態を終結させ、同時に半世紀あまりにわたる中日両国間の対立、敵対と戦争の歴史も終結させ、善隣友好の歴史に満ちた新しいページを開いたのである。私はこの歴史的場面に立ち会ったことに感動し、激励された気持ちになった。

ここで私は、中日国交正常化のために貢献した日本のすでに亡くなられた方々とご健在の皆様――「井戸を掘った人々」に対し、崇高な敬意を表させていただきたい。

あの時から二五年の間、中日両国の善隣友好関係は大いに発展した。重要な項目は以下のとおりである。

一、政治の面においては、両国政府が『共同声明』を発表した後、双方が一九七八年に『平和友好条約』を締結した。『声明』と『条約』は中日関係の政治的基礎であり、そして双方が国家関係を発展させるうえでともに遵守すべきものであり、それはわれわれ両国の関係を発展させるための重大な保障でもある。二五年の間に、われわれ両国の間に頻繁に首脳の相互訪問が展開された。一九九二年に天皇皇后両陛下が中国を訪問したことは、両国歴

史上空前の出来事である。また両国の議会、政党間の交流も絶え間なく続き、政府の間に多くのルートを通じて対話と交流のチャンネルが作られた。そして定期不定期を問わず会議や協議がおこなわれ、交流や訪問によって双方は両国関係を高度に重視することを表明し、また相互理解を増進し、共同協力を推し進めた。

二、経済の面から見れば、平等互恵の基礎のうえに、両国の協力は飛躍的発展を遂げた。両国貿易額は一九七二年の一〇・三億ドルから一九九六年の六〇〇・五八億ドルに発展し、本世紀末には一〇〇〇億ドルに達することが可能だと予測されている。また日本の中国への投資は、一九九六年の年末で合意項目は計一・五万項目、合意金額は二五〇億ドルであったが、実際実現されたのは一二〇億ドルであった。日本政府が中国に提供した円借款は、計一兆六八〇八・七三億円に達し、日本の輸出入銀行が中国に融資した金額とほぼ同額となった。このように、急速に発展した中日間の良好な経済貿易協力は、両国関係の発展と強固な両国関係を作るうえで大きな支えとなった。

三、政治、経済以外の領域から見ると、両国の文化、教育、芸術、科学、新聞、体育などの面で、そして民間組織や大衆団体の交流は、豊かで多彩であり、形式も多様となりその数は年々増加している。また、両国の人的往来は一九七二年に約九〇〇〇人であったのが、一九九六年には一七八万人となり、中国の在日留学生は中国が改革開放を実行する前には二三人しかいなかったのに、現在では約三・二万人に増えた。そして両国間の友好都市、友好省、友好県は今年になって二二六組に達した。これらの交流活動は両国の国民の相互理解をより一層深めるとともに、親睦と協力を増進し、両国の善隣友好関係を進めるうえで積極的な役割を果たした。

このように、両国関係が目立った成果をあげたことは、両国政府と人民にとっても嬉しいことであるが、それは二五年以来の両国関係の発展が総体的にいえば比較的順調で、両国関係は基本的に良好であることを示している。私たちが両国の人民に対して両国関係の発展状況を正しく紹介し、二五年の間にあげた成果を認めることがとても重要だと思う。

もちろん、両国の国情、社会制度、意識形態および一部の具体的利益が異なり、二五年間の両国関係の発展の過程で、矛盾や困難、そして各種の摩擦や行き違いも確かにあった。これらの問題は、主に八〇年代初期以降起きたものでありそれは政治面での問題もあれば、経済面での問題もある。しかし、一九九五年までは数年に一、二件起きる程度だったが、一九九六年には、六、七件が集中発生し、中日関係の健全な発展を大きく阻害した。それらは主に首相による靖国神社への参拝、そして一部政治家の侵略戦争美化、台湾、尖閣諸島、日米防衛協力のための指針(ガイドライン)見直し、また中国の核実験による日本の無償援助停止などであった。この六つの問題の中で、特に歴史認識の問題と台湾問題は、八〇年代以降両国の間に繰り返し登場した問題である。その原因は主に日本側が『共同声明』と『友好条約』の中の基本原則を遵守しないか、これに背いている点にある。日本側が一年の間にこれほど多くの摩擦やもつれを引き起こしたことに中国側は注目をせざるを得ない。近年来日本政局の発展と関連して、特に国内の右翼的保守勢力、そして従来から中国を敵視し台湾に固執する勢力の増加と、革新勢力の弱体化により、中国に対するマイナス要因を牽制する力が弱まっていることは確かに問題である。

もちろん、中日友好に反対し、時代の潮流に逆らう日本の勢力はあくまでも極少数であることを、われわれもはっきり認識しなければならない。一方、中日友好を堅持し、時代の潮流に従うことを求める力は大多数である。であるからこそ、去年中日関係において多くの重大な問題が発生したにもかかわらず、両国指導者や外交当局が協議をかさね、必要な措置を取ることで、悪化する事態を防ぎ、両国関係を修復と改善の方向へ導くことができた。その中で最も重要なことは、中日国交正常化二五周年と「中日平和友好条約」の二〇周年を記念する今年と来年、両国首脳の相互訪問を双方が決定したことである。

今月四日から七日まで、橋本首相が正式に中国を訪問した。両国の指導者は成果に富んだ会談を行い、双方は『中日共同声明』と『中日平和友好条約』をひきつづき守ることを重ねて表明し、二一世紀に向かう中日友好関係を強化することに同意した。会談で橋本首相は、村山内閣の歴史問題に関する談話の立場を堅持し、歴史を直視し未来に向かうと表明し、日本は決して軍国主義路線を歩まないと強調した。また、台湾問題に言及したとき、橋本首相は日本が「共同声明」と「平和友好条約」を遵守し、台湾とは民間の関係だけで、「二つの中国」と台湾独立を支持しないと表明した。また日米ガイドラインの見直しに言及したとき、李鵬総理はこれに重大な関心を示した。これに対し、橋本首相は日本側は中国側の関心事項を重視すると表明した。双方はまた、今後中日両国の対話と協力のために多くの提案をした。このように双方の指導者は会見と会談をとおして、共通の認識を広め理解を深めた。六日に橋本首相は北京を離れ、首相としてはじめて東北地方を訪問し瀋陽の「九・一八事変(柳条湖事変)」歴史博物館を見学した。全体的にいえば、橋本首相のこの度の訪中は成功だと言えよう。

われわれは今年一一月の李鵬総理の訪日、そして来年の江沢民主席の訪日を楽しみにしている。これは両国の善隣友好関係の発展に貢献するものである。

ここで、もうひとつ触れなければならないことは、この間両国の間に問題や困難が起きたとき、展望をもち中日友好に確固たる信念をもった日本の各界の指導者や、中日友好団体などの組織がこれらの問題を適切に解決するために重要な役割をはたしたことである。たとえば、去年の年末、日本の各界の八名の指導者が当時両国間に起こった各種の問題に対し、中日関係の道を切り開くために有識者に呼びかけ、対策を協議した。その結果、日本の人々から疑念を取り除き、中日友好を堅持することに積極的な役割を果たすこととなったのである。私は、本日の機会をお借りして、これらの苦労にもめげず困難を克服し、中日友好を堅持する皆様に深く尊敬の意を表したい。

冷戦体制の終結以来、国際形勢は劇的に変化した。世界中でひきつづき緩和と多極化が進み、平和と協力が発展を促す時代となっている。しかし冷戦志向や覇権主義や強権政治もあいかわらず存在し、矛盾と衝突が充満するなど、決して太平ではない。新しい情況のもと、国際社会の重要な一員として両国がどのような関係を新世紀に持ちこむかは、われわれ二つの民族の未来を左右するだけではなく、アジアと世界に重大かつ深刻な影響をもたらすのである。われわれは、二一世紀に向う中日友好関係は次のようであるべきと考える。両国がめざすのは、政治面においては社会制度の異なる国家間におけるに平和共存のモデル、経済面においては平等互恵で互いに繁栄する仲間、文化や科学技術面においては、互いに学びあい、互いに長所を取り入れる友人になることであり、また国際舞台においては平和を守り、発展を促進する積極的な力になることである。このような中日友好関係はわれわれが長期にわたって追求してきた目標である。

私が強調したいことは、去年両国の関係に暗雲がたちこめたが、われわれがこれまで追求してきた中日友好関係が動揺したり、自信を失うようなことがあってはならないということである。なぜなら、われわれが友好協力関係を実現させることができるかどうかを決定する客観的根拠やその必要性は根本的には変化していないからだ。これについての客観的根拠およびその必要性は以下のとおりである。(一)中日両国ともアジアの国家であり、しかも一衣帯水の永遠の隣国であり、二つの民族とも偉大かつ勤勉な民族である。両国は二〇〇〇年余にわたる友好往来の歴史を持ち、たいへん似通った文化と伝統をもっている。(二)一九世紀の末以降の半世紀あまり、日本軍国主義者による侵略戦争によって、両国の人民は深い災いを被った。これによって平和は繁栄をもたらし、戦うことは傷つくことであることが証明された。日本人民は先に「中日友好」を提案し、わが国はただちにこれに呼応した。それによって世々代々友好を求めることが両国の人民の共同の叫びとなった。(三)中日両国の国交が回復し、「中日共同声明」と「中日平和友好条約」に調印した。この二つの文献は、われわれ両国が友好関係を発展させるうえでの重大な保障である。(四)中日両国の国交が回復した後の実践によって、両国の経済が大きな相互補完性を持ち、経済協力の面で潜在力の大きいことが証明された。特に中国の改革開放と社会主義市場経済の確立が、中国の経済を加速度的に成長させた。これは中日経済がより広い範囲において良好な協力をおこなうための重要な条件を提供した。(五)中日ふたつの大国の平和友好関係が発展することは、アジアと世界の平和、安定と発展に重要であり、世界各国の国民、特にアジア各国の国民が中日両国の友好関係の発展を熱烈に求めているのである。

以上あげた五点は、われわれが二一世紀に向う中日友好関係の目標を実現させるうえでその可能性と必要性を示している。

しかし、もうひとつ指摘しなければならないのは、目標実現の可能性と必要性があるだけでは、この目標を実現させることは難しいということである。この目標を現実にさせるためには、われわれ両国の政府と人民の共同の努力が必要である。このため、われわれは次の点について留意しなければならない。

一、「中日共同声明」と「中日平和友好条約」を堅持することは、中日友好関係発展の政治的基礎であり、両国間に存在した問題を適切に処理する基準でもある。従って、歴史問題において日本側が『共同声明』の原則と精神、および一九九五年の村山首相による談話の内容に沿って歴史を正視し、歴史を手本とすることを心から期待している。同時に、閣僚が『共同声明』の精神に反する言行をしないように厳格に約束することである。台湾問題においても、『共同声明』を厳守し、日本政府、指導者が台湾と公式な関係をもたないこと、そして「二つの中国」を認めず台湾独立に反対するという約束を実際の行動によって守ることを切に希望している。この二つの問題を正しく処理すれば、中日関係の前途に横たわる最大の障害は取り除かれ、両国の関係も順調で健全な発展が可能となる。

二、相互信頼の強化。この信頼は「言必信、行必果」(言ったことは必ず守らなければならず、行動すれば必ず結果を出さなければならない)の基礎の上に成り立つ。すでに起きたことによって相手に対する心配が相互信頼に影響を与えるとき、これを取り消す努力をすることである。現在中国側が日本側に対して抱いている最も大きな心配は、日本が政治大国になった後、軍事大国化しないか、平和と発展の道を歩むかどうか、そして覇を唱えないかということだ。一方、日本の中国に対する最も大きな心配は、中国が四つの現代化を実現した後、やはり覇を唱えないかということである。この心配は最近になってはじめて生じたものではない。一九七五年に保利茂元自民党幹事長が中国を訪問したとき、当時の鄧小平副総理にこのことを尋ねた。鄧小平副総理は、「毛沢東主席がわれわれに示した路線は、永遠に覇を唱えないということだ。現在中国には覇を唱える力もないし、将来発達した国家になっても、永遠に覇を唱えない」と語った。そして、「いわゆる覇を唱えるというのは、世界のあちこちで他人をいじめ、搾取し、コントロールする、つまり自分を世界の国民の対立面に置くということだ。もし、中国が国連で覇を唱えることがあったら、世界の人民が中国に社会帝国主義の帽子をかぶらせるべきだ。世界の人民には私たちを暴露し、指摘する責任がある。併せて、世界の国民は中国が覇を唱えることを許さない。われわれはこのような路線で次の世代を教育するのだ」と言った。また、最近行われた中国共産党第十五回全国代表大会で、江沢民総書記も「永遠に覇を唱えない」と重ねて表明した。相手が覇を唱えるかどうかに深く配慮し、それを普通のことと考えずに重大な関心をもつべきだ。また自らの実際の行動を通して『共同声明』と『友好条約』に規定された覇を唱えないという条項を確実に守ることを証明することである。例えば双方が対話の機会を作り、軍事的透明度を増やす等の措置は、相手がより自分の国を理解することにつながり、また相互の信頼を増す措置を取ることも相互理解を高めるのに必要なことである。

三、今後、国際関係の調整がすすむなかで、われわれは中、日、米の三角関係をうまく処理しなければならない。この三角関係の中のいずれに変動があっても他の両辺に影響を与える。また、この三角形の中で米国と日本は同盟関係であるため正三角形ではなく、一辺が特に長い二等辺三角形だ。中日米は冷戦が終わり、三国共通の脅威がなくなった状況のもとで、三辺の不均衡を拡大するのではなく、徐々に平衡がとれるよう努力すべきだ。昨年来、日米が発表した安保共同宣言と、ガイドラインの見直しは、日米間の軍事同盟関係をより密接かつ強化するものであり、中日米の三角関係はさらに不均衡になる。これをわれわれは深く憂慮している。特に日米双方の政治家が、台湾海峡が有事の際の範囲に含まれると表明したことは中国に対する重大な内政干渉であり、中国政府と人民は絶対に受け入れられない。われわれはこの度の両国総理の会談をとおして、日本側が中国の意見を了解し、その後、中国側の立場を高度に重視し尊重することができるよう期待している。そうしないと、中日、中米関係の発展に不利であり、しかもアジア・太平洋地域の安定にも不利である。

四、中日経済貿易の良好な協力は、両国関係を発展させる上できわめて重要な絆であり、より一層この役割を発揮させるべきだ。最近行われた中国共産党第十五回全国代表大会は、二一世紀においてわが国の社会主義改革開放と現代化建設を全面的に推し進めることを決定した。わが国の経済はより大きな発展を遂げるに違いない。われわれはこの機会を利用し、より一層中日両国の経済協力範囲を拡大し、協力のレベルを高め、しかも密接な経済関係によって政治面の密接な協力関係をすすめるべきである。

五、両国各方面における民間交流を一層拡大する必要がある。そして官と民の役割をともに発揮させ、民によって官を促すというよい伝統を発揮するべきである。また世紀の変わり目を迎え、新旧交代の重要な時期にあるなかで、多領域、多階層における青年の交流を大いに展開する必要がある。特に青年政治家の交流に力を入れる必要がある。また交流をとおして、青年たちに相手の国と国民性をよく理解させ、中日友好事業の後継者をより多く育成することは、両国の友好を世々代々にわたって伝えていくために是非とも必要である。

六、両国関係の発展の過程で、あれこれの問題や困難が生じるのも免れないことである。ある問題は両国関係発展の重大な障害となるものであるが、両国関係に影響を与える一部の重大な問題に対しては、双方がこれをうまく処理する必要がある。しかしこれらの重大な問題を処理するにあたっては、できるだけ外的な問題を妨害する勢力をとり除き、相互に尊重し平等に扱い、正直に話し合い事実を求め、友好的話合いと譲り合いによって解決を図ることが必要である。そして一時的に解決が難しいものは棚上げにし、条件が熟したとき処理すればよい。短絡的発想で両国関係に大きな変動をもたらすことは避けなければならない。

以上述べた六点は、二一世紀に向う中日友好関係を実現させるために努力しなければならない課題である。われわれは中日友好の志を持つ人々が、この六点に沿って努力されることを心から期待している。二五年後の中日国交正常化五〇周年を記念するとき、われわれの目の前に現れるのはより成熟した強固でうるわしい中日友好協力関係に違いない。

(国交正常化二五周年記念講演会　朝日小ホール　一九九七年九月十七日)

第二章　中日平和友好条約

一、「中日平和友好条約」の正式発効を祝う

今年の八月一二日、中日両国の外相が中日平和友好条約に調印し、一〇月二三日には東京で批准書を交換した。これによって、「友好条約が正式に発効することとなった。中日両国の関係史上この大きな出来事を祝賀するために、鄧小平副総理は一〇月二二日日本を友好訪問した。

「友好条約」の調印以来、中日両国人民は大きな喜びを感じ、熱烈に祝賀した。ソ連とその追随者以外の世界各国の多くの指導者と多くの世論は皆この条約にきわめて高い評価と十分な支持を与えた。どうして両国間のこの「友好条約」は、世界の中でこのような強烈な反響を引き起こしたのだろうか。簡単にいえば、これは普通の便宜的なものではなく、中日両国、ひいては全世界にとって、重大な現実的意義と深い歴史的意義をもった条約だからである。

中日両国の関係からいえば、この条約は今までの両国関係の政治の総仕上げであり、同時にまた今後の両国の長期的善隣友好関係の政治的基礎を強固にし、それによって、両国関係の全面的な発展に大きな道が開かれたのである。

二〇〇〇年来の中日往来の歴史は文化、経済と科学技術等の交流による友好の歴史である。しかし、一九世紀の半ば以来、西側の資本主義国家の砲艦はほぼ同時に中日両国の鎖国の大門を砲撃した。その後、日本は西側に学び、明治維新を経て、資本主義の道を歩んだ。一方、中国はだんだん半植民地半封建国家になっていった。この後、対抗、衝突、局部と全部的な戦争は両国関係史の主な内容となった。そして一九四五年、八年にわたる中日戦争は日本軍国主義の敗北によって終了し、一九四九年には、中華人民共和国が成立した。両国の戦争状態の終結を宣言しなかったも

のの、わが国人民の指導者である毛沢東主席と周恩来総理は人民に対し再三にわたって、日本民族は偉大な民族であり、日本人民は中国人民の友達であり、わが国の人民は日本人民との友好関係を大いに発展させるべきであると指摘した。一方、広範な日本人民と、卓越した実績を持つ日本の政治家も、中日友好と両国関係の正常化を促進するために、きわめて困難な状況の中で多くの努力をした。一九七二年に、田中角栄首相と大平正芳外相は訪中し、中国政府と「中日共同声明」に調印した。それによって、いままで両国間の不正常な状態が終結し、両国の国交正常化が実現した。その後、両国政府はまた「共同声明」の規定に基づき、相次いで、貿易、航空、海運、漁業などの協定が締結。続いて、一九七四年には、中日平和友好条約を締結するため交渉を始めたが、ようやく今年の八月に協議を達成し、両国人民の長く待ち望んだ「平和友好条約」が調印された。この条約は再び一九七二年の「中日共同声明」の各原則を確認するとともに、両国政府が平和共存五原則に基づき両国間の恒久の平和友好関係を規定し、中日両国は、武力や武力威嚇に訴えず平和的手段によって一切の紛争を解決することとした。つまり、条約をとおして、両国間の半世紀にわたる不幸な歴史を正式に終結させ、しかも、今後の中日両国の関係を平和友好と過去二〇〇〇年あまりの友好史を新たに存続、発展させることを保証した。

中日平和友好条約はまた、双方が善隣友好の精神をもって、より一層両国間の経済関係と文化関係を発展させ、両国人民の間の往来を促進するために努力すると規定した。中日両国は社会・政治制度が異なり、立場が異なるものの、近隣であり、また友好国家でもあるために、経済、文化、科学技術などの面における相互協力、相互依存関係は今後発展するはずである。たとえば、経済の面において、お互いに協力しあい、大いに貿易を発展させることは両国の長期貿易協定の年限を延長し、双方の毎年の定期的な貿易定額を増加することができ、しかも平等互恵の精神に基づき、ローン、補償貿易、延べ払いなどの各種可能な形式をとることによって、一定項目の生産建設を行い、ともに鉱物を開発し、そして生産管理関係の経験交流などは、資源に乏しいながらも先端的科学技術と高度な生産レベルを持った日本にとって、資源が豊かながらも、科学技術と経済発展が遅れ、四つの現代化を実現するために努力している中国にも有利である。

経済、文化、科学技術交流が大きく発展するにつれて、両国の友好は必ずや大きく発展できるのであり、その意味で、この条約はまた両国善隣関係の起点であると私たちは思っている。

中日平和友好条約の役割は中日両国の間に限定されるものではなく、アジア・太平洋地域の安全、安定と平和、ひいては全世界の平和にとっても、とても深い意義がある。

これは、「中日共同声明」のなかの反覇権条項が条約の正文に書き入れられたことによって言い表されているが、条約は「いずれの側もアジアや太平洋地域あるいはその他のいかなる地域においても覇権を求めるべきではなく、双方ともその他の国家あるいは集団がこの種の覇権を打ち立てようとすることに反対する」と規定した。条約の中に反覇権条項を書き入れたことは国際条約史上最初の出来事である。

日本は経済大国であり、強大な工業力をもっているため、東南アジアの国々は日本がまた軍国主義の道を歩むかどうかについて深い疑念をもっている。日本が条約の中で自己を拘束し、覇権をとらないと表明したことは、東南アジア諸国が日本に対するイメージを変えることに非常に有利である。中国は、土地が広く資源が豊かで、しかも人口の多い国であるものの、目下経済発展のレベルは低く、労働生産性と一人あたりの平均収入から計算するとまだ発展途上国であり、覇を唱える資格がない。では、中国の四つの現代化が実現し、経済力が発達したならば覇を唱えるだろうか。これに対して、毛主席の生前の教えにしたがって、社会主義の中国は決して覇を唱えないことを私たちは重ねて声明する。また現在、われわれはこの政策を隣国と締結した条約の中に載せ義務として担うとともに、次の世代もこれを守るべきであると考える。

アジアの大国である日本と、中国の人口を合わせると世界の人口の四分の一を占める。したがって、それらが覇を唱えないことはアジア・太平洋地域の安全、安定と平和を守るための強力で積極的な要素である。ここで、「友好条約」は他の国と集団が覇権をとることに反対するという規定の重要な意義を強調し指摘しなければならない。今後、超大国が世界各地で覇権主義を推し進め、ほかの国を侵略したり、干渉、コントロール、脅し、いじめ等による全世界への略奪行為は、新しい世界大戦を招くに違いない。覇権主義に対しては二つのまったく違った動きがあり、それぞれは明らかに異なった結果をもたらすものであるが、ひとつは容認、妥協、融和政策をとることによって、覇権主義者がより勝手気ままに侵略することを許し、それによって、より早く世界戦争を勃発させるというものである。もうひとつはこれと真っ向から対決するものである。この闘争をとおして、はじめて超大国の手足を束縛し、世界大戦の勃発を遅れさせ、あるいは阻止することができるのである。中日平和友好条約は、いかなる国家と集団の覇権にも反対すると明確に規定した。これは世界各国の平和を愛するすべての人民の願望と要求に合致し、国際関係においても大きな影響をもたらすに違いない。各国人民と全世界の公正な世論が、このように熱烈にこの条約を支持する主な理由もここにある。

もちろん、ソ連およびその追随者は、条約交渉の始まったときから今までずっとこの条約に反対し中傷を加えていることを私たちははっきりと認識しているが、ソ連の指導者は繰り返し日本に圧力をかけ、脅し、もし日本が中国とこの条約を締結すれば、ソ連が対日政策を改正し、しかも復讐措置を取ると表明した。「友好条約」が締結された後、「中日平和友好条約は軍事条約であるに違いない」とまで捏造し、またこの条約は平和国家に反対するものと誹謗し、「ソ連はこれを袖手で傍観していない」と表明した。中日平和友好条約は明らかに政治的文献であり、「序言」と五つの条項のどれが軍事問題に触れるのだろうか。目を開いてでたらめを言う者だけがこの条約を軍事条約と称するのである。条約が反対する対象は、好戦でみだりに武力を用いる超大国の覇権主義であり、平和を愛する国に言及した文字はどこにあるというのか？ソ連はどうしてこのように声を荒げてこの条約を敵視し破壊し、また何度も「袖手で傍観してはいけない」と脅かすだろうか。はっきりいえば、それはきわめて簡単である。それはこの条約の反覇権条項が、覇権を図ろうとするソ連の考え方に抵触するからである。自分が覇権を図り、また他人の反対を認めないということは絶対に容認できない。もし、どうしてもこのようなことが許されるならば、それはきっと反覇権の時代の流れに埋もれるに違いない。

時代は変化し、歴史は進んでいる。中日の二つの偉大な民族は中日平和友好条約の原則と精神に従い、将来の両国関係史上に多くの美しく新しいページを開くに違いない。中日両国の人民は世々代々にわたって友好的に付き合っていくに違いないと私たちは確信している。

（中央人民放送局における放送　一九七八年一〇月）

二、条約締結一〇周年＝相互理解を深め中日友好を発展させよう

今年は中日平和友好条約調印一〇周年である。

「中日平和友好条約」も「中日共同声明」も両国善隣友好関係の政治的基礎であり、条約は自身の条項のほか、共同声明の中の一部の重大な原則を法の形式で固定してきた。したがって、この条約は中日両国の善隣友好関係の長期かつ安定的な発展にとって、きわめて重大な役割と深い意義をもっている。

国交回復からこれまでの一六年間、中日両国の友好関係の発展は、全体的にいえば満足できるものであった。一九八二年以後、両国の間に両国の善隣関係の発展に影響をもたらす政治、経済の問題はあったものの、これらの問題の中には解決できず交渉中の問題もあるが、共同声明と友好条約の原則と精神によって解決できるものが少なくない。中日両国が「共同声明」と「友好条約」を信じ、これを厳守しさえすれば、これらの問題を解決するのは難しくないのだ。

世界情勢の変化にしたがって、日本経済は巨大な発展を遂げた。すなわち、日本はすでに世界最大の債権国と貿易利潤国となり、一人あたりの国民総生産はすでに米国に追いつき、世界で第二位になった。このような状況のもとで、日本がどのような方向へ発展していくかは、今後中日両国の関係に重大な影響をもたらす。現在、アジアの国々だけではなく、ヨーロッパの一部の国、ひいては米国の一部の世論も日本が経済大国から政治大国に変わるかどうかについて、疑念と恐れの気持ちを持っている。政治は経済の集中的な表現である。すでに超大国になった日本には、政治

大国になる客観的な現実的基礎が存在し、同時に、日本の官庁の関係者も「国際国家」(これは「政治大国の別称」)になることを希望し、そのうえで、しっかりと国際上の発言権を追求すると明確に表明している。今年トロントにおける西側七カ国首脳会議で、また最近のカンボジアの問題においても、これらをすでに見ることができる。日本の同盟国としての米国も、日本と新しい「パートナー関係」を築きたいと繰り返し声明しているが、これは事実上、日本が政治大国になることを承諾しているものといえよう。

世界全体から見ると、両極対立と対抗は世界の平和にとってマイナスである。この情勢はすでに維持できず、しかも新しい変化があった。多極化の出現は世界平和にとってプラスである。だから、この大局から考えれば、日本が世界の一極になろうとするのも非難することではない。とりわけ、もし日本が平和立国の方針を堅持し、自身の発達した経済と巨大な資本、そして先端的科学技術の力を利用し、世界の平和と発展の二つの課題に積極的な貢献をすれば、このような政治大国は皆の非難の的にはならないのだ。しかし、人々のより大きな心配は、日本が政治大国から軍事大国に移り変わるかどうかである。米国の一部の政治家は日本の軍事費をその国民総生産の三％に迫ることによって、米国の予算バランスに役立てさせようとする。すでに、日本が二一世紀に世界体制を主導する大国になると大口をたたく論者までいる。これらは全て、ちょうど少数の日本軍国主義者に迎合した動きであり、ある意味では、日本が軍事超大国へ歩むのを鼓舞しているといえる。

確かに、中国は日本が軍事大国へと歩むことを大いに警戒し、これに断固として反対する。中日両国の平和友好条約が両国とも覇を唱えないと規定することは、私たち両国の超大国への道を制限したということであり、私たちは、日本政府や竹下首相たちが繰り返し声明しているように絶対に軍事大国にならないという方針を貫徹するよう希望する。それによって、私たち両国には根本的な矛盾は発生せず、両国の善隣友好関係が長期的に継続し発展していくことになる。

しかし、私たちも、日本が政治大国になるにしたがって、中日両国間の摩擦やもめごとが増えることを免れないこと予見する必要がある。中日両国は社会制度と意識形態が違い、存在する条件と国の発展水準も異なる。日本が世界とアジア・太平洋地域に自らの政策を積極的に推し進めるとき、わが国の意見と異なる意見が存在することがあってもおかしくはない。しかし、この状況のもとで、中日関係の原則である「共同声明」と「友好条約」を更に堅持する必要があり、しかも両国間、人民間の往来と交流をより拡大し、これによって互いに理解を深め、発生した問題を適時かつ適切に処理することが重要である。

私たち両国間の人的往来と交流は、政府方面においても民間においても、すべての面において非常に活発である。これは両国間の相互理解を強め、友好の増進に積極的な役割を果たしており、今後もひきつづき強化しなければならない。しかし、両国の政治の中で最も積極的で、活発な役割を果たした党派、すなわち中国共産党と日本社会党との関係以外に、ほかの政党との連絡と接触の面において、まだ大きな空白が残っている。これが大きな欠陥であることは間違いなくこの空白を補充すべきである。

相手の国に対する研究を深めることは、両国が互いに理解を深めるためにも当然必要である。一般的にいえば、中国人民の日本への理解は、主に明治維新以来の中日関係史に限られている。しかし、これはまさに日本が中国を侵略した歴史である。新しい中国が成立した後、日本の古代と戦後の歴史に対する研究は新しい進展を遂げたものの、少数の専門家と学者の範囲に限られているだけであり、日本においては、過去は中国の古代を推奨し中国の近代を蔑視し、戦後は米国に学び追随したため、古代中国に対する称賛と研究も大いに弱まり、公正かつ科学的な態度で新しい中国を研究することは多くなったものの、「中国学」の中ではまだ優勢を占めていない。これは、中日双方がいかに両国に対する研究を強め、しかもこの科学的な研究成果を両国人民の中に普及させることにおいて、まだ多くの努力が必要であることを表している。このほか、絶えず両国の優秀な伝統文化を互いに紹介することも両国の相互理解を深めるうえで欠かせないことである。またここで、もうひとつ強調したいことがある。それは相互理解を深め、科学的かつ正確に己を知り相手を知ってこそ、正確に「共同声明」と「友好条約」の原則を貫徹し実行できるのであり、絶えず起こる両国関係に影響を与える各種の問題を解決することができるのである。

中国国際交流協会は中日両国人民の相互理解を強め、友好の増進に力をおいて、より大きな役割を果たすことを私は熱烈に希望している。

（『国際交流』一九八八年第三期）

張香山 1987年

三、条約締結二〇周年＝祝賀と期待

今年は、中日両国政府が「中日平和友好条約」を締結して二〇周年にあたる。

「中日平和友好条約」は、中日両国政府が一九七二年に「中日共同声明」を発表して以来のもう一つの歴史的文献である。「中日共同声明」は主に両国国交の回復を重点課題とし、そのために国交回復についての歴史問題を解決し、あわせて両国の今後の友好関係を一層発展させるための基本的原則を規定したものである。「中日平和友好条約」は「中日共同声明」に基づいて、両国が平和と友好関係を一層発展させるため、アジアと世界の平和と安定に寄与するために守らなければならない原則を法的に定めたものである。

「中日平和友好条約」は、「中日共同声明」が両国間の平和と友好の基本となっているということをあらためて確認した。この条約では、平和共存の原則に基づいて両国の平和と友好を発展させ、そして争いを平和的に解決し、武力あるいは武力的脅威を行わないこと、経済、文化による提携を発展させつつ両国人民の友好往来の促進に努めること、両国ともアジア・太平洋地域及びその他の地域において覇権をもとめず、両国以外の国家および団体が覇権を図ることにも反対することなどを定めている。

上記の内容は非常に重要であるが、「中日平和友好条約」と「中日共同声明」は両国関係の政治的基礎であり、これによって両国の長期にわたる平和友好関係を確固なものにし、併せて両国が世界の平和と安全に寄与するとともに、またこれらは両国関係での争いがおこった場合の判断の基準となった。

二〇年来の実践によれば、この条約は共同声明とともに、両国関係の発展を促進し保障し、そして両国間で発生した問題について、これを除去する役割を担ったものであり、特に両国の経済面での協力を一層発展させた。条約締結の翌年、日本政府は中国政府に政府円借款を提供することを決定し、これまで四回実施することによりその総金額は二〇八〇〇億円に達した。その後、両国の貿易輸出入総額は著しく増加し、一九七七年には三五億ドルに満たなかったが、一九九七年には六三〇億ドルに達した。条約の締結は、中国の一九七八年から始まった「改革開放」に吹いてきた快い風といっても過言ではなかろう。当時、鄧小平は、「中日平和友好条約」は中日関係の新しい起点となったと言ったが、これは歴史によって証明されている。

ここで是非強調したいことは、この条約の締結への道は決して容易なものではなかったということである。六年間にわたり、また、日本では三度にわたって内閣が変わった末に実現したのである。その原因は、田中内閣後に発足した二つの内閣、特に三木内閣は当時ソ連政府や自民党内の右翼勢力の反対で、「反覇条項」を条約に書き入れたくなかったからである。福田内閣の発足二年目に至って、日本では大きな締結促進運動が起こったことによって、また中国政府のたゆまぬ努力により、福田首相は再び交渉をおこなうことを決心したのである。交渉代表団は一五回の交渉をおこない、また両国外相会談そして鄧小平と園田直外相の会談によって、ついに最終的合意をみたのであった。そして、一九七八年一〇月には、鄧小平は自ら訪日し条約の批准書の交換式に出席した。

二〇年が過ぎ去った今、世界情勢には重大な変化があった。冷戦が終了し、世界は多極化へと発展し、平和と発展は世界の潮流となった。そして、中日両国はともに世界において重要な影響力を持つ国家となった。では、「中日平和友好条約」はこの新たな世界情勢の下で、その使命を終え存在価値はなくなったというのであろうか。絶対にそういうことはないはずである。この条約の基本的内容は強い生命力を持っているし、またその目標実現のために、やるべきことはまだたくさんあるのである。

「反覇権条項」を例にあげてみよう。米ソ対立の局面に変化があったにもかかわらず、覇権主義は依然としてこの世界に存在し、世界の平和と安定を脅かしている。中日両国の立場から考えれば、日本は今後政治大国になり平和発展の道を歩むことによって軍事大国にならず、そして、国内の右翼分子が歴史を否定することによって発生する悪影響をなくし、反覇権条項を履行するように努力しなければならない。また、中国は国力の急激な成長による大国主義の発生を警戒し、愛国主義教育を行う場合、これと民族主義とをはっきり分け永遠に覇を唱えないということを人民に教育するように努めなければならない。中日友好を発展させるために、それは重要な要件である。

つまり、「中日平和友好条約」の基本精神と内容は決して時代に遅れるものではなく、中日両国にとっても必要なものである。日本のある友好人士の言った通り、この条約は空気のような欠くことのできないものである。

「中日友好平和条約」締結二〇周年の記念すべき年にあたって、中日友好を一層発展させるために、私はここで一つの願望を述べたいと思う。私は、江沢民主席の日本への正式訪問が本年内に実現できることを心から期待している。なぜなら、これは中国国家元首のはじめての史上初の日本訪問であり、これは重大な歴史的意義を持っているからである。今度両国首脳の会談を通じて、二一世紀に向けての両国関係の新たなメカニズムを構築し、できることであれば、新しい歴史的文書を締結することが更に望ましいのではないだろうか。この文書は中日国交正常化以来、友好関係の各分野で収められた大きな成果を十分に肯定し、また両国間に存在している一部の問題を直視しなければならない。とりわけ、しょっちゅう両国関係の発展をひどく妨害するのは、歴史認識問題と台湾問題であるが、「中日共同声明」、「中日平和友好条約」の基本精神に基づいて、そのような妨害を排除し、或いは制限する新しい指針と措置を出すことが必要であろう。そのほか、二一世紀において、中日両国が如何に世界の安定と平和を擁護し、世界の発展を促進するために貢献するということを表明するべきである。

総じて、鄧小平同志の言った通り中日両国国民の世々代々にわたる友好は、一時的な便宜的問題ではなく、千年、万年にわたる終始一貫した方針である。そのような大きな目標に向かって、われわれは、一貫してたゆまぬ努力を続けるべきである。「中日平和友好条約」締結二〇周年を記念するにあたり、われわれは、さらにその思想を真剣に広め伝えていかなければならないのである。

（「人民日報」一九九八年一〇月二三日）

第三章　戦後の中日関係と対日政策

一、新中国成立初期における党中央が策定した対日政策と活動方針

新中国が成立してから五〇年代のはじめ頃まで、わが党は、毛沢東主席と周恩来総理の指示に基づき、また当時の国際形勢と対日関係の実状を総合し、対日政策の総方針の策定を開始した。この方針はおおむね「中日両国人民の間（政府の間ではなく）の友好関係を発展させることによって、米国を孤立させ、そして間接的に日本人民に影響を与えることで、日本政府に圧力をかけ、日本の対中政策の変更を迫ることによって、次第に中日関係の正常化を実現させる」というものであった。この方針の下で、われわれは自ら進んで日本の民間との往来をすすめ、日本各界の代表団の中国訪問を受け入れ、併せてわれわれも日本に代表団を派遣し対日の民間貿易を交流させる活動を展開した。そして民間貿易協定と漁業協定に調印し、約三万名にのぼる残留日本人の帰国に協力し、多くの拘留中の戦犯に特赦を与えた。このような過程で、われわれは対日関係の経験を蓄積した。もちろん、解決する必要がある問題も多く発生した。

一九五四年の年末、吉田茂氏が退陣し、鳩山一郎氏が政権を獲得、彼は中国との関係を発展させると表明した。当時中国共産党中央に国際活動指導委員会があったが、指導委員会の主任は中連部部長である王稼祥が兼任していた。彼は、中日関係は発展しており、また多くの日本人が中国への訪問を希望しており、われわれは一層中国の状況と対日政策を理解しなければならないとし、ひとつの提案を出した。それは新華社をとおして日本側に中国の対日政策を理

解してもらうために、周総理が一九五四年一〇月に日本の国会代表団と学術文化代表団に会見したときの講話と、一九五五年一月に村田省蔵氏と会見したときの講話の要旨を発表しようというものだった。これについて、張聞天外交部副部長に相談したとき、張副部長は、あの二回の講話はわが国の対日政策を総合的に述べたものでないことから、今後は完璧な形で対日政策を策定する必要があるとし、王稼祥にその起草を委ねることを提案した。その後、周総理の同意を得て、王稼祥は対日関係部門の責任者を召集して討論をおこないほぼ一ヵ月をかけてこれを起草した。さらに政治局は総理の指示により討論をおこない、一九五五年三月一日これを採択した。

この文献は『中共中央の対日政策と対日活動に関する方針と計画』というものであるが、文献ではすでに述べた対日政策の総方針をあらためて肯定し、今後引き続きこの方針をとることを表明した。文献はまた具体的に以下の五つについて言及した。それは、

第一、吉田内閣が退陣した原因についての分析

第二、鳩山内閣と吉田内閣の対外政策における相似点と相違点

第三、中国の対日政策の基本原則

第四、今後の対日政策と対日活動の方針と計画

第五、今後の予測

というものであったが、この文献はわが党において最初に対日政策を総合的に述べた重要文献だと言ってもよい。それは対日外交のみならず、対日関係の各方面に係るもので、それはわが国の対日政策の基本政策と言えるものであった。これらの基本原則は、

第一、米軍が日本から撤退することを主張し、米国が日本に軍事基地をおくことに反対し、再び日本が武装するこ

とで軍国主義が復活することに反対する
第二、平等互恵の原則に基づき、中日関係の改善を目指し、続いて外交関係の正常化を達成する。

第三、日本人民の勝利により、中日両国人民の友好を築き上げ、日本人民の境遇に同情の意を表す。

第四、日本政府に圧力をかけ、米国を孤立させることによって日本政府に中国政策の変更を迫る。

第五、間接的に日本国民の反米要求と、日本の独立、平和、民主を求める運動に影響を与えて、これを支持する。

というものであった。また文献はさらに、新しい形勢のもとで以下の七つの方面で仕事をすすめることを規定した。それは、(一)中日貿易(二)漁業問題(三)文化友好往来(四)中日両国議会間の往来(五)中国にいる残留日本人と戦犯問題(六)中日両国関係の正常化問題(七)世論工作であったが、この中で賠償問題、戦争状態の終了問題については、この段階では確定しにくいため、両国関係が正常化したときにこの二つの問題を解決するということとし、七項目についてはは比較的具体的な計画を提出した。私が知っている限りでは、一九五五年に制定されたこの文献は、おそらくわが国による建国後の対日政策の中で、政治局の討論と採択を経た最も完備された正式な文献であろう。日本の一部の中国問題の専門家は、中国の対外政策のほとんどが組織の協議を経ずに指導者の意志によって決まったのだと批判したが、この過程からも分かるように、この種の批判は不適当だということが十分に証明できる。われわれの党と国家の主な政策は、組織をとおして全体で討論して決めたものだ。たとえ個人崇拝が蔓延した時期、指導者の意志によって政策を確定する傾向が確かにあったにせよ、すべての政策が同様だったというわけではない。例えば、われわれが提出した「中日共同声明」草案の中の多くの項目は五、六〇年代に何度も討論されたものであり、しかも中国側の草案は周総理によって立案された後、毛主席の同意を得、そして調印前に、政治局が討論し全体の同意をを得たものである。


(『論座』「橋を準備する人々」一九九七年一一月号)

二、日本に対する戦争賠償請求権の放棄に関する経過

戦争賠償問題は、中日両国が国交正常化を実現する際に解決しなければならない問題であった。これは、すでに一九五五年に策定された対日政策総方針の中にもはっきりと明記してある。竹入義勝公明党委員長が一九七二年七月に中国に来た際、中国の中日国交回復の手順および国交回復の際に発表する文書の内容をたずねた時、周恩来総理は彼に八条三項目を提出した。その中の一条は賠償問題に関するものである。また具体的な内容は、中国政府が戦争賠償の請求権を放棄することを宣言するということであった。

私の知っている限りでは、一九五七年に浅沼稲次郎書記長を団長とする日本社会党の代表団が中国を訪問し周総理と会見した際、代表団のメンバーである勝間田清一氏が「中日国交正常化が実現したら、戦犯問題と同じように戦争賠償問題にも寛大な政策を取っていただけないか」と総理に要請したことがある。周総理は賠償問題の方針について、「今はまだ決定できない。国交正常化の実現まで決められない」と言った。しかし六〇年代のはじめ頃、中央は戦争賠償問題を議論し戦争賠償請求権の放棄を決定した。戦争賠償の放棄にはいくつかの理由ある。これは周総理が直接言ったことではないが戦争賠償放棄をする理由を聞いた時、そう言う話を耳にした。最も重要なことは、日本人民に対して友好の意を表し、日本人民に賠償による苦難を受けさせたくないとのことであった。第二の理由は第一次世界大戦の教訓を受けたことである。ベルサイユ条約によるドイツへの賠償はとても厳しく、戦後のドイツは大変な困窮に陥った。それがドイツの復讐主義、ファシズムを引き起こしたのである。したがって、このような経験から昔のドイツに

したような手段は取らないほうが良いということになった。もうひとつの理由は、当時賠償を放棄した国がいくつかあったということである。蒋介石が放棄したというのは根拠にならない。なぜなら、彼が放棄したといっても彼は大陸から逃げていったのであり、大陸の全人民を代表する資格はないからだ。

これを議論したのは六〇年代だったが、国交正常化のときに言うべきものであるためその前には発表しなかった。しかし、一九六五年五月に、わが国のある対日関係者が中国を訪問した宇都宮徳馬氏にこれを漏らし、宇都宮氏が日本の記者にこれを発表したのだった。『読売新聞』はこのニュースを報道した。その後、廖承志が宇都宮氏との会談の際、「中国は賠償を求めたことはないし放棄もしていない。いずれにしても日本の賠償で社会主義の建設をしたくない」と「更正」した。

いずれにしても、賠償放棄は毛主席と中央がすでに早くから決めた方針なので、七年後、周総理が竹入義勝委員長と国交正常化について第一回目の会談を行った時、総理は国交回復の際中国が賠償の放棄をしてもよいと表明した。そして三回目の会談の時、総理の提出した八条三項目の中の一条はすなわち賠償の請求権を放棄することを宣言するということであった。当時、総理は説明を加え次のように言った。賠償を求めることは、日本人民の負担を増やすことになり、これは友好のためにならない。中国人民もかつて賠償の問題においてつらい体験をした。日本では甲午戦争を日清戦争というが、中国が日本に白銀二億三〇〇〇万の賠償（その中の三〇〇〇万両は日本に割譲された遼東半島を回収するために払ったのである）を支払い、台湾や膨湖諸島なども割譲されてしまった。中国人民はこの苦難を被ったので、われわれは日本人民にも同じような苦難を受けさせたくないのだ。竹入委員長は、私たちの賠償放棄に「非常に感謝する」と言った。その後、日本側から送られてきた「共同声明」の草案の中にもこの項目が書き入れられた。

しかし、田中首相一行が中国に来た際、本来問題にならないはずの賠償問題が論争を招いたのである。九月二六日の午前に行った一回目の外相会談で、出席した高島益郎条約局長が文字にこだわり、項目にこだわり、そして法律にこだわり、『日本が台湾と「日台条約」を締結するとき、蒋介石はすでに賠償の放棄を明言した。中国との戦争賠償問題はすでに解消済みなので、中日両国の「共同声明の中にわざわざ賠償問題を書き入れる必要がない』と主張した。われわれは、この間違った意見に対し反駁した。一回目の会談が終わった後、姫鵬飛外交部長が周総理にこの問題を報告した。そのため、その日の午後開かれた小規模の首脳会談において、周恩来総理は高島局長の意見を強く批判した。総理は「高島局長の発言は田中首相と大平外相の本意ではないと思う。蒋介石が日台条約で戦争賠償請求権を放棄すると宣言したから、中日の「共同声明」で改めて言及する必要はないというのはおかしい論法だ。蒋介石はすでに台湾へ逃げ、全中国を代表する資格はないし、戦争の被害を受けたのは大陸だ。蒋介石の態度は『人のふんどしで相撲をとる』ようなものである。われわれが請求権を放棄するのは両国国民の友好から発して、日本国民に賠償の苦難を被らせたくないからだ。高島局長はわれわれの好意を受け入れないばかりか、蒋介石がすでに賠償はいらないと言ったと主張する。これは私たちに対する侮辱だ。絶対に受け入れることはできない」と発言した。周総理が高島局長を批判したことは、その後日本で周総理が高島局長のことを「法匪」と批判したと伝えられたがこれはまったくのデマで、そのような事実はなかった。

田中首相は会談のとき、中国の賠償放棄と周総理の好意の談話に深い感謝の意を表した。

これも余談だが、蒋介石は実際には日本から軍需機械などの賠償をもらったことがある。これは資料を調べてもらえば分かることだ。しかし、私たち新中国は、要求もしたことがないし賠償をもらったこともない。

賠償問題について、この問題に関する一部の議論と活動と関係づけて、もう少し話したいことがある。

中日「共同声明」の賠償条項と日本がソ連と国交回復したときの「日ソ共同宣言」の賠償条項は、実は内容が異なる。われわれは「中華人民共和国政府は、中日両国国民の友好のために、日本国に対する戦争賠償の請求権を放棄することを宣言する」と簡単に書いた。しかし、「日ソ共同宣言」の中には、ソ連が日本国への一切の賠償請求権を放棄すると同時に、ソ連と日本双方は互いに相手の国、団体および民間への一切の請求権を放棄すると書かれている。

六〇年代に、中日覚書貿易の会談のため中国に来た松本俊一氏は日本の外務次官、イギリス駐在の日本大使を務めたことがあった。その後、またソ連と交渉を行うための全権代表として、鳩山一郎氏と一緒にソ連に行き、ソ連と国交回復の協議を達成させた。彼からいただいた著作『―モスクワにかける虹―日ソ国交回復秘録』には、宣言の賠償部分の内容が日本側からではなく、ソ連の提案を受け入れたものだと書かれている。ソ連はなぜこのように書いただろうか？第二次大戦終結の時、ソ連は日本軍にだけでなく、日本国民にも残酷な行為を行った。たとえば、略奪や暴行、大量の捕虜に対する苦役もさせた。日本側から民間の補償を請求されないように、双方とも政府間だけでなく民間賠償も放棄すると書き入れたのだ。中国人民解放軍は、中国にいた日本の国民と日本の捕虜に対して、確かに仁儀を尽くしたと思う。日本は中国に賠償や補償を請求することは絶対に不可能である。そのため、「共同声明」の賠償条項は「日ソ共同宣言」のように複雑なものではなく、簡単なものなのである。

中日国交正常化は、わが国の人民にとって大きなことなので、田中首相が訪中を決めた時、中央が内部の宣伝提綱をつくって全国の国民に学習させた。この提綱の中で賠償問題に触れなかったのは、毛沢東主席は中国の国民大衆のなかで非常に高い威信があるため、彼が決めた賠償放棄を国民大衆が批判することはありえなかったからである。五〇年代の初めごろ、日本は北京で貿易展覧会を行ったが、会場の外にかかっていた大きな日の丸に対し一部の大衆から強烈な批判が出た。しかしその後、大衆に対し毛主席と周総理が日本国旗を掲げたことを同意したという意見を伝えたら、大衆の反対は収まったのであった。

この数年来、中日両国の間に起きている民間賠償問題は、私に言わせれば、われわれが引き起こしたのではなく日本側の一部の活動家が持ちかけたのだと思う。いかにこれに善処するかは当事者が考えるべきことだが、賠償放棄に民間も含まれるかどうかについて私個人の見方をいうと、わが国は社会主義国であり、中央から地方までの各レベルの政府とも「人民政府」と表現することは、わが国の政府が人民の政権であり人民を代表することができる。したがって、わが国の中央政府は国民の意志を代表したものであり、また、日本への賠償請求を放棄したことには民間賠償の放棄も含まれるのである。

日本における一部の社会活動家が起こした民間賠償運動に、私個人として反対はしない。しかし、中国で民間賠償の請求の運動をしている一部の人とは一緒にやらないでほしい。なぜなら、中国で民間賠償を主張する人の中には、軍国主義の被害者が強い怒りから賠償を求める人もある。これは理解できる。しかし、その中に、民間賠償を求めるごく少数の「活動家」は実は「敵は本能寺にあり」のようである。彼らが賠償放棄に反対し賠償を求めることは、実際に中日両国の「共同声明」と中日友好に不満をもつ人である。彼らは、賠償活動のなかでの諸々の意見や要請を中国の関係部門にするわけではなく、まず外国のマスコミに発表し外国の世論を利用してひとつの雰囲気を作り出し、それによって中国政府に圧力をかけ政府を困らせようとしている。私たちはこのごく少数の賠償請求の「活動家」に警戒すべきである。

（『論座』「日中間の橋が築き上げられた」一九九七年一二月号）

三、日本人民の闘争と日本共産党

近年来、日本人民は、反米帝国主義と反日本独占資本への幅広い闘争を展開してきた。これは日本全国を巻き込み、米帝国主義と独占資本の政治に大きな打撃を与え、また世界各国の人民による反米帝国主義と平和運動にたいへん大きな貢献をした。この日本人の偉大なる闘争は、日本人民が日本の独立、民主、平和と中立を勝ち取るために奮闘していることを示すものであり、これは圧迫された人民に対して輝かしい模範となり、また、全世界の人民によって大きな支持と賞賛の声があがっている。

日本人民の闘争の発展は、戦後日本の根本的な情況によって決定された。

一九四五年、日本帝国主義が無条件降伏をしてから、日本はずっと米帝国主義によって全面的に軍事占領されていた。一九五一年、米帝国主義と日本の反動派は一方的に「サンフランシスコ講話条約」を締結し、「日米安保条約」にも調印したのである。米国の日本に対する全面的な軍事占領はすこし変わったが、日本民族の主権は依然として大きく侵害され、真の独立を得ることはできなかった。条約とそれに関連する協定により、米国は続いて日本の沖縄と小笠原諸島を占領し、また、日本国土に軍隊を駐留し、かつ多くの軍事基地をも持っている。日本の自衛隊は事実上米国の指揮と把握の下に置かれている。従って、日本は新しく武装され、米帝国主義の侵略政策と戦争政策を進めるためのアジアの基地となったのである。

日本独占資本は、米国に服従し米国一辺倒の外交政策を取り、社会主義陣営と中国を敵視しかつての「大東亜共栄圏」の夢を再び取り戻そうとしている。日本独占資本は米国の指導の下、軍国主義の復活を推し進め、またファシズム政策を進めながら、日本人民の民主的権利を剥奪し日本人民の愛国運動を鎮圧している。

日本独占資本は、経済面において米国から強い制限を受けている。日本は、米帝国主義の「援助」を受けているので金融は米国に附属しており、また重要な産業は米国資本により直接にコントロールされている。日本の対外貿易は、半分以上米国及びその「勢力範囲」内で進められており、また日本と社会主義国家の貿易は、米国から多くの面で制限を受けている。日本に輸入されている米国資本と技術は、年々増える一方である。米帝国主義の力により発展してきた日本の独占資本は、米独占資本とは多少の矛盾があっても、自らの力で米帝国主義から脱出することができない。そのため、日本人民への搾取が強められているのである。

日本は軍事、政治、経済などの面において米国に制圧され、半占領的な米国の附属国となった。したがって、日本人民が目下の革命闘争を進めるにあたって一番必要なことは、独立、民主、中立、生活向上を目指して努力しなければならないということである。また、闘争の目標は、第一に、米帝国主義と日本独占資本はこの闘争の主な敵であるかどうかということである。日本共産党書記長である宮本顕治同志は、「日本社会発展の障害となっている米国主義と本国独占資本は一緒になって、日本人民と労働者階級を圧迫している。従って、革命の主な敵はそれら二つである」と指摘した。近年来、日本人民が進めてきた偉大な闘争は、この二つの目標へと進んでいる。

一九五九年から一九六〇年にかけて、日本人民は画期的ともいえる「日米安保条約」改定反対闘争を展開した。一九五八年一〇月、日米反動派は「日米安保条約」改定について交渉を始めた。米帝国主義は、新「日米安保条約」の締結によって、日本へのコントロールを強め、日本を米国の戦略に入れようと図り、それと同時に、日本独占資本もこの条約を通じて対外拡張と国内での搾取を強めることによって、軍国主義と帝国主義の復活を図っている。これは日本人民の新たな民族的危機であり、また、アジアの平和への新たな脅威でもある。日本人民は民族の独立を保つため、日米反動派に対して新しい軍事条約に日本が加盟することがないように一九五九年四月、「日米安保条約」改正反対の愛国闘争を開始した。日本共産党は、この闘争の最先端に立っている。日本共産党は、この闘争は「サンフランシスコ講和条約」の体系を粉砕し、日本の独立、民主と中立を図るための長期的闘争の重要な一環であると表明した。日本共産党は全人民に対し、この闘争を通じて労働者階級を中心とする農民、市民、インテリ、女性、青年、学生や広範な愛国人士の参加による民族民主統一戦線を樹立しようと提唱した。そして、日本共産党を初めとする各民主主義派の共同の努力によって、民主運動は大きく高まった。日本人民は反動派のいろいろな抵抗に対し、ストライキや集会、デモ行進や署名、請願などいろいろな形式の闘争を展開し、また全国各地において三回の政治ストライキを含む二三回の統一行動を展開した。これには労働者、農民、インテリ、学生、自由業者や市民が参加、またこれに女性や子供そして宗教者なども加わり、二三回の統一行動への参加者は全体で一億あまりに達した。この運動の高まりにつれて、中央及び各地方において日本の特色を持つ統一戦線が結成された。最後に岸内閣は、「日米安保条約」を暴力的な方法によって国会を通過させたが、日本人民がこの闘争において得た成果は大きく輝くことだろう。宮本顕治同志は、この闘争の総括で、「われわれは、闘争を通じて日米軍事同盟に大きな打撃を加えた。それは、条約の条件を一層困難にし、そして岸内閣に総辞職を迫り、またアイゼンハワー訪日を阻止したことである。」と指摘した。日本人民の偉大な闘争は、人民が団結し闘い、そして歴史の大きな流れを作るためには、自力更生によって勝利できることを証明した。

日本人民の安保改定反対闘争に対して、毛沢東同志は一九六〇年六月、「以前と比較し日本人民の意識は相当に高まった。現在多くの日本人民は、米帝国主義は、中日両国及び全世界の平和を愛する人々にとって共同の敵であると認識している」と述べた。この闘争は、規模、範囲、時間などどれをみても以前では想像できないものである。日本人民は今、新「日米安保条約」反対闘争を闘うことによって、米軍事基地に反対し、米帝国主義を追放するのに最もいい方法を見つけたといえる。それは幅広く人民を団結させ、米帝国主義とその日本の代理人と大衆闘争を展開することなのである。毛沢東によれば、安保条約に反対することは民族の独立と民主と自由の闘争の勝利であり、中国人民と全世界人民の米帝国主義による侵略に反対し、世界の平和を守る闘争の有力な支援になると指摘した。

日本人民が日米安保闘争を展開する前後、他にも日本反動政府によるファシズム法案に反対し日本人民の民主と権利を守る運動が展開された。これが一九五八年の「警察職務執行法案」反対闘争であり、また一九六一年の「政治暴力行為防止法案」反対闘争、そして一九六二年の「民主秩序維持法案」反対闘争などである。これらの反動法案を提出する目的は、戦時ファシズム警察を復活させ全国人民の反米愛国運動を鎮圧し、軍国主義を復活しようというものである。日本共産党は、「警察職務執行法」の改正は「日米安保条約」改正の準備であり、「政治暴力行為防止法」の提出は、「日本人民を米帝国主義の侵略と戦争への道に追い込むことである」と指摘した。日本共産党は国会において論争を展開し、人民を団結させこれらの法案を粉砕しようと唱え、それと同時に、国会外において幅広い大衆運動を展開した。一九五八年秋には、五〇〇もの団体が「警察職務執行法」への反対を表明、四五〇万人もの市民の統一行動が行われ運動の高まりをみせた。闘争の中で日本共産党と日本社会党は統一戦線を結成、関係は新たな進展を迎えた。また、一九六一年には、「政治破壊行為防止法」に反対するために八回の統一行動が行われ、毎回デモ隊には数十万人から数百万人が参加した。これによって、「警察職務執行法」改正案は廃案となり、「政治破壊行為防止法」の審議は延長を経て通過した。一九六二年の春、池田政府は同法を「民主秩序維持法」と改名し改めて国会に提出した。しかし、にもかかわらず、同様に日本共産党と連合諸党派、団体、人民の反対を受け、再び審議できないという境地に陥った。日本人民は自ら民主と権利を守る闘いの中で、続けて三回もの勝利を得たのである。

近年来、日本人民による米国をはじめとする帝国主義国家の侵略と戦争に反対する闘争は、一段と盛り上がりを見せた。これらの闘争は、日本を平和、中立の国家にするための闘争であり、特に日本における民族独立の闘争と緊密につながっている。日本共産党中央委員会議長野坂参三同志は、「平和と独立という問題は、米国に従属している日本にとっては切り離すことが出来ない課題であり、独立がなければ真の平和も存在しない。」と強調する。従って、日本人民は核兵器の禁止だけでなく、軍縮とあわせて在日米軍基地の撤退、沖縄と小笠原諸島の復帰、そして日米軍事同盟の廃棄などを求めて闘ってきた。毎年夏に開かれる原水爆禁止世界大会も年々に大きくなっており、去年の夏には累計二〇〇〇万人以上の人々が参加した。また、去年の一〇月から今年の三月にかけて、全国五〇以上の地域で米軍基地に反対する集会が開かれたが、その中で、特に福岡の大会では参加団体が一〇〇〇を超え、参加人数は一〇万人以上となった。その結果、米軍基地反対の日本人民の意思を内外に示すとともに、米軍基地反対闘争は日本共産党や民主党派や団体の大きな働きにより一部の基地から全国へと拡大し、土地賠償の闘争から米軍基地撤退そして日米安保条約の撤廃の政治的闘争となった。そしてこれらの闘争を通じて、労働者階級と農民階級の政治同盟も一層強化されたのである。

日本人民の「日韓交渉」に反対する運動は、米帝国主義侵略に反対する闘争とあわせて、アジアの平和を守るうえで積極的な意義がある。今年の三月から四月にかけて、日本人民が「日韓交渉」と米帝国主義が作った「東北アジア軍事同盟」による侵略計画を粉砕するため、「日韓交渉」反対運動月間を設定した。日本共産党と社会党及び他の民主団体は、東京、大阪、京都など三九の都道府県で、抗議集会とデモを行った。現在、日本人民は徹底的に「日韓交渉」を粉砕するために新たな闘争をすすめている。日本共産党は「日韓交渉」粉砕闘争が当面最も重要な課題であると指摘した。

日本の労働者階級は積極的に民族の独立獲得闘争に参加すると同時に、自らの生活権利を守り、そして日本独占資本が進める「産業合理化」に反対する闘争を力強く展開した。毎年、春と秋に展開される闘争に参加する労働者は数百万人以上に達した。特に、一九五九年八月から一年半にわたる三井・三池闘争は、最大の闘争であり、勇敢な三池炭鉱の労働者たちは、ストライキを二八三日間やり続けたのである。日本共産党は積極的にこのストライキを応援し、党の全体が党中央の指導の下、党の議長を初めとする各幹部を含む何千人もの支援隊を派遣した。そして、日本共産党は日本独占資本のいわゆる合理化政策の本質を暴き、日本独占資本による経済面における米国との癒着を暴き、併せて今回の闘争を当時の「日米安全条約」改定反対闘争と合流させるため、今回の闘争の実践を通して、日本の労働者階級を教育した。そして、彼らに対し、米帝国主義と日本独占資本の攻撃を撃退することによって、自己の生活要求を満足させることができ、そして、自分の闘争を改良し改善の範囲を残しながらも、自己の解放ができるということを理解させたのであった。三井・三池炭鉱労働者の闘争は、日本の労働者階級の力量を示すのに大きな役割を果たし、またこれは一九六〇年以後において、日本の労働者が独占資本の攻撃に対抗し自分の基本的な人権を守る闘争と、特に、一九六一年三ヵ月間ストライキを闘いつづけた高松炭鉱労働者の闘争にも積極的な影響をもたらした。

以上は、日本人民が展開した最近何年間の主な運動について述べたものであるが、これがすべての闘争を網羅したものではない。しかし、以上の経過からみると、日本人民の闘争に自らの輝かしい特色があることが分かる。

日本人民の運動は、規模と範囲からいえば世界革命運動史上珍しいことであり、日本の革命運動史上なかったことである。この運動は全国に広がり、一つ一つの都市と米軍基地付近の村と地域が相次いで闘争に立ち上がり、すべての人々を参加させるほど拡大したのである。日本人民の闘争は、米日反動派のいろいろな弾圧を防いだ。各地において運動が生まれ、あるいは二つの運動がお互いに結合し、また運動の高まりが後の波を先に推し進め、継続・発展してゆく。闘争の中で、日本人民はさまざまな形の運動を創造し、併せて闘争形勢の発展につれて、各種の闘争要求、日常要求と政治要求をうまく結びつけたのであった。独立、民主、平和、中立の獲得と、そこに生活水準を高める内容を結びつけ、反米帝国主義と反日本独占資本に主要目標を集中した。それらはすべてが、日本の革命階級の英勇的ともいえる強固な闘争精神と高度な闘争芸術を示すのに十分なものであった。宮本顕治同志は、日本人民の革命闘争は、「国際的意義があり」、「日本の闘争方針と理論は、国際共産主義運動の理論を豊かにする面で積極的な意義がある」と述べた。

日本は高度に発達した資本主義国である。近年来、日本経済の発展は、資本主義世界の中で比較的早いものであり、日本の反動派は豊かな統治経験を持っている。また、日本の労働運動の中で、社会民主主義思想はより広い影響を与えた。にもかかわらず日本では、天地を揺るがすような全国民的な規模の闘争が勃発したことは、人々に深く問題意識を植え付けた。

日本が米国に従属することは、日本民族と米帝国主義の矛盾を激化させた。そして日本の独占資本が米国に従属することや、またその巨大な独占と集中、そして政治の専制的振舞いは、日本人民と日本独占資本の矛盾を激化させたのである。東の勢いが西の勢いを押し倒すという国際情勢の下で、米帝国主義が日本の反動勢力といっしょになって、必死にアジアで侵略と戦争の計画を進め、日本軍国主義と帝国主義の復活に力を入れることは、かえって日本人民と米帝国主義、日本独占資本の間の矛盾を一層激化させた。これらの矛盾は、日本人民が闘争を行った客観的な基礎となった。

ここで指摘する必要があるのは、日本人民の運動がすさまじい勢いで発展したのは、日本共産党の正確な政治線路と日本共産党が人民運動の最前列に立って非常に苛酷な戦いを展開してきたことにある。

日本共産党のこの何年間は、日本共産党の歴史における画期的な意義を有する期間であり、日本共産党の第八回代表大会第三次中央委員会の決議は次のように述べている。「一九五五年の日本共産党第六回全国代表大会から第七回代表大会を経て、第八回代表大会に至るこの期間に日本共産党は党内の弱点を克服し、弾圧によりもたらされた痛手から立ち直った。あらゆる主義と闘い、しっかりと正確な革命路線を樹立するために政治面でも組織面でも著しい増強が見られた。第八回党代表大会は綱領を定め、日本革命前進の路線を示した」と。

一九六一年の日本共産党第八回代表大会が定めた綱領は、一九五八年の第七回代表大会において提出された綱領草案に基づき、三年来の大衆運動の実践をまとめた上で補充されながら発展してきたのである。現在、根本的に日本を統治するのは米帝国主義とその下で同盟条約を結んだ日本の独占集団であるとしている。日本は非常に発達している先進国、資本主義国でありながら、実際は米国に半占領されている附属国である。だから、日本人民の主な敵は、米帝国主義と日本独占資本である。当面、革命の性格は、米帝国主義と日本独占資本に反対する新たな民主革命であり、人民の民主革命であることは当然のことである。革命そのものは社会主義革命への基礎を定める任務を持つが、日本が社会主義に到達するまでの道のりは必ずプロレタリア階級による革命とプロレタリア階級独裁によるものである。現在、日本共産党は独立、民主、平和、中立を求めるとともに、生活レベルを高めるための闘争を進めている。それによって、民族による民主統一戦線を打ち立てるべきである。綱領がまた強調することは、日本人民が積極的に国の解放闘争を進めることは、反帝国主義の国際統一戦線と世界平和事業への最大の貢献であり、野坂参三同志が述べたように、この綱領はマルクス・レーニン主義の真理をわが国の実際情況に運用することは唯一正確な革命路線であり、この綱領はわが党及びわが国の民族、人民が反帝国主義、反独占、民主主義革命の勝利を獲得するための道しるべとなるのである。

近年来の日本人民の偉大な闘争の中で、日本共産党はこの正確な革命路線によって運動を前進させたのである。今年の七月、日本共産党第八回代表大会第三次中央委員会の決議は、日本共産党は四つの旗印を高く掲げなければならないと指摘している。その四つの旗印は、反帝国主義、人民の民主革命による反独占資本、民族的民主統一戦線によって祖国の真の独立と人民の勝利を保障する、そして政治の面において思想面と組織面で強固で強大な党を建設することであり、米帝国主義をはじめとする帝国主義に反対する民族解放と平和を目指す国際戦線である。日本共産党は反帝国主義と反独占資本という人民による民主革命の旗を高く掲げ、二つの敵に反対する方針を貫いたのである。

偉大な日本人民による運動は、トロッキー主義者、右派社会民主主義者そして共産党内修正主義者から障害、破壊、攻撃を受けている。彼らによる状態と作用はそれぞれ違っているとはいえ、日本共産党の二つの敵と闘うという方針に反対し、日本人民の反米性を無くそうとするものである。また、日本のトロッキー主義者は米帝国主義にまったく反対せず、安保闘争の中で反米を提唱しないだけでなく米国への抗議やデモもせず、「武装蜂起主義」をとり「岸内閣を打倒することは社会主義革命への突破口である」などと「左翼」らしいスローガンを唱える反面、実際にはアメリカ帝国主義に肩入れするのであった。社会党のリーダー陣の中の右派も、米国および日本政府に屈服し、社会党から分裂した右派社会民主主義の西尾派も民主社会党を結成したあと、直ちに米帝国主義に力を貸したのである。また、日本共産党内の修正主義者は、「日本人民は日本独占資本に反対すべきであるが、米帝国主義に反対する必要はない」と鼓吹する。そして彼らは、米帝国主義は本質的に平和的面まで内包しているという。安保闘争の中、日本共産党はトロッキー主義者の挑発と反革命性を暴露すると同時に、米帝国主義に屈服した修正主義者と右派社会民主主義者などの右傾主義者と徹底的に闘ったのであった。

そして日本共産党は第八回代表大会の前後、修正主義反党グループと右派社会民主主義者による日本共産党の新綱領草案に反対するための連合攻撃を撃退したのである。

春日庄次郎をはじめとする修正主義反党グループは、「左」の顔をして領草案とまったく違う政治路線を提出した。そして修正主義反党グループはまた「マルクス主義理論家」という組織と連合し、ブルジョア新聞や出版社を利用し、日本共産党を攻撃する多くの文章や著作を発表した。また、日本社会党に潜っている右派も日本共産党の革命路線と反対する「構造改革」論を提出した。このように、修正主義者と右派社会民主主義者による共産党への攻撃が行われたが、それらの理論には形式や個別的面において多少のずれはあるが、基本的には同じ「構造改革」論の日本版と同様であった。

日本とアメリカによる「サンフランシスコ講和条約」締結以来、日本はひとつの独立国家となったが、戦後の日本経済の急速な発展と独占資本の拡大につれて、日本は再び軍国主義と帝国主義の国家として登場した。「構造改革」論者は米国による軍事、政治、外交、経済面における日本への管制を認めず、また米国の日本にある二〇〇あまりの軍事基地と多くの駐留軍、沖縄と小笠原諸島の占領、そして日本軍隊が米国により指揮されているなどの事実を、米国による占領ではなく日本独占資本によるものであると考えている。したがって、「構造改革」論者は、日本の労働者階級と日本独占資本との矛盾を、現在の唯一の矛盾と勝手に判断し、日本人民と米帝国主義との矛盾を無視し、日本人民にとって日本の独立のためアメリカ帝国主義に反対することは不要であると説く。それだけではなく、彼らはまた日本革命の性格は反独占資本の社会主義革命であり、これを実現するために、独占資本とその政府を絶え間なく改革をすることによって平和的に社会主義への道に到達すると考えている。また社会主義を骨抜きにし平和的に移行することを標榜しているが、かれらも「平和共存」という世界革命の戦略を提唱し、日本人民は独立のための闘争の代わりに平和運動をすべきだと唱えている。「構造改革」論は日本共産党の綱領と全く異なったものであり、米日反動論を利するものであることは言うまでもない。

日本共産党は党の革命綱領、そして日本人民運動の正確さを保つために、第八回代表大会において、全党が修正主義と右派社会民主主義を徹底に批判した。大会期間中、野坂参三日本共産党議長が発表した中央委員会の政治報告、宮本顕治書記長によって発表された綱領草案についての報告において、修正主義と右派社会民主主義理論に徹底的な打撃を加えたのである。同時に大会前後、日本共産党指導グループは、同様の論文を発表し「構造改革」論を完璧に批判した日本共産党はマルクス・レーニン主義とプロレタリア国際主義を掲げ、党内外の一切の機会主義と反革命理論を徹底的に粉砕したという革命闘争精神を表明した。

日本共産党第八回代表大会直前、春日庄次郎氏をはじめとする反党グループは党を裏切り敵に降伏した。彼らはその後、彼らにより作られた「社会主義革新運動準備会」もすでに解散寸前となり、今年の夏の参議院選挙において、彼らは野坂参三同志の当選を阻止するため、東京選区で自分たちの候補者を出馬させた。しかし、この企ては失敗し野坂参三は当選した。このことは修正主義者が日本労働階級と人民の支持を失ったことを証明した。

右派社会民主主義者に鼓吹された「構造改革」論は、社会党と社会系市民団体にも反対された。今年の春に行われた社会党代表大会では、「構造改革」論の提唱者たちは「構造改革」論は戦略ではなく、革命を進める上での戦術であると言わざるを得なかった。そして米帝国主義に反対しないことは、社会党内外の進歩的支援者に強く非難された。また日本人民が二つの闘争を進めるにあたって、日本共産党は一貫して祖国の真の独立を保障するとともに、民族の民主統一戦線を堅持することによって人民は勝利する。これは労働者階級の指導の下、労働者と農民を基礎とする、市民、インテリ、婦人、青年、中小企業家などの平和を愛する愛国者そして民主主義者の団結による統一戦線である。

日本共産党は日米反動派との闘争で、各階層の人々と団結することは、人民の根本利益を守り人民の勝利を得るための最強の武器である。統一戦線のために、日本共産党はこれまで運動の中で、労働者階級と民主勢力に闘争の目標と共同要求を明確に示し、また自分自身が人の模範として行動し、市民に影響を与え、教育し、市民を団結させ、同時に社会党および関係する団体に対しても日本の具体的事情に合致した正しい政策をとった。そして日本共産党は一貫して「社会党と無党派の人々が団結し、いっしょに行動し、セクト主義を排除すれば決して民主党派はこれを排除しない」と明言した。従って、日本共産党は社会党と闘争の具体的目標と政策の一致するように、社会党といっしょに闘争を進めていこうをするものであったが、しかし、日本の労働運動と民主運動の内部は、社会民主主義に強く影響されており、日本社会党の右派グループは共産党に対して排他的なセクト主義的政策をとり、また強引に市民組織に対し、社会党を支持し共産党を支持してはいけないと規定した。日本共産党はこの社会党の右傾化に対して、これを団結することで率直に批判する一方、統一戦線の中において一部の党員が自分の立場を失い右傾化することに批判を加えたのである。

日本共産党は正確な統一戦線政策をとったため、各地区、基礎組織において、まず最初に社会党中央の右派グループの制限を突破し、共産党、社会党、労働組合などの団体による連合組織が成立した。安保闘争の中でこのような組織は二〇〇〇以上にも達し、中央にも国民会議が成立した。これは、統一戦線が事実上に成立したということであるが、これは「世界中のどの資本主義国家にも見ることのできない人民の団結の姿である」と宮本顕治同志は指摘した。

安保闘争以来、日本反動派は力を集中して日本共産党に打撃を加え、孤立させ、いろいろな方法により、「国民会議」をはじめとする統一戦線を破壊しようとした。また、社会党右派は反共的セクト主義によって「国民会議」を組織として承認しないとし、「国民会議」の行動に制限を加えた。日本共産党はこれに対し、統一行動と統一戦線を守り発展させるため、これに批判を加え、当面の闘争について、労働者階級と一切の愛国民主主義者はともに日本反動派に反対し団結を強化し統一行動を展開しように訴えた。

日本人民の運動の高まりにつれて、日本共産党も大きな発展を遂げた。そして大衆運動が湧き上がり、その中で生まれた試練を経ることでゆるぎない体制を作ることができた。一九六〇年の一年で数万人が入党し、一九五八年から一九六一年の三年間に、日本共産党員は倍増し、現在では一〇万人にも達した。闘う日本共産党機関紙「赤旗」の売上げは、一九五八年が月々四七〇〇〇部であったのが、一九六一年末には一四一〇〇〇部になり、日曜版も一九五九年春の創刊時には三〇〇〇〇部であったのが、一九六一年末には三二八〇〇〇部になった。党は団結を強め運動を広汎なものとするため、農村での工作を新たに展開しており、現在では日本共産党は人民を基礎において政党として全世界の人民に高い評価を得るに至った。

そして新しい情勢に適応するために、日本共産党中央は、党員全体に共産党の旗を高く掲げ、強い党を作るため政治、思想、組織などの面において、党の力を拡大するためにたゆまぬ努力を続けようと提唱した。そして、党は正確な政治路線を持って、人民の政治闘争と経済闘争の前列に立ち、統一戦線の方針を堅持しようと訴えた。そしてそのために、一九六一年一二月日本共産党は第八回第二次中央全会において、党員の政治的、思想的水準を高め、一九六二年末までに、党員数を三七万人に、「赤旗」の売上を五五万部に、そして日曜版を一二〇万部にするようと指示した。また、党員拡大のために重要な企業に支部を作るとともに、農村にも党組織を作ることによって飛躍的な発展を獲得するよう求めている。それと同時に、新しい情勢に着目し党の力を蓄えなければならないと指摘した。一九六二年九月に開かれた日本共産党組織部長・機関紙部長合同会議において、また一〇月開催の党中央第八期四中全会において再度党の工作重点、強い共産党をどのように建設するかなどが強調された。

日本共産党は日本人民の運動を指導する中にあって、一貫して米帝国主義反対と民族解放と平和のための国際統一戦線の旗を掲げ、日本人民の闘争と世界人民の平和獲得、民族独立、そして民主と社会主義の闘争を連合させ、全世界の人民がアジア、アフリカ、ラテンアメリカそして全世界から帝国主義をなくすために、反動派以外の九〇パーセント以上の人民が団結し努力を続けようと訴えた。

日本共産党は、日本が、米帝国主義がアジアで侵略と反動統治を行うための最重要拠点であることを認識するとともに、日米反動派により締結された軍事同盟は、日本の独立を犯すだけでなくアジアと世界の平和にとって脅威であり、日本労働者階級と人民が本国の解放闘争を推進するのは全世界の反帝国主義統一戦線の重要な一部であり、アジアと世界平和、そして世界の進歩にとって大きな貢献であると述べた。また、日本共産党は、日本人民が解放闘争の勝利をすることは、日本共産党及び労働者階級が日本人民に対して課せられた義務であり、同時に国際的義務でもあると述べるとともに、一方で日本人民の解放闘争は、世界各国人民に支えられており、孤立することは有り得ず日本人民は各国人民と一緒に帝国主義に反対し、世界平和を守る戦いの中で力を汲み取ることができると述べた。野坂参三同志は、安保闘争を評価するとき、日本人民の闘争はアジア及び世界人民の闘争とつながる重大な意義をもっと指摘し、そして「米帝国主義という共同の敵に反対するにあたって、連合闘争を進めることは、国際的団結の新たな発展につながる」と訴えた。

現在、日本人民の間に、反米帝国主義と、そして社会主義陣営との団結を強め、世界平和を守り民族解放運動を支持する思想は、広く伝わっており、最近日本で行われた第八回原水爆禁止大会は、その最もよい例である。この会議において社会党の右派は、日本人民の反核闘争を、反米軍基地と沖縄及び小笠原諸島返還などの民族独立の要求と別々にしようとし、この目的を達成するために、日本人民が帝国主義に反対するために、平和闘争を守ることが必要であるとし、社会党のこれまでの主張である中立というのは帝国主義陣営と社会主義陣営とも実力行使をする戦争勢力をみなさせ、あわせてアメリカ帝国主義に反対しない第三勢力の立場をとらせたのであった。しかし、社会党代表団の右派は失敗に至った。大会参加の大多数の代表、進歩的社会党員は、この主張を強く非難し、日本人民と世界人民が帝国主義の間違った主張と方法に打撃を与え、日本共産党は国内外の一切の民主勢力を反帝国主義の面において緊密に団結させるという主張を支持した。そして、米国をはじめとする帝国主義国家に反対し、民族解放と平和的国際統一戦線の旗を高く掲げることは、日本人民の運動が巨大な成果を獲得する重要な要素であると述べた。

日本共産党は一貫してマルクスレーニン主義のプロレタリア国際主義、モスクワ宣言とモスクワコミュニケの原則によって、国際共産主義運動の団結ために努力し、国際共産主義の団結を強めることを自分の国際的義務としている。「赤旗」の社説によれば、日本共産党は「プロレタリア階級国際主義と国際共産主義運動の団結を堅持しつつ、一方に独立自主によって判断し、日本人民の革命闘争を発展させる。このような態度をとってこそ、プロレタリア階級国際主義と愛国主義を統一させ、真の独立、平等の党になれるのである。」と述べている。日本共産党が、国際共産運動の団結を強めることは、日本労働者階級と人民の団結及び革命闘争にとって重要な意義を持っており、同時に世界各国人民の平和、独立、民主そして社会主義と共産主義の勝利の保証でもあるとしている。

日本共産党は四〇年の輝しい歴史を持っている。歴史の風波に対し勇敢に闘った歴史を持ち、戦前と戦中、どんなに拷問や監禁等で弾圧されようと、また、戦後の複雑の時を経ようと、彼らは革命の担い手として断固立っていたのだった。いずれの情況においても、日本共産党は日本民族と日本人民の根本利益を守るために、残酷な敵と勇敢に闘ってきた。日本共産党は、自らに行動によって、日本人民に対し、このような真理を証明したのであった。そして彼らは日本民族と日本人民の利益を最も忠実に守る政党である。日本共産党第八回大会第三次中央委員会において、「わが党は建党四〇年来、その四分の三ぐらいの時間をかけて、敵の残酷な迫害や逮捕下で活動を続けてきた。しかし、わが党はすべての困難を乗り越え、人民解放の旗を高く掲げ、日本の歴史の中にあって、日本人民の新しい時代を拓くために、不撓不屈の闘いを続けてきた。この期間、ブルジョア政党、社会民主主義政党そのほか一切の政党は、みな生まれては亡び集まっては散らばる歴史を経験した。が、日本共産党だけは敵の迫害から生き残った。にもかかわらず、すべての困難を乗り越え、たゆまぬ発展と成長をしてきた。これはわが党が終始正しい立場を堅持しているからであり、それは、祖国と人民の根本利益を守り同時に人民による闘争を進め、そしてプロレタリア階段国際主義のもとで、侵略と他民族への圧迫に反対し、そしてそれによって全世界の人民と団結することである。わが党は不敗の科学的理論とマルクスレーニン主義に指導されているのである。」

目下、日本共産党は日本人民に大きな信頼を得ている。当然、日米反動派は日本共産党の指導による日本人民の運動が日益に発展することに対して、じっとしていられないはずである。日本共産党と日本人民の進む道に困難や曲折があるにせよ、厳しい試練と偉大な大衆運動を経た日本共産党と日本人民は必ずや障害を克服し、これらに打ち勝つはずである。

中国人民は、一貫して日本人民の闘争を熱烈に支持し、あわせて日本人民の闘争をわが国の革命と社会主義建設を通して、大きな支持を寄せているのである。中日両国人民は、米帝国主義に圧迫されているが、共通の情況にあって、中日両国人民は一層団結し、中日両国共産党の伝統的団結を更に固めてきた。中国人民は中日両国人民と各国人民の共同闘争を通じて、われわれは必ずや共同の敵である米帝国主義に勝利することを深く信じている。偉大なる日本民族は、必ず最後に輝かしい勝利を迎えるのである。

（『紅旗』一九六二年二〇期）

四、中日両国の友好協力関係を引き続き推し進めよう

二〇年前、中日両国の国交正常化が実現したとき、「中日国交回復、平和共存五原則の下で確立された友好善隣関係は、両国人民の友好往来をより発展させ、両国の経済と文化交流を広め、広大な見通しを切り開く」と周恩来総理は指摘した。また、中日友好は「アジアの緊張した情勢を緩め、世界の平和を擁護することにも貢献する」と述べた。

また一九七八年に、中日両国が「平和友好条約」を調印した後、鄧小平は、「条約の調印は、政治の面から中日両国の長期にわたる友好関係を切り開き、そして両国国民の友誼を強め、両国間の政治、経済、文化など各領域における協力関係の発展を推し進め、同時に中国、日本の覇権に反対する力を強化し、アジア・太平洋地域の平和、安全と安定に貢献する」と指摘した。

中日国交正常化二〇周年にあたり、二〇年間の両国関係の実践を振り返るとき、周恩来、鄧小平の指摘が完全に正確であることが歴史によって証明されたと私たちは認識した。

政治の面において最も重要なのは、両国政府が「共同声明」と「平和友好条約」に調印したことである。これは中日両国の善隣友好関係の政治的基礎であり、両国関係の規範となる基本準則でもある。そのほか、二〇年来、両国の指導者が絶え間なく互いに訪問し、八〇年代より双方の閣僚による会議、両国外相の定期会議、そして政府の尋問機関としての中日友好二一世紀委員会が設置された。また政党との間にも一定の関係を持つようになり、また各種の会議をとおして定期的に意見を交換し、双方の相互理解と信頼を大いに高めた。

経済貿易の面においては、平等互恵の原則により、双方の輸出入の貿易は一九七二年の一〇・三億ドルから一九九一年の二〇二・八億ドルに増加した。そして一九七九年の終わりごろから、中国の改革開放を支持するために、また中国の戦争賠償請求権の放棄に対する一種の返報として、日本がわが国に対し三つの借款、三つのエネルギー論、二回の黒字還流および一五のプロジェクトの無償援助を行った。それは合計で計三四八九・五億円となった。そのほか、日本企業は中国へ直接投資を行った。一九九一年六月の終わりまで実際に投資した金額は二六億ドルとなる。急速に発展した中日の経済貿易面での協力は、両国関係の中できわめて重要な地位を占め、中国の現代化建設の促進と併せて日本の経済繁栄にも貢献するものであった。

文化、教育、そして科学技術交流や人員の往来などの面においても、たいへん大きな進展を見せた。留学生を例とすれば、一九九一年に在日留学生(就学生含めず)は計一九〇〇〇人あまりだが、一九七八年には二三人しかいなかった。両国間のほかの人員の往来は、一九九一年は一九七八年の五五倍となった。また、双方の文化交流の拡大は中日関係を発展するもうひとつの橋となり、双方に多くの利益をもたらした。

国際関係の協力と協調の面において、両国は覇を唱えず覇権主義に反対すると宣言した。しかも世界平和、とりわけアジア・太平洋地域の平和と安全を擁護するように努力した。同時に両国の友好関係を強固なものとし発展させることは、アジアの平和と安全に対する積極的な貢献である。

もちろん、両国関係の発展の過程で、摩擦やもつれ、ひいては曲折が生じたこともあった。例えば、日台関係問題、日本の侵略の歴史について、政治面の問題もあれば経済面の問題もある。前者は、一部で外交交渉を引き起こし、交渉をとおして適当に解決され、もしくは放置された。後者は主に実務の問題、双方の経験の累積と政策が適時に調整されるにしたがって比較的うまく解決された。一九八九年に中国で天安門事件の政治動乱が起きた後、日本は西側六か国と一緒に中国を「制裁」した。それによって、両国の関係は比較的大きな曲折を経た。しかし、最初から日本は、中国が孤立することに反対していたし、その後まっ先に制裁を取り消したので両国関係は比較的早く正常な状態に回復した。したがって全体的に見れば、両国関係の発展は順調である。かつて起こった摩擦やもつれは中日関係の中の支流にすぎず、友好協力は一貫して中日関係の主流である。これに対して、中日両国人民は皆これを喜んでいる。

あれから二〇年が経った。世界情勢に大きな転換が起きた形勢のもとで、二一世紀に向かって中日両国は引き続き友好協力の道に沿い進むことができるだろうか？これに対して、江沢民総書記は今年の春の訪日の講演の中で、「非常に楽観的だ」と明確に表明した。

まず、中国の国内・対外路線は当面世界平和と発展の主流に順応したものだ。国内においては、中国の特色のある社会主義を建設するために中国は「一つの中心、二つの基本点」の基本路線を堅持する。これは、百年経っても動揺しないものである。対外においては、中国は引き続き独立自主の平和外交政策を取り、覇権主義、強権政治に反対し、平和共存五原則に基づき周辺国家と世界各国の平和友好関係を積極的に固め発展させる。日本は中国の近隣であり、中国はひきつづき日本との善隣友好の国策を貫徹し、日本との協力を強めていく。一方、中国の安定的な発展は日本の安全にも有利である。日本は、最近二、三年来、政治大国を主要目標とする新しい国家戦略を確立し、「国際政治、世界経済の面において、重大な役割を発揮し、世界の平和と繁栄を擁護するために重要な責任を担う」ことを表明した。経済の面においては、日本と中国は相互補完性が強く、両国経済の発展にしたがってこの面における協力がより一層強まり拡大していく。政治の面において、日本がアジアと国連において役割の拡大を図るには、中国の理解と支持が必要である。宮沢喜一氏が首相になって以来、中日関係と日米関係は日本外交の二大の車輪であると強調した。この種の新しい言い方は、日本の政治大国へ歩む過程の中で、中日関係を過去より一層重視しかつ積極的な態度を取ることを表明したものであるが、日本が現在の世界の平和と発展の流れに順応し、引き続き平和と発展の道を歩み、これまで彼らが重ねて強調してきた決して軍事大国にならないという約束を遵守さえすれば、今後の中日両国はより一層善隣友好を強め、両国の政治、経済、文化の各方面での協力と交流をより高いレベルへと推し進めることができるのである。また、両国の国力が一層強まるにしたがって、アジア・太平洋地域と世界の平和と安定を擁護し、公正かつ合理的な国際政治経済の新しい秩序を築き上げ、世界の環境浄化などの問題にも、より一層積極的な貢献をすることができるのである。

ここで、もうひとつ指摘すべきことは、両国政府の「共同声明」と「平和友好条約」は、中日両国の関係が将来長期間にわたって安定的に発展するための有力な保障でもあるということだ。この二つの文献は平和共存五原則を中心的内容とし、中日関係の特徴と結びつけ構成されたものであり、双方が両国関係を発展させる上でともに遵守する基本原則であり、同時に両国関係の中の紆余曲折を判断する基準でもある。世界の新しい転換期に立って、双方が新しい状況への理解が不十分か、もしくは新しい問題への処理が不適当な場合等において、摩擦や矛盾が増加する可能性もある。しかし、両国が「共同声明」と「平和友好条約」の原則を厳守し、これによって、双方の争点について究明し、うまく処理し解決出来れば、両国の関係は必ずひき続き前へと発展することができるのである。

中日両国の友好協力関係を進めるにあたって、私たちは中日両国内に長期にわたって程度の差こそあれ、両国の長期にわたる友好の重要性を理解できず、過小評価する見方、そして両国の友好に反対する見方が存在することをはっきりと認識しなければならない。前者は、将来の見通しに欠け間違いである。後者は、時代の流れと両国人民の願いに逆行するものでありより大きな間違いである。両国人民に中日友好に十分な認識と確固とした自信を持たせ、間違った見方に惑わされることなく、私たちが四〇年来の民間交流の経験をうまく利用し、両国の各団体や、友好組織と各界友好人士が各自の活動の中で、両国人民の相互理解、相互尊重と相互信頼を重要な位置におくことを一貫して堅持することである。また大げさではなく、可能性のある事実を尊重し、いいかげんではなく真面目に、たまたまではなく恒常的に自分たちの国家の国情や今後の内外政策を相手に紹介し、その上でお互いが関心を持つ問題について、友好的に誠意を持って、率直に意見を交換することである。同時に正反両面の歴史経験によって、人民を教育し、彼らに、社会制度の異なった中日両国も友好的に共存できることを確信させることができれば、両国人民の友誼は永久に存在するのである。

中華民族も日本民族も偉大な民族である。二〇〇〇年にわたる長い歴史の流れの中で、両国人民は互いに学びあい、協力しあい、輝かしい東方文明に各自の貢献を築きあげた。私たちは、今後、先人よりも一層輝かしい貢献をすべきである。

（『人民日報』一九九二年九月九日）

五、中日の相互理解のために直言する
——「中日関係面面観」によせて——

国際政治、とりわけ中日両国の関係に関心のある者にとって、『中日関係面面観』は一読に値するものと言えよう。

本書に収められている論文および座談会記録は、「中日平和友好条約」締結一〇周年にあたり、「中日関係の回顧と展望」というテーマの下、日本の中国問題専門家、評論家や外交官によって書かれたものである。これらの執筆者は日本の言論界はさらには外交機関に一定の影響力をもっている方々であるが、本書で取り扱われている問題は多岐にわたり、内容も豊富で、議論は中日関係のいくつかの基本的な問題を述べるにとどまらず、両国の政治、外交、経済、文化、教育、軍事などの具体的問題にまで言及している。本書を通読してみると、それぞれの執筆者は多くの問題についてその認識と考え方がわれわれと基本的に一致しているが、同時に多くの問題についてわれわれの認識との間に差異があり、甚だしい場合は対立するものさえあった。

もちろん、各論文執筆者の考え方や認識はその人固有のものであるが、本書は多くの執筆者の中日関係に関するさまざまな見方を反映しており、日本が中日関係をどのように考え、どのように認識しているかをより包括的に理解し、少しでも「己を知り、相手を知り」、相互理解を促進するうえで、私は本書を真剣に読むことはたいへん有益なことと考えている。中国の読者が本書を読む場合の参考となるよう、私は以下で三つの問題について少し意見を述べたいと思う。

中日関係におけるいくつかの原則的な問題について

まずはじめに、本書で論及されている両国関係におけるいくつかの基本的な問題についてであるが、その中には両国関係を律するいくつかの原則的な問題にまで及んでいるものがあり、これらは、中日関係の具体的問題を検討し分析しているいくつかの論文と比べてはるかに重要である。これらの問題とは、

一、当面の中日関係の総合的評価に関する問題
二、中日両国政府による「共同声明」と「平和友好条約」の政治的意義と役割に関する問題
三、中日関係において発生した摩擦をいかに的確に処理するか、そしてどのような方針でこれらの問題を解決するかという問題
四、新しい国際情勢のもとで中日両国の関係をいかに発展させるかという問題

などである。

一、当面の中日関係の総合的評価に関する問題について

当面の中日関係とは、条約締結後一〇年にわたる両国関係の発展の実践の結果であり、かつ将来の関係を展望する新たな出発点のひとつでもある。そうであればこそ、正確な評価をする必要がある。本書の一部の執筆者は、現在の中日関係が国交正常化時と比べると隔世の感があるとともに、中日関係の発展は体制を異にする二国間関係の発展の模範というべきであると的確に認識している。確かにこの一〇年間を総括してみれば、中日関係は順調かつ良好に発展してきており、中日双方に利益をもたらしたといえる。もっとも、だからといってその過程で発生した問題や摩擦を軽視してはならない。ある執筆者の観点は、中日両国の政治、経済および制度的な非対称性(Asymmetry)や、両国

の中の問題の多様さ困難さを強調し、さまざまな摩擦や対立点の存在をより重視し、中日平和友好条約が結ばれてやっと一〇年を経た現在、「表面的な友好」気分と裏腹に常に問題が発生するとしている。このような考え方は、中日両国が国交を回復し平和友好条約を締結して以来、政治、経済、科学技術、文化、教育、人的交流などそれぞれの分野において成し遂げられた、誰もが認める長足の発展を明らかにないがしろにするものであって、実質的内容をともなった友好関係を表面的な友好ムードとし、かつ中日間で発生したいくつかの対立と摩擦の小さな流れをもって中日関係の主流であると見なしている。これは客観的事実とまったく合致しないばかりか、こうした見方は、中日両国が友好的につきあって行けないはずはないという大前提を事実上否定するものであり、中日関係の将来を展望する時、そこには悲観的な結論しか得られないのである。この一〇年にわたる中日関係に対して出されたこの種の評価は、明らかに有害なものであり同意できない。

二、中日両国政府による「共同声明」および「平和友好条約」の政治的意義と役割について

両国政府の「共同声明」と「平和友好条約」を正確に認識し厳守することは、中日両国の友好関係を長期かつ安定的に発展させるうえで決定的な意義を持つ。換言すれば、「共同声明」と「平和友好条約」の意義とその影響を正確に認識することは、「共同声明」と「平和友好条約」を厳守するための前提なのである。

本書の執筆者は概ね「共同声明」と「平和友好条約」がともに重要な意義を持ち、さらには画期的な時代的意義さえ持つものであるということを認めている。「平和友好条約」の締結は、一九七二年の国交正常化時に交わされた約束を実行に移したものであって、中日関係発展のダイナミズムを一層促進させるとともに、今後の中日関係のための基礎を築くものであった。「平和友好条約」は中日両国関係の規範となる文献である。したがって中日関係の問題を処理

する場合、これら二つの文献は中日双方がともに遵守すべき基本原則として役割を果たしたと多数の執筆者は考えている。しかし、極めて少数だが、こうした見方と相反する考え方をとる執筆者もいる。彼らによれば、「共同声明」にせよ「平和友好条約」にせよ、「内容よりも拙速を尊ぶ」日本外交の産物であると見なし、「共同声明」では台湾問題を処理せず放置したままだし、一方「平和友好条約」は反覇権条項以外はいずれも何ら意味のない内容であって、いかようにも解釈が可能な一般原則にすぎないとしている。しかし、そのためかえって「反覇権条項」の政治的意義が強調され、このような条約が中日関係において存在する限り、将来にわたって問題が発生し、併せて日ソ関係も悪化するとみている。これは明らかに「共同声明」と「平和友好条約」に対して一種否定的な態度を取る論調である。

周知の通り、「平和友好条約」は、「共同声明」の中で規定されている中日関係を発展させるいくつかの重要な原則を確認し、それを法的な形で明確にしたものである。そのなかの主要な原則は、平和共存五原則、平和的手段によって一切の紛争を解決することそして覇権反対などがある。戦後の国際関係が証明しているように、平和共存五原則は、それ以前の古い国際関係に見られた「弱肉強食」的行動と対立するものであって、社会制度に異同を問わず世界各国に平和共存を実現させ、同時に友好協力を推進し、行動の準則を確定するものなのである。この五原則はすでに世界の人々の心に深く浸透し、国際的に公認された準則になっている。平和的手段によって一切の紛争を解決することは、国連憲章の重要原則のひとつであり、かつ中日両国の善隣友好を保証するものであり、平和交流を進める上での重要な原則である。ここに述べた原則は、内容が豊富であるばかりでなく、論理も明快であって決して空虚なものではなく、現実的意義を欠くものでもなく、ましてやいかようにも解釈ができるような原則ではない。

「平和友好条約」中の反覇権条項は、中日両国はそのいずれも覇権を求めるべきではなく、これを忠実に実行すれば両国間で発生する対立や紛争の根源を排除することができると規定し、また、いかなる国家による覇権にも反対することは、中日両国がともに世界とアジアの平和を守るうえで必要なことである。

当時、ソ連共産党とソ連政府は積極的に覇権主義を推し進め、中日両国が「共同声明」の中ですでに確認した反覇権原則を「平和友好条約」に組み入れられることを知ると、日本政府に圧力をかけ条約の締結を阻止しようとした。これに対して日本はその外交的必要性に照らし、条約に新たな補充を行った。それが第四条であって、この条約は第三国との関係に関する各締約国の立場に影響をおよぼすものではないと規定された。このように条件を設けることによって、反覇権条項は一般的不変原則の性質を持つようになったのである。したがって、この条約によって日本外交が中国外交の軌道に乗せられ、これによって条約締結以後の日ソ関係が悪化したとするのは現実と合致しないのである。

中日両国政府が、「共同声明」で台湾問題を処理せず放っておいたとする指摘についても根拠がない。すなわち「共同声明」第三項で、台湾問題をいかに処理すべきかが扱われているのである。田中角栄首相と周恩来総理が最後に会談した際、台湾問題が重点的に話し合われている。当時の取り決めでは、両国政府が「共同声明」に署名した後大平外相が記者会見を行い、その席で日台条約の終結、そして日本と台湾との断交を宣言することとされていた。田中・周会談において日本側から、台湾との断交後、日台の民間貿易と人員往来を処理するために台湾に民間事務機関を設立したいとの提案があり、中国側もこれを了解した。こうした事情を振り返れば、「共同声明」署名時に台湾問題を放置したままだったなどとどうしていえるだろうか？ しかし、ある執筆者の論文のなかからは、米中の国交締結後に米国議会が直ちに「台湾関係法」を採択したのに対し、当時の日本はなんら行わなかったことを主に指していることがかすかに読みとれる。では「台湾関係法」とは何か？ そのまさに本質的な問題は、「二つの中国」あるいは「一つの中国、一つの台湾」を作り出すということであり、この法案は米中両国の関係を発展させるうえで根本的な障害となっている。この法案が存在するというだけで、米中関係の発展は非常に大きな制約を受けるのである。中日友好に関心を寄せる人々なら、米国が署名したこのような法案をどうして賛美したりまねたりできるであろうか！

要するに、「中日共同声明」と「平和友好条約」は、中日両国民の根本的利益に合致した歴史的文献であり、両国関係を律する基本準則であり、また両国が一致して合意した国際的義務なのである。これらの原則は中日関係の政治的基礎を構成するものであり、両国関係の様々な問題を判断する準則である。われわれは、「共同声明」と「平和友好条約」に定められている両国関係を指導する各原則を引き続き厳守すべきであり、これによってわれわれ両国の友好関係を発展させせなければならない。

三、中日関係において発生した摩擦にいかに対処するか、そしてどのような方針によってこれらの問題を解決するか

本書に収められている論文の多くは、「平和友好条約」締結以来、両国間で発生したいくつかの重要な問題について言及しているものであるが、こうした問題は、政治問題と経済問題に分類することができる。特に政治問題は二つに分類することができ、そのひとつは歴史認識が異なることによって生ずる摩擦で、例えば教科書問題、靖国神社公式参拝の問題、藤尾・奥野発言問題などがある。もうひとつは台湾問題で、すなわち日台関係に関するものである。例えば光華寮問題、いわゆる蒋介石の遺徳顕彰問題などがそれにあたる。本書の何人かの執筆者は、現在の中日関係を認識するには、歴史に基づいて問題を認識する必要があり、中日両国間に存在した一定期間の不幸な歴史、すなわち日本が中国を侵略した歴史について避けることは出来ないとし、併せて今後の中日関係を考えるときもまたこの問題を常に意識する必要があると正しく指摘している。しかし、本書の何人かの執筆者は、これと異なった見方を持っている。彼らは、歴史は歴史であり政治は政治であるのに、中国人が歴史を政治に転化させることは問題を引き起こす

と考えている。同様にある執筆者は、あの不幸な歴史に対し、日本人は自分たちのこの侵略の歴史を忘れるべきはないが、中国人は過去の歴史は決着がついているのだから、この歴史を再び持ち出すべきではないと考えている。さらにある執筆者は、日本の侵略は認めるが、民が失ってしまった独立心と感情的に結びつくと、中国との摩擦を引き起こすことになると考えている。さらに甚だしいことにある執筆者は、歴史観と価値観は学者によって異なるので、この不幸な歴史について「共同声明」の内容と異なった歴史認識を持つことができる。これは思想・信仰の自由に関わる問題であると述べている。これらは明らかに、協議し再検討するのに値するものといえる。

中日両国には二〇〇〇年にわたる友好往来の歴史があり、その間半世紀にわたり対立し戦争をしたが、それは日本のごく少数の軍国主義者達がもっぱら作り出したもので、日本の中国に対する侵略戦争は中国にきわめて大きな災難をもたらしたばかりでなく、日本の人々にも大きな被害を与えた。このことをわれわれは重ねて認識すべきであろう。しかしこの不幸な歴史も、中日友好の大河のような歴史の中では、ひとつのエピソードにすぎない。ところが両国間の不正常な状態が終結して二〇年しか経っておらず、この災難を経験した人たちがまだ中日両国に多数存在し、しかもこの戦争が生んだ結果は、あたかも大地震の後の余震のように現在でも一定の影響力を持っているため、この歴史を純粋に歴史として見たり、また完全に忘れ去ることは事実上困難なのである。当時、われわれはこの不幸な歴史に正しく対処すべきであり、またこの歴史を忘れるべきではないと主張したが、これは決して古い負債を払わせるためでもなく、また日本人に精神的重荷を負わせようとするものでもない。ましてや中日両国民の心に恨みの種を深く埋めようとするものでもない。われわれは中国の「前事を忘れず、後事の戒めとなす」という古い教訓に従い、将来の中日友好という大事業に着目し、過去の歴史から教訓を汲み取り、過去の不幸を再び繰り返すべきではないのである。さらに指摘すべきこととして、われわれは決して日本国民の信仰や言論の自由、そして歴史観や価値観に干渉するものではないということだ。われわれが教科書問題、閣僚の靖国神社公式参拝問題、さらに、藤尾、奥野発言を外交問題としたのは、こうした問題が日本政府要人による言行あるいは日本の内閣における主張だからであり、これらは両国政府による「共同声明」の精神と原則に抵触するからである。中日両国政府の要人や両国政府の中央官庁にとって「共同声明」と「平和友好条約」を遵守する義務があることを忘れてはならない。

台湾問題については、これまですでに述べてきたように、最も重要なことは、日本が中日国交回復の際の台湾問題についての約束を遵守すべきだということである。これはすなわち「二つの中国」「一つの中国、一つの台湾」あるいは台湾独立を支持しないということである。米国が行った「台湾関係法」に倣ったりすべきでないことは当然である。本書のある論文の中には、現在の日台間の経済、貿易、さらに人的往来が断交時の規模をはるかに超えており、しかも現在の中日間の貿易および人的往来の規模をも超えているとあるが、これはわれわれの注意を呼び覚ますものであり、「利を見て義を忘れる」ことを警戒する必要があり、また、日台関係が民間関係の限界を超えないようにする必要がある。国交回復交渉の時、大平外相は台湾問題について「日本政府を信用してほしい。われわれは絶対に台湾独立運動を支持しないばかりか、台湾についていかなる野心を持つべきではなく、また持ちえない」とも述べている。われわれは日本政府がこの約束を真摯に遵守することを希望するものである。

中日間に発生した経済面での摩擦問題については、その多くが実務問題に属しており平等互恵の原則に及ぶものではあるが、同時に少なからず経験不足による問題もある。また両国間の経済協力については、かなりの改善が見られ、あるいは問題によっては解決をみたものもあるが、これらの問題についてはこれ以上言及しない。本書の中である執筆者が指摘しているように、中日両国は社会制度、国家の発展段階、さらにそれぞれの置かれている環境が異なるため、いくつかの問題に対する立場、考え方、それぞれの利益という点で完全には一致しておらず、加えて過去に不幸な歴史があるため、両国の関係が発展する過程でしばしばさまざまな問題や摩擦が発生し、いくつかの摩擦や問題が解決しても、その後また新たな摩擦や問題が発生することが少なくない。しかし、これは逃れ難いことであるし、また驚くほどのことでもない。重要なのは、これに対してわれわれが正しい方針を取るべきだということである。すなわち、われわれは中日両国民の根本的な利益から出発し、中日の長期的友好を実現するという崇高な目標を堅持し、両国がともに協議した「共同声明」「平和友好条約」そして中日関係を指導する四原則に従い、友好協議を通じて、原則的問題やいくつかの重大な問題に対して、妥当かつ合理的に処理し解決しなければならないということである。特に一部の重大かつ困難な問題に対しては、中日双方ともに大局を考慮し慎重にことにあたるべきである。もしそうしなければ、また消極的に回避するようなことがあったり処理のしかたがまずかったりすれば、問題が累積しあるいは激化し、両国の長期友好という大局に影響を与えたりまたそれを損なうことにもなりかねず、どうしてもこれは避けなければならない。

四、新しい国際情勢のもとで中日両国の関係をいかに発展させるか

本書のある執筆者が正確に指摘しているように、現在の中日関係を認識するためには、国際的な大きな枠組みのなかでこの問題を考える必要がある。本書の執筆者の多くは、中日両国の国交回復および平和友好条約締結問題を研究する際に、当時の国際情勢を踏まえて詳しくしかもはっきり述べている。しかし、今後の新しい情勢のもとで、中日関係をいかに発展させるべきかという問題について本書はほとんど論じていない。ただ、きわめて僅かの個別の論文がたまたまこれに触れているだけだ。それによれば、世界は多極化の方向に向かっており、経済大国となった日本は、世界に新たな貢献を行うべく、国際国家、政治大国への道を目指して模索中であると述べている。ただし、本書の論

文は一九八八年に書かれたものであり、そのため一九八九年後半以後の世界情勢に生じた大きな変化について論及しえなかったのは当然である。現在、ヤルタ体制を基礎とする米ソ二極対立の古いシステムはすでに崩壊し、新たな多極化システムはまだ完全には形成されていない。こうした国際的枠組みのもとで、中日関係がどのように発展していくかといった問題については、中日問題の専門家や学者の精力的研究が待たれる。しかし、大まかに言えば次のようなことが推測できるかもしれない。すなわち、国際システムの変化によって形成される九〇年代の国際情勢は、複雑かつ変動的で動揺しやすく不安定なものであろう。ただし、平和と発展はこれまでどおり現在および今後の世界の発展の全体的趨勢であろう。世界とアジア・太平洋地域の平和と安定を擁護し、アジア・太平洋地域の経済協力を拡大し、各国がともに発展を推進することは、これまでどおりアジアの両大国にとってともに必要であり、しかも、われわれ両国はまたこの点について協調と協力を進める条件と優位性を備えている。それゆえ、このような国際的枠組みから見れば、また地政学から見れば、中日両国の友好関係はなおひきつづき発展するだろう。ただ、私は次の一点を強く指摘しておきたい。つまり日本にとっていえば、政治大国となり世界の極のひとつとなって以後も、決して軍事大国にはならないという約束をこれまでとおり厳守しなければならないのであり、これは本書の多くの執筆者が重ねて強調しているところでもある。中国についていえば、政治的、経済的、社会的安定を保持し、中国の特色ある社会主義を建設する道に沿って引き続き前進しなければならないということである。この二つの条件は、九〇年代ひいては二一世紀において、中日関係が長期的安定的な発展を維持するうえで絶対に必要なことである。

相互理解を深めるために批判にもしっかり耳を傾けよう

次に、本書の何人かの執筆者は、中国が両国関係を処理し対処することに対し、さらに中日双方の交流や人的往来にいたるまで、少なからぬ批判的意見を寄せている。私としては、これらの意見にわれわれは冷静に耳を傾けなければならないと思う。われわれは正しい指摘はすべて受け入れ、それによってわれわれの活動を改善すべきである。また的外れな批判も、得るところがあれば聞くべきである。それによって、われわれは相手がどうしてそのような批判をするのかが理解できるし、また同時にその批判によってわれわれは一層の努力をすることもできる。以下にの批判について、私は傾聴に値するものと考える。何人かの執筆者は、中国側の一部の人が戦後の日本や日本人の考え方の変化について十分に理解していないので、戦後の日本で起こった変化について過小評価し、いまだに戦前の日本についての認識で戦後の日本を見ていると指摘している。

われわれは、確かにこうした問題を抱えている。例えば五〇年代、われわれは日本の農地改革に否定的態度を取っていたし、一九七〇年には日本軍国主義が、〝すでに〟復活したと言ったことがあるが、これらは戦後の日本について深く研究していなかったために起こったことである。また本書の中で、われわれの中にかつて日本の防衛費を国民総生産の二%まで増やすことができるか否かを提案した者がいたと言及しているが、これもまた日本の実態について具体的な理解を欠いていた例のひとつである。ある執筆者は、中国の日本研究のレベルは、日本の中国研究のように充実しておらず研究水準の向上が待たれていると述べているが、これもまた的を射たものである。

中日双方の経済協力の問題について、本書の執筆者は非常に多くの批判を寄せている。例えば、中国の投資環境が悪いうえにインフラストラクチャーが劣っており、また経済関係法規が不完全で政策も度々変更され、そして頑迷な官僚主義が存在すること、さらに日本と米国とでは企業の投資戦略による違いをを理解せずに、日本に米国企業と同じことを要求したりすることなどである。これらの意見にはもっともなところが多い。確かに、国際的な経済協力という点ではわれわれは経験も知識も不足している。「洋躍進」の是正に当たっていたとき、中国で経済活動に携わっていた人々が、日本に行って日本側企業に契約の無償破棄を要求し波瀾を巻き起こしたことが一度あるが、これはこのことを最もよく説明している。

文化交流についてある執筆者の指摘によれば、ここ数年来、中国からの留学生の質が日を追って低下しており、そのうち相当多数の留学生は『新民主主義論』を読んだことがない。彼らの身辺から〝社会主義〟の印象を得ることはできないうえ、彼らの金銭に対する感覚は特に敏感で、利益になることであればすぐに飛びつく。これがまさにもう一人の執筆者が批判する中国の〝拝金主義〟(金にだけ目を向けこれに執着すること)である。事実、この主の拝金主義は何人かの留学生に見られるだけでなく、われわれ中国の、日本と往来のある機関や単位にも同様の傾向が見られ、これには警戒を要する。総じていえば、本書の執筆者が中日関係について述べるなかで、相互理解を深めるために中国を批判したいくつかの意見には反省すべきものも少なくなく、われわれは真剣に対処する必要がある。

はっきりさせるべきいくつかの誤った伝聞

本書のいくつかの論文の中で引用されている事例のうち、事実ではなく誤解された伝聞もある。読者がこれを真実だと信じてしまえば、思考に混乱が生じる可能性があり、またこれがひとたび流布されると中日間に溝を作りかねない。私は、事実に基づいて真実を求めるという精神によってこれを明らかにする必要があると考える。そのうち最も重要なのは次に述べる三点である。

まず第一には、周恩来総理が、田中角栄首相の訪中時に随行した外務省の高島益郎条約局長を〝法匪〟と叱責した問題である。これは完全に事実に反する。両国首脳が少人数で第二回会談を行った際、周恩来総理は確かに高島局長を厳しく批判した。ただし、これは本書のある執筆者が述べているようなものではなく、高島局長が、日本と台湾との間には日台条約があるので、中日両国は講和条約に改めて署名する必要はないと考えていたからであり、また高島局長がいわゆる〝日台条約〟締結時に蒋介石が賠償請求をすでに放棄していることを理由に、「共同声明」において中国が賠償請求を放棄する旨を改めて明記する必要はないと主張したからである。これに対し周恩来総理は、高島局長が中国国民に打倒されて台湾に逃げた蒋介石の（賠償請求放棄の）承諾をもって、中国国民が当然それを引き受けるべきだと見るのは堪えがたいものだとして、奇異と憤慨を表すとともに、中華人民共和国が賠償請求をなぜ放棄するかも同時に説明したのである。周恩来総理が高島局長を批判したとき、人格攻撃として〝法匪〟というこの二文字をまったく使っていない。また事実上、〝法匪〟という言葉は中国語の辞書にも日本語の辞書にもないのである。

第二に、本書のいくつかの論文で、中国が一九八七年にまた賠償請求を行ったとそれとなく述べられているが、これはまったくの推測と誤解であって事実ではない。

一九八七年六月、鄧小平が公明党の矢野絢也委員長と会談したとき、矢野委員長の求めに応じて率直に中日関係について述べたがその中で、両国の経済関係の発展は満足できるものではなく、主に中国側の貿易赤字が非常に大きく、日本は中国向け技術移転に積極的でないと述べた。続いて鄧小平はこう述べた。「日本は世界で最も中国に借りの多い国だが、われわれは隣国でもあり両国民の長期的利益を考慮し、賠償を求めないと決定した。東洋人は情理を説くが、この情理という二文字からいえば、日本は中国の発展を助けるために貢献しなければならない。」これは古い友人同士の間での忌憚のない話であって、誠意をもって一種の願望を表したものであり、どうして賠償要求を行ったと言えるのか。

中日国交回復時、両国首脳による最後の会談において、周恩来総理は丁重な言いまわしで中日国交回復に言及し、まず第一に信義を説き、「中国の諺に『言ったことは必ず信義を守り、行動したら必ず結果を出す』という言葉がある」と述べた。田中首相はこれに応え、「日本国憲法の中にも『信は万事の本なり』という言葉がある」と述べた。周総理は続けて、「われわれのこの新しい関係は、『言ったことは必ず信義を守る』ということから始めよう」と述べた。このことからも分かるように、中国外交は信義を非常に重んじ言ったことは守るということを重視するのである。すでに放棄した賠償請求を、前言を翻しどうして再び出したりするだろうか！　当時の日本のいくつかの新聞は、この鄧小平の談話に対し改めて賠償を請求したものと報道したが、これは少々軽くいうなら一種の誤解であり、より正確にいうなら中日間に意識的な溝を作るものである。

第三に、胡耀邦が、日本の青年三〇〇〇人を中国に招待したことについての問題である。本書の執筆者の一人は、胡耀邦が日本でこの招待について話したのは、彼自身の考えによって決定したものであり、そのために錯誤を犯したものと見なされて批判されたと述べている。この意見に対して私は、事情を知る者として次のように指摘しておきたい。胡耀邦が訪日の際に行った日本の青年三〇〇〇人を中国に招待するという発言は、中国を出発する前すでに関係部門の意見を求め、最終的に党指導部全体の同意を得ていたのである。この招待を表明した青年集会での講演さえも、党の指導部全体の同意を経たものであって、事前に講演の原稿は中国国内で決定されていたものである。したがって、胡耀邦氏が思いつきで日本の青年三〇〇〇人の招待を提案したとか、この件でのいわゆる自作自演という主張は根拠のないものである。中国の人々は、一九八四年に実施された日本の青年三〇〇〇人の訪中に対して肯定的だったし、両国の関係各団体がこの招待の実現のために、積極的に運動を推進し協力してくれたことに対しても終始感謝の意を表していたのである。

本書には、事実に合致しない事例がまだいくつかある。しかし以上述べた三点はきわめて重要であるため、私はこの三つについてだけ事実を明らかにした。

最後に私は、本書には以上のほかにもいくつかの問題があり、さらにわれわれと考え方の異なる問題もあるが、それにもかかわらず、本書が中日間の相互理解を深め、異なることを認めながらも共通のものを求め、ものの考え方や価値観の差異を超越し、さらに両国関係を発展させるために積極的な役割を果たすことを繰り返し申し上げたい。

（『中日関係面面観』一九九一年版　阿部純一氏訳を参考）

六、歴史を鏡に将来に目を向けよう

――抗日戦争勝利五〇周年を記念して――

今年は、全世界人民の反ファシズム戦争勝利と、また中国人民抗日戦争勝利五〇周年にあたる。中国の抗日戦争は、中日両国の戦争だけでなく、全世界反ファシズム戦争と切っても切れない関係である。歴史的な意義を持つこの二つの祝日を迎えるのに際して、中国人民は平和、民主、進歩を愛する世界各国の人民と一緒に盛大な記念活動を行い、これを通して歴史を再び考えなければならない。また、いよいよ訪れる二一世紀において、本世紀にドイツ、イタリア、日本のファシズムの起こした対抗、敵対そして戦争を二一世紀の中日両国関係においては起こさせてはならず、むしろ両国の関係は社会制度の異なる国家同士の平和共存の典型となるように、より深く探求することが重要である。

一九四九年中華人民共和国が成立し、特に中日両国が国交正常化して以来、将来の見通しを持った両国の政治家、各界の人々そして多くの人々の共同の努力によって、中日両国の関係は改善され大きな発展を遂げた。中日関係の発展によって、両国が世々代々の友好関係を持続するということは、もう両国の基本的な国策として確立されたものである。この基本的な国策を貫徹するために、前進途中における障害と困難を克服し、しかもこれまでの実践から経験と教訓をまじめに総括し、これによって両国関係の発展をはかることが必要である。

昨年三月、中国の李鵬総理と日本の細川護熙首相が会談した際に、双方は、「中日関係の長期安定、相互信任、相互協力、共同発展のため、中日友好二一世紀委員会は両国政府の諮問機構として実践によってまとめた共同提案を提出しそれを両国政府は参考にすべきである。」と確認した。

記念すべき年にあたり、双方の委員の協力によって、中日友好関係を発展させる共同提案を双方の政府に行ったが、この提案には主に両国関係発展を推し進めるために遵守しなければならない六つの基本原則を規定している。ここでこの六つの原則を全面的に紹介するつもりはないが、ただその一つの原則を今、抗日戦争五〇周年と結びつけて少し述べたい。この原則は「歴史を鏡に将来に向かうということは、二一世紀の中日友好関係を建設するためにきわめて重要である。中日両国は数千年にわたる友好往来の歴史を持っているが、しかし近代史上、中国に対する日本の侵略が中国人民にもたらした大きな災厄を忘れることができない。この両方面の歴史に正しく対処し、その中から教訓を得ることは中日友好の重要な基礎を構成するだけでなく世々代々の友好を実現する重要な保証である。」と述べている。

「歴史を鏡にする」というように、歴史に正しく対処すべきである。まず歴史を正しく認識すること、即ち本来の歴史によって歴史を認識することであるが、ここでいう両国の最も重要な歴史問題とは、数千年にわたる友好往来の歴史であり、中国に対する日本軍国主義の侵略戦争という歴史を指す。これは客観的事実であり、これをいかに正しく認識し対処するかが錠となる。これまでの実践によって証明されることは、両国政府と人民がこの一つの歴史に正しく対処すれば両国の関係は順調に発展し、そうでなければ、両国関係の発展は損害をこうむるということである。前進の途上で曲折または後退することさえある。二三年前、日本の過去の侵略戦争に対する反省と、両国人民の友好への強い要求により、中日両国は過去のわだかまりを捨て、敵対状態を友好状態に変えて国交正常化の大事業を完成した。二三年の間に両国関係を引き続きに発展させることは、双方が両国における歴史問題への妨害を直ちに排除し、歴史問題を適切に対処することと深い関係がある。今日、中日関係の発展を妨害し摩擦を起こす原因は、主に歴史問題と台湾問題である。

日本のなかで、歴史に対してどのような間違った認識や言行が存在するか、総じて言えば次のようなことである。ある政府指導者あるいは政治に従事する者の中には、日本が過去に中国を侵略した行為があったと認めても、中国に対する日本軍国主義の戦争を侵略戦争と認めることを避ける傾向がある。もっと悪いことは、ある議員、学者、評論家は本世紀の前半における中国への侵略をまったく認めず、しかも日本軍国主義による暴行を否定し、そして軍国主義者の発動した東アジア戦争を、アメリカ、イギリスの植民地から解放する戦争であったと美化した。このようなことは時々国会や世論の中に登場し、中日関係に障害を与え、日本と周辺国家の正常的関係を妨害するのである。

そしてもっと心配することは、世界反ファシズム戦争と中国抗日戦争勝利五〇周年を記念するに際して、自民党の奥野誠亮氏をはじめとする数多くの議員が、国会の「反戦決議」に反対するために「終戦五〇周年議員連盟」を結成したことである。この連盟の方針は次のようなことによって明らかにされた。それは「終戦五〇周年にあたって、前回の大戦でわが国の自存自衛と、アジアの平和と解放のために貴い命を犠牲にした二〇〇万人あまりの戦死者と戦争の災いを蒙った犠牲者に対して、哀悼と感謝の意を表す」と謳っているが、ここに登場する言葉は軍国主義者による戦争の侵略的性格を抹殺したばかりでなく、あの侵略戦争を美化したものである。そしてこのほかに、昨年以来一七の県議会は「終戦五〇周年」を記念する決議をおこない、その中で、過去の戦争を公然と肯定し戦死者を「祖国、家族および故郷の安定を守るため貴い命を捧げた」と称えているものが少なくない。これによれば、日本は外国軍に侵略され、国民は安全を失い戦死者は抵抗して死んだように見える。またある市議会による「侵略戦争反省決議」が、さまざまな圧力によってやむを得ず取り消されたことも忘れてはならない。

第二次大戦が終わってもう五〇年が経ったが、日本の起こした戦争の性格について国際社会には定論があった。それは、なぜ日本はこの戦争に適切に対処できなかったかということであるが、それにはつぎのようないくつかの原因があると思われる。

一、戦後冷戦体制が形成され、中国革命勝利後日本を占領したアメリカ当局は、日本を利用して中国とソ連を抑制するため急速に日本の民主化政策を変更し、そして軍国主義者に対する追及もやめ、ある戦犯を戦後の日本の首相に就任させたことさえあった。そのため日本の軍国主義思想を徹底的に除去することなく、戦前の侵略拡張を許す言行が今もって存在するのである。

二、これまで日本政府は、過去の戦争を対外的に正式かつ明確に「侵略戦争」と認めたことはない。(ただし、国内では、中曽根首相が国会答弁のなかで、日本が侵略したことがあることを認めたことがあり、もう一つは彼が共同通信社編集局長会議での講演において靖国神社にA級戦犯を祀ることと結びつけて「あの戦争は侵略戦争と思う」と発言した)が、このような政府の態度によって、右翼と加害者意識に乏しい政治家は、侵略戦争をほしいままに弁護しこれに加えて戦争を美化しているが、これには驚くほかはない。

三、戦後生まれの青年にはあの戦争の不幸な経験がないうえ、学校は青年に歴史を正しく教えてなかったため、ほとんどの若者は、侵略戦争を美化することについて対抗する力を持たないのである。このような状況は、議員たちが懲りずに侵略戦争を美化する言論を撒き散らすことを一層促すことにつながるのである。

もちろん、歴史を否定する言論は、中日友好の大きな流れにとって逆流のようなものであるが、これは主流でなく支流であり、正しく歴史を認識してこれに対処することこそが主流である。たとえば日本の新聞によれば、「侵略戦争を反省する」と明確に表明した決議と意見書は、次々と日本の地方議会で可決されている。これこそ戻すことのできない流れである。

私がここで強調したいのは「共同声明」における「歴史を鏡に将来に向かう」ということは私たちが歴史問題に対処する場合、「前のことを忘れず後の戒めにする」という精神に基づいて将来に向かうということであり、すなわち、歴史の事実を正視することは、昔の恨みを晴らすことや歴史上に留るのではなく、歴史から有益な教訓を汲み取ることで不幸な過去を適切に終わらせ、それによって歴史の重い負担をおろして将来に向かって身軽な立場で前進することなのである。このため、歴史問題に及んだ時には逆流を克服することが大切である。そして中日双方は将来を展望し、政治家の知恵によって国内の民族感情を正しい方向に発展させ、相手を尊重することによって相手の民族感情を傷つける言行をできるだけ避けることなのである。

戦後の半世紀の間に、日本は敗戦国から物質文明と科学技術の発達した世界先端の経済大国となった。これは日本国民の勤勉さと日本が平和発展の道を堅持した結果である。冷戦体制の崩壊にともなって世界は多極化に向かって発展しており、国力を強める日本はその中の一極に向かって進んでいる。近年来、日本は経済だけでなく政治的にも国際的発言力を強めることを切望しているが、それは日本の要求が明らかに今日の国際情勢の発展に反映することを意味する。われわれはこれについては理解できるものの、日本によって侵略された周辺近隣の国家は、日本が世界の一極になりつつあることに危惧を持っている。日本の政治家はこれについて是非とも認識すべきであろう。

反ファシズム勝利五〇周年にあたって、各国政府と人民は、過去をふまえ将来を探求するという歴史的な機会を捉えて、日本の後の世代に対して歴史を正しく認識させることに力を入れるとともに、歴史問題に対処するために奮闘していただくことを私は日本の政治家に強く望みたい。これは中日両国の友好関係を強化するとともに日本とアジア各国の友好関係を促進し、そして日本自身が国際的に大きく貢献することにつながると考えるものである。

(『外交』季刊英文版 一九九五年六月号)

第四章　両国指導者と中日関係

一、周恩来と中日国交正常化

二〇年前、中日両国が国交正常化を実現したことは、両国人民の根本的利益に合致し、アジア情勢の緩和と世界平和の擁護に寄与する大きな出来事であった。中国側についていえば、これは毛沢東主席の支持のもとに、周恩来総理が直接指導し計画したものだった。周総理は、このために多くの心血を傾注した。

日本政局の変化を注視

一九七一年一〇月、国連総会が台湾当局を追放し中華人民共和国の議席を回復したことは、世界の潮流の変化を示すものであった。同時に、その時発生した様々な現象は、佐藤政権が翌年には下野するであろうことを示していた。そのときから、周総理は、自民党の次の内閣を誰が組閣するかをこまかに注視し、関係部門に研究するよう指示すると同時に、日本の友人から直接状況を聞いた。その年一二月、周総理が中日覚書貿易交渉代表団と会見したとき、古井喜実、田川誠一の両氏は、日本の次期内閣首班は、一般の人が予測しているように、必ずしも福田赳夫氏ではなく、別の人物がなる可能性があると語った。また、中日国交正常化に関してはこれ以上引き延ばすことはできないだろうと語った。それらの報告は、周総理の大きな関心を引いた。

翌年三月、周総理は藤山愛一郎氏と会見、また四月には三木武夫氏と会見し、自民党の派閥状況および中日国交正常化に対する両氏の態度と見解をこまかに聞いた。そして周総理は、五月に公明党代表団の二宮文造氏と会見するまでの半年にわたった調査研究をもとに、誰が次の日本の首相になるかについて確信を持った。そのため、周総理は二宮文造氏に、「もし田中氏が首相になった時、彼に中日問題を解決する用意があり、また自ら訪中して話し合うことを望むなら、それは吉田、岸から佐藤までの体制を打破するものになる。このような勇気ある人が来るのを、われわれがどうして拒否することができよう。そんなことをするのは道理に合わない。あなたがた公明党の委員長、副委員長が田中氏に会われた時、私のこの意見を伝えてくれても問題はない。」と言明した。この話は、周総理が佐藤氏の下野前に日本政局の成り行きをはっきり見通し、しかも機を逸することなく、田中氏にひとつのシグナルを送ったものである。つまり中国側は田中氏が首相に就任することを歓迎し、中日国交回復のため、氏に努力してもらいたいとの希望を伝えたのだった。

新しい動きをつかむ

六月末から、周総理はほとんど毎晩、人民大会堂に外交部および日本問題担当者を集めて会議を開き、日本政局の動きについて検討した。総裁に選出された田中氏は、七月五日に発表した記者団への談話でも、七日の初閣議での談話でも、「中華人民共和国との国交正常化の実現を急ぐ」ことを明確にした。これは疑いもなくひとつの重要なシグナルであった。これに対し、周総理は九日、「田中内閣が成立し、外交面で中日国交正常化の実現に努力すると声明したが、これは歓迎すべきことである」と明確に表明した。このような周総理のすばやい反応は、日本で大きな反響を呼んだ。

七月一一日上海歌舞団が日本で公演することになった。団長は孫平化だった。周総理は孫平化と中国覚書駐東京事務所代表の蕭向前に対し、日本滞在中になんとかして日本の首相の国交正常化のための訪中を促し、日本の指導者と会ったときは中国指導者の意向を伝えるよう指示した。そしてそれと同時に、孫平化には交渉代表ではなく民間の連絡係として行動するようにきびしく要求した。なぜなら中日国交回復に関する人事は、双方の首脳会談でしか実現できないものだったからである。八月一一日、大平氏は孫平化と会見し、訪中したいという田中首相の意向を伝えた。孫平化氏の報告を受け取った周総理は、同日夜、人民大会堂に関係者を集めてこの問題を検討するとともに、姫鵬飛外交部長に権限を授けて、周総理が田中首相の訪中を歓迎し、中国に招請するという声明を発表させることを決めた。これは機を逸することなくタイミングよく行われた二度目の公式反応であった。一二日、日本の官房長官は、「これは非常にすばらしいことだ」と表明。一五日、田中氏は、孫平化、蕭向前に会い周総理の招請に感謝した。こうして、田中首相の訪中が確定した。

世論を重視、復交ムードを盛り上げる

周総理は世論の動向を非常に重視し、メディアを使って世論づくりをして、ムードを盛りあげることを提起した。それと同時に、日本にある国交正常化の実現に不利なあらゆる動きに十分注意し、適時にその真偽を見分け、それに惑わされないようわれわれに注意を促した。当時日本側では、国交正常化を推進するために自民党内に中日国交正常化協議会を設け、田中首相が中日国交正常化の基本構想を提出した。田中首相が訪中を決めたことなどは、すべてすぐに中国の新聞に報道された。そのほか、上海歌舞団の訪日および孫平化らが田中首相訪中を促進するために活動したことも数多く報道された。これらすべてのニュースは、周総理自ら審査したものだった。他方、日本の通信社が報じる中日国交正常化に不利な一部のニュースに対しては、周総理は絶対ないがしろにすることなく、いつも皆に意見を述べさせ、しかも訪中してきた日本の友人に、これらのニュースの信憑性について尋ねたのであった。

九月一四日、小坂善太郎氏の率いる自民党代表団が訪中し、廖承志を中心とする中国側一行と会談した。当時小坂氏は、中日国交正常化後、日本が台湾との外交関係を維持しないことを明らかにしていた。周総理はこの訪中団と二回会見したが、一九日、答礼宴が終わって日本側が翌日の帰国の準備をしているとき、周総理はまたしても彼らと緊急に会見した。それは周総理が、台湾に派遣された自民党副総裁の椎名氏が台湾の国民党の代表と懇談した際、日本は中華人民共和国との国交樹立後も、外交関係を含む台湾との各種関係を保持し続けることを表明したとのニュースを外電によってキャッチしたからであった。これはショッキングなニュースだった。しかし、日本政府は名前をあかさず「官邸筋の談話」としただけでそれを否定した。この緊急会見で、周総理は小坂団長と副団長らに、椎名談話について説明を求めるとともに、中日国交回復に関する中国の三原則を改めて彼らに明らかにした。これは非常に厳しい会見であった。小坂団長は、「椎名談話は正常化協議会の公式意見ではなく、まことに遺憾である。これは決して田中首相や大平外相の意見ではない。周総理はそのことを心配しないでほしい」と述べた。

会見の最後に、周総理はその夜話したことを田中首相に報告するよう要請すると同時に、「それぞれが語ったことを自分で毛主席に報告する、それは今後に食い違いの起こらないようにするためである」と述べた。会見後、周総理はさらに中国滞在中の古井喜実氏と会見し、椎名談話に対する古井氏の見解をたずねた。以上に述べたことからも、周総理がいつも、重要な新聞報道に対しいかに厳格かつ真剣な態度を取ったかを知ることができよう。このような問題について、周総理はいつも必ずその真相を究明しただちに対応することで、国交正常化が阻害されることのないようにした。

多くの日本代表団と会見して、意見を交換

五月から九月にかけて、周総理は多くの日本の代表団と会見した。その中には、与党自民党のいくつかの派閥の人

たちもいれば、野党の社会党、公明党、民社党など人たちもおり、また、総評など大衆団体、日中友好協会など友好団体、三菱など財界、経済界の代表団もあった。会見の席で周総理は中日国交正常化といった重要で差し迫った問題にふれる際、いつも異なる相手の考え方に考慮しながら忌憚のない意見交換を行った。その際、自民党の友人に対しては、主に自民党内の中日友好を主張している各派が結束して、一日も早く中日国交を回復させるために努力するよう要請するとともに、これら友人から自民党内の親台湾派の動きを聞き、彼らに国交正常化三原則の中の台湾問題について説明することに重点を置いた。

社会党委員長の佐々木更三氏と会見したとき、佐々木氏が、「田中首相は一大決心をして、自分の手で中日国交正常化を実現しようとしている」と語ると、周総理は田中首相と外相の訪中を歓迎すると伝えるよう依頼した。しかし周総理の友人である野党の一部の議員は、二〇数年にわたって中日友好活動をすすめてきたのに、国交正常化の手柄は自民党にさらわれてしまうと感じ、なんとなく悩んでいた。すると周総理は、「政権が自民党に握られている以上、国交回復という問題は自民党と話し合わないわけにはいかない。あなたがたが長いこと中日友好に寄与されたことにわれわれは心から感謝する。田中首相さえ野党のみなさんが中日国交回復の地ならしをされたことを認めないわけにはいかない」と述べた。

また周総理は、一部の財界有力グループの代表に対して「国交正常化後には経済分野の協力は大きな発展を遂げるだろう」と指摘し、国交正常化後中国は財界だけを相手とし、自分たちは苦境に陥いるのではと心配している中小企業家に対しては、「われわれはそんなことはしない。われわれは古い友人を忘れることはなく、これまでと同じように日本の友好商社のことを配慮する」と述べた。

日本バレーボール代表団と会見した際も周総理は国交回復というテーマをとり上げ、日本側の前田団長が「訪中の前夜、田中首相は私たちと会見し、私たちに中日友好のかけ橋になってほしいと語った」と述べると、周総理はすかさず「私もそのことは聞いた。あなた方の首相があなた方と会見したからには、私もあなた方と会見しないわけにはいかない。両国チームの友好往来は中日国交正常化を促進するかけ橋となった。私はあなた方に感謝し、また、あなた方の首相にも感謝したい。」と述べた。周総理の誠実で、率直、かつ正確な指摘は、日本の友人にとって受け入れやすいものであり、時には彼らを深く感動させた。

胸に成算あり、「共同声明」調印にこぎつける

両国の国交正常化には双方が同意する文書に調印する必要があった。だが断交して三〇余年の中日両国には問題が山積みしており、両国首脳の数回の会談だけで合意に達することは困難だった。そのためあらかじめ初歩的な意見交換を経た草案を用意し、両国首脳が会談した際、最終的にそれをねり上げ合意に達するようにする必要があった。

七月末、公明党委員長の竹入義勝氏が田中首相に託されて、国交正常化の際の若干の問題、とりわけ日本側が難問と感じ中国側の事前の配慮を希望する問題について相談するため中国を訪れた。二七日から二九日まで、周総理は続けて三晩、一〇数時間にわたって竹入氏と会談した。三日目の夜、周総理は、「共同声明」に関する中国政府の八ヵ条の内容と三項目の口頭による暗黙了解について、一字一句竹入氏に説明した。この八ヵ条と三項目は周総理がまとめ毛主席の同意を経たものであった。それには中日国交回復の三原則、かつて日本の一部政治家と話し合ったことのある戦争状態の終結、賠償放棄などのいくつかの問題や日本側の困難への配慮、そして中日友好は、日米関係に影響するものでないこと、また「日台条約」は非合法かつ無効で放棄すべきであるということを明記せず、他の方式でこの条約を廃棄することなどが含まれていた。

周総理は、「共同声明」の作成について相違点にはふれずに共通点だけを盛り込み、簡明なものにすることを提唱した。周総理はまた竹入氏に対し、田中首相と大平外相が追加や削除が必要であると思われるどんな問題でも十分に意見を交換したいと語った。そのとき竹入氏ら三人の友人は、周総理の口述した要点を一句一句メモし、帰国後田中、大平の両氏に手渡した。こうして、田中首相は中国の方針と考え方を理解し、確信をもつことで訪中を決意したのであった。一ヵ月後の九月九日、大平外相の親友、古井喜実氏が日本側草案の要点を携えて訪中した。周総理と会ったとき、古井氏は若干の説明をし、声明には前文をつける必要があるがまだ案文はできていないと語った。その後、周総理のもとで日本側の草案に対するいくつかの意見が提起され、日本にいる蕭向前氏にこれを打電して日本側に伝えさせた。同時に中国側の声明草案が再び起草された。

九月二五日、田中首相の一行が北京に到着した。午後、両国首脳と高官の会見が行われた後、両者はしばらく休憩し、その後首脳会談に入った。周総理の提案で、双方は首脳会談のほか、双方の外相が数人を伴って「共同声明」について話し合うことで合意した。「共同声明」は三日半で合意に達した。「共同声明」を討議する過程で、中国側は周総理が終始主導的役割を果たした。たとえば二六日午前に開かれた外相会談では、日本側の高島条約局長がしゃくし定規に法律の条文にこだわり、日台条約で蒋介石がすでに賠償要求を放棄したのだから、「共同声明」の中で再びこの問題にふれる必要はないとまで言い出した。周総理はこの話を聞いてすぐ、当日午後の首脳会談でこれを厳しく批判した。三回にわたった外相会議と起草グループ会議で幾度となく論争された問題について、われわれはすぐ周総理に報告し具体的な指示を仰いだ。それは字句の修正にも及んだ。、例えば「不正常な状態に終止符を打つ」を「戦争状態を終結させる」に代えることは周総理が自ら決めたものだ。そして二七日夜から翌早朝三時にかけての第三回外相会議において両者はついに「共同声明」について合意に達した。

こうして、二八日に開かれた最終首脳会談で、周総理は田中首相に対し「われわれは国交を回復するのに、なによりもまず信義を重んじ、言った以上必ず守り、行う以上必ず実現する」と言い、言った後それを紙に書いた。これに対し田中首相は、「信は万事の本」と答え、同じようにそれを紙に書いた。二九日午前、「共同声明」が調印され、それによって両国関係の歴史に新たな一ページが切り開かれた。後日大平外相の伝記を読んだ時、「共同声明」について話し合っている過程で大平外相はあれこれ心配し、もし合意に達することができなかったらどうするかと、田中首相に不安をもらしたことをはじめて知った。しかし、われわれからいえば「二つの問題で論争があったものの、田中首相が訪中して会談しさえすれば、問題は必ず解決できる」と周総理は何度も言っており、そのような心配は決してなかった。だから当時のわれわれはみな自信満々で、たとえもっと大きな困難にぶつかっても、周総理がきちんとけりをつけ、「共同声明」は必ず合意に達するものと信じていた。かくして事実はそのとおりになった。

周総理が中日両国の間に新しい橋をかけるために尽くした貢献は、永遠に歴史に書き残されるであろう。

（『北京週報』三九号　一九九二年）

二、鄧小平と「中日平和友好条約」

国交正常化の実現は二段階で

「中日共同声明」と「中日平和友好条約」は両国関係の政治的基礎であり、両国関係を発展させるために双方が、遵守すべき基本原則である。

中国側からいえば、「共同声明」は周恩来総理の直接指導のもとで作り上げたものであり、「友好条約」は周恩来が発案し、のちに鄧小平副総理の指導のもとに締結されたものである。

中日両国の国交回復は、二段階方式を採用した。まずは両国首脳の会談の成果に基づき「共同声明」を発表し、国交を回復させた。このことにより、両国の不正常な状態を終了させたのである。第二段階は、「友好条約」の締結である。「共同声明」の中で、両国は国交回復後「友好条約」締結の交渉に入ると規定した。

両国は国交回復後、「共同声明」で定められた四つの実務協定の締結を実現しなければならなかった。その結果「友好条約」の調印は後回しにされてしまった。

一九七四年一月、大平正芳外相が航空協定締結交渉のため中国を訪問した。このとき毛沢東主席と周恩来総理は、「共同声明」で規定された「友好条約」および四つの実務協定は、できるだけ一九七四年内に解決されることが望ましいと表明した。さらに周総理は『これらの実務協定と「友好条約」締結は、早いほうが両国のためになる。私たちは田中首相とあなたが現在の地位にいる間に問題の解決が図られることを期待する」と語った。

周総理はまた、「友好条約」の内容と構成についての考え方を述べた。周総理はまず、『われわれは「共同声明」を堅持しなければならない。なぜならそれはこれから締結する「友好条約」の政治的基礎であるからだ。』と強調した。その上で、内容と構成についての考え方を次のように述べた。

「共同声明」の中の第一条から第五条までは、歴史を述べたものである。これはすでに肯定されたものであり、「友好条約」では再度提起する必要はない。残ったのは、平和共存五原則と国連憲章の中の原則である。つまり両国は、平和的手段によってすべての紛争を解決すべきで、武力に訴えたり、武力的威嚇を行ってはならないということである。同時に、排他的であってはならず、覇を唱えず、また他国の覇権にも反対するという内容を条約に盛り込む。あとは経済、文化交流に関する項目を一項加える、もちろんこれは原則を書けばよい。

一九七五年になり、周総理の病状は重大な局面を迎えていたが、なおも稲山嘉寛、保利茂、藤山愛一郎の各氏らがそれぞれ率いるグループと会い、この条約問題について熱心に語った。

しかし、周総理の病状は悪化の一途をたどり、ついには重要な仕事を担当するのは困難となってしまった。こうして、「友好条約」締結の総括責任者という大役は、文化大革命の中から復活したばかりの鄧小平に任されることになったのである。

条約交渉は遅れた

一九七三年三月、鄧小平は党に復帰し、同時に副総理の職務に就いた。そして周総理と党中央は鄧小平を政治局員に任命し、中央の仕事に参画させることを決定した。「文革」以前、鄧小平は党中央で外事の仕事を担当していたが、彼がそのとき会見した外国の賓客は、ほとんど各国共産党の指導者であった。仕事に復帰してからの一年あまり、彼は党中央と国務院の仕事を主管したことによって、会見する外国代表団と賓客の範囲はさらに広がりをみせた。

当時日本から来た賓客たちは、多くが鄧小平との会見を要求し、一九七四年一年間で彼は一四の日本の代表団と会った。毎回、彼は国際情勢、米ソ争奪の状況、中国国内の情勢などについて語ったが、その中でも必ず話題に取り上げたのは、四つの実務協定と「友好条約」についてであった。まとめると鄧小平は次のように語っている。

一、七四年一月、木村武雄氏が率いる自民党議員団と会見した際、鄧小平は次のように述べた。

「国交正常化以来、両国関係の発展は正常であった。しかし問題によっては少し遅れているものもある。実務協定については七三年にひとつの交渉が妥結し、「航空協定」もうまく行きそうである。だが、あと二つの協定と、「友好条約」はまだ解決されていない。七四年中になるべく早く進めることを希望する」また、別の団との会談で、鄧小平は「必ずしも四つの実務協定がすべてできてから「友好条約」の交渉に入る必要はなく、並行して交渉を行ってもよいではないか」

二、交渉が遅れている原因について、鄧小平は次のように述べた。

「原因は中国側にあるのではなく、日本人民の責任でもない。われわれは田中首相と大平外相が行った努力に対し、高い評価をしている。困難は一握りの人々によってつくられたものである。つまり、岸信介、佐藤栄作、椎名悦三郎氏および青嵐会といったタカ派や、親台派などの台湾から利益を得、台湾を死んでも手放そうとしない者たちである。またその他、軍国主義思想を抱いている人たちもそうである（遅かれ早かれ、いずれ台湾が祖国に返還されることは間違いない）」

三、どのような角度から「友好条約」締結を考えるべきかという問題について次のように述べている。

「政治的角度から考えるべきであり、長期的な中日関係という角度から考えるべきである。中日両国の友好関係を強化することは、両国国民の根本的利益に合致する。これは百年の大計であり、一〇〇〇年の大計であり、万年の大計である。この中で、ある種の問題は条約終結の障害になるかもしれない。それはたとえば尖閣諸島(釣魚島)問題だが、これは脇に置いておけば良いではないか。そうしなければ、一〇年交渉しても「友好条約」はできない。」

四、国民運動の後押しと支持がなければならない。鄧小平は何人かの、中日友好を堅持する日本の政治家と大衆団体の指導者から、「友好条約」の早期締結を目指す国民運動が日本で巻き起こっていることを聞いた。そしてこれに対し、「この運動は大変重要であり、両国の国交正常化は、日本での国民運動が政府の後押しをすることによって、「共同声明」が実現したのである。田中首相、大平外相は熱意をもって　活動しているが妨害にも遭っている。広範な国民運動が促進力となれば、彼らにとって大きな助けとなるはずである」と語った。

一九七四年、中国政府、そして鄧小平の努力、また双方の共同の努力により、航空協定と海運協定が締結された。あとひとつ漁業協定が残ったが、双方は既存の民間漁業協定を一年延長することに同意し、その間に政府間協定の締結を目指すことになった。

このようななか、海運協定調印のため日本を訪れた中国外交部の韓念龍副部長は、木村俊夫外務大臣と東郷文彦外務次官に会見した際、東郷外務次官に対し「友好条約」締結交渉開始の提案をした。そして、「友好条約」の性格と内容そして反覇権条項を条約条文に書き入れるべきであるという中国側の考え方を述べた。東郷外務次官は「友好条約」の早期締結について、またその内容については特に異議を唱えなかったが、反覇権条項については顧慮するということで態度を保留した。

この年の一一月二六日、田中首相が突然辞職した。これは「田中金脈」問題が「文芸春秋」に指摘されたことによって世論が沸騰し、そして自民党内の派閥間闘争も激しさを増していったからである。田中首相は、事態の拡大を防ぎ、勢力を保つため、辞職せざるをえなかったのである。こうして、田中内閣では条約締結の任務を遂行することが不可能となったのである。

三木内閣は順調にことを運べず

総理、総裁の職務を引き継いだのは三木武夫氏だった。彼は、党内選挙ではなく、自民党副総裁の椎名悦三郎氏の裁定によって選ばれた。椎名氏は、総裁選挙を行えば激烈な争奪戦となり、党分裂の危機さえあると判断した。そこで、清廉潔白で名高くかつ福田勢力と田中、大平勢力の中間に位置する最小派閥の三木氏を総裁に選んだのである。

三木氏は一九七二年四月訪中した際、周総理に「もし自分が首相になるようなことになれば、必ず中国との国交回復を実現させる」と表明した。その後佐藤氏が辞任し、田中氏と福田氏が自民党総裁の椅子を争ったとき、三木氏は中日国交正常化を主張する田中氏を支持した。そして田中政権のもとで副総理を務めたが、その後彼は田中氏に不満を抱き、一九七四年七月副総理を辞任した。「田中金脈」問題が明るみに出ると、三木氏は福田氏とともに田中氏に大攻勢をかけ、その結果、三木氏は首相の座を射止めたのである。

三木氏は首相になると、国会における施政方針演説で「中日平和友好条約締結の促進」を表明した。さらに一九七五年一月、中国駐日大使の陳楚との外務次官東郷文彦によって、「友好条約」のための予備交渉が開始されたこともあり、三木内閣期間中に「友好条約」は締結にこぎつけられると人々は大いに期待した。

しかし、一方で条約締結に不利な要素も存在していた。三木派は小派閥であり、三木首相は自派だけの力では政権の維持は難しいという状況だった。加えてこの政権は反田中の下にできたものであったため、反田中の有力者、たとえば福田赳夫、椎名悦三郎、灘尾弘吉、松野頼三氏などの親台派が政府と自民党の中枢を占めていた。外相になった宮沢喜一氏は元々大平氏と同じ池田派であり決して親台派ではなかったが、彼は田中、大平氏の敷いた中日関係については消極的であった。

このような三木内閣の特徴を知って、鄧小平は、三木が政権に就いて間もなく中国を訪れた前国務大臣保利茂等の政治家に対し、三木を支援、激励し条約締結を実現するよう要請した。日本の政治家を前に、鄧小平は次のように述べた。

「日本と友好を進めるという方針は毛沢東主席が決定したものであり、周恩来総理の指導のもとに実現したものです。われわれはこの路線を貫きます。われわれは一貫して、田中前首相、大平前外相が両国関係の正常化を実現させたという点について高い評価をしています。またわれわれは三木首相、宮沢外相が、「共同声明」の路線を貫くという決意を表明されていることを嬉しく思っています。

われわれは、日本の絶対多数の政治家と日本の人は、三木首相と宮沢外相がこの格線を貫徹することに賛成していると確信しています。もちろんすべてが必ずしも順調に進むとは限らないということも理解しています。曲折は必ずあるものです。しかし日本には過去にも現在にも、また将来にもいるであろうこの路線に賛成せず後戻りさせようとする人が過去にも現在にも、また将来にもいるでしょうが、そういう人は少数だと思います。」

続けて鄧小平は、「友好条約」について次のように述べた。

「すでに条約についての話し合いは始まっていますが、交渉の過程である種の抵抗に遭うかもしれません。しかし日本の大多数の政治家は、ご在席のみなさんを含め三木首相を支持してこれを制圧すると信じています。保利茂先生、もし条約締結に抵抗する人に会う機会がありましたら、どうか彼らに伝えてください。中国の方針は、双方が真剣かつ真面目に交渉することであり、お互いがこの態度で臨むなら条約の締結は決して困難ではありません。」陳楚大使と東郷外務次官の条約予備交渉は、一九七五年一月から五月まで二〇回に及んだ。交渉では、「共同声明」に謳われている「反覇権」条項を条文の中に書き入れることについて激しい論争が起こり、交渉は暗礁に乗り上げてしまった。中国側の考え方は、反覇権の問題はすでに『共同声明』に明記されている問題であり、今後当然執行すべきことである。したがって、『友好条約』に必ず書き入れるべきである」というものであった。日本側は、「覇権」という言葉は余りなじみがなく、外交用語としても「慣習」にない。さらに、「友好条約」は両国関係についてのもので、第三国に対し、あるいは第三国におよぶものではないという理由で条文に書き入れることに反対した。

日本側がどうしてこのような態度を取るのか。それは前に述べたように、自民党内の親台派が足を引っ張っているからであり、もうひとつは三木首相の優柔不断の態度であった。さらにもうひとつの重要な原因は、ソ連による重大な妨害であった。ソ連の駐日大使トロヤノフスキーは椎名悦三郎氏に会い、中日の条約交渉について強い不安と関心を示した。椎名氏はトロヤノフスキーとの会談の内容をマスコミに暴露した。その後グロムイコ外相は日本の駐ソ大使に会い、「反覇権」条項を条文に入れることは「反ソ」であると語った。またブレジネフ書記長は、三木首相に親書を送り、自ら圧力をかけたのである。

このような状況のもとで、三木氏はますます優柔不断になっていった。しかし一方で、中国政府や日本の民間団体の批判によって、また三木派の議員からでさえ批判が出るにおよんで、三木氏は条約締結促進の意向を明らかにし六月下旬、以下の点を表明した。それは第一に「友好条約」は特定の第三国を対象にしたものではない。第二には、反覇権の原則は、国連憲章および平和共存五原則と同じ一種の普遍的原則である、というものであったが、もし中国側がこの意見に同意するなら、反覇権を条文の中に書き込んでも良いというものであった。中国側は、このように反覇権を有名無実にするようなやり方には賛成できないことを表明した。

以上のような双方の相違をにらみながら、鄧小平は四月から七月にかけて、日本の賓客に対し重ねて中国の反覇権に対する態度と考え方について説明した。

鄧小平は四月一六日、創価学会の池田大作会長と会見した。その席で鄧小平は、「覇権を行うということは、他国を侵略し、奴隷にし、支配し、いじめ、侮辱することだ。中日両国国民にとって、反覇権は何ら問題はないはずである」と述べた。さらに、「友好条約」に明記する反覇権には二つの意味が含まれるとし次のように指摘した。

一、中日両国は、アジア・太平洋において覇を唱えない。これはわが方の行動を律するものであり、日本にとっても、歴史に鑑みアジア各国との関係を改善する上で有利且つ必要である。

二、すべての国家、あるいは集団がこの地域で覇権を求めることに反対する。現在、超大国が覇を唱えていることは明確である。

鄧小平はまた次のように指摘した。「日本が覇権条項を『友好条約』に入れることに反対しているのは、米ソ両超大国の機嫌を損ねることを恐れているからであろう。その実、反覇権条項は米国人が『上海コミュニケ』に書き入れたものであり、はっきりいうとソ連の機嫌を損ねることを怖がっているのだ。それでは、中日両国人民はソ連がアジア・太平洋地域において覇権を求めるのを願い、喜ぶとでもいうのだろうか。少なくともこの条項を書き入れることは、日本が北方領土問題を解決するのに有利である」

そしてまた、鄧小平は、「友好条約」は正式な外交文書であり、覇権条項は書き入れることはできないとか、覇権条項を書き入れることは第三国の内政に干渉することになるなどの理由にならな表現について反駁した。

鄧小平は、池田大作会長に次のことを三木首相に伝えてくれるよう要請した。「われわれは首相に勇気を出し決心を固め、「共同声明」の原則を堅持することを期待している。このような行動を取る首相は中日両国人民の間に威信を高めていくことになるだろう。反覇権問題は技術的な問題ではなく原則問題であり、中国は覇権条項を条文に入れないということに同意することはありえない」

また鄧小平は、創価学会や公明党が条約締結を促進するために、大阪で集会を行ったことに対して感謝の意を表明した。その後鄧小平は日本記者協会訪中団と会見し、「友好条約」の締結について語った際、特に政治的視点から締結問題を解決し、外交辞令、外交策略など弄すべきではないことを指摘した。

九月、中国の喬冠華外交部長は国連総会に出席した際、日本の宮沢喜一外相の求めに応じニューヨークで会談を行った。会談の中で宮沢氏は、反覇権条項に関する三木首相の意見を以下の四つにまとめ説明した。

一、反覇権は特定の第三国に対するものではない。

二、「共同声明」第七条の覇権条項から後退するつもりはない。しかし、反覇権で中日両国は共同行動を採らない。

三、反覇権は「共同声明」で挙げたアジア・太平洋地域に限らず、世界のあらゆる地域に適用する。

四、反覇権は国連の精神と一致するものでなければならない。

以上の四カ条は後に「宮沢四原則」と呼ばれたが、その核心は両国がすでに一致して同意した反覇権条項に必要もない解釈を加えることであり、特にソ連の覇権に対し反対することを避けるということである。喬冠華外交部長はこれに対し批判、反発した。会談の後、宮沢外相は記者会見で、「中国側は日本の条約に対する考え方についてなお理解していないようで、交渉の再開は困難であり、両国外相の相互訪問は不可能だ」と述べ、交渉再開の意思のないことを明らかにした。

これらの状況を考慮して、鄧小平は一〇月三日、三木首相の伝言を持って訪中した小坂善太郎氏に会い「われわれと多くの日本の友人は「友好条約」の早期締結を希望しているのに、日本政府の態度は不誠実である」と指摘した。そして「三木首相もわれわれの古い友人であり、私は個人的には三木首相が『共同声明』の立場さえ堅持できないのは理解に苦しむ。日本政府が物事を決める際、果たして三木首相が決めるのか、それとも灘尾、椎名氏、或いは宮沢外相が決めるのか。宮沢外相については、ニューヨークで喬外交部長と会談した後記者会見で述べたことは、事実を歪曲したものである。何度もいうようだが、中日関係は政治的視点から考えるべきで、外交辞令、外交手法といった面から考慮すべきでない。宮沢外相は外交手法を考えてボールを中国側に投げたようにいっている。協議が妥結しない場合、日本には責任はないということらしい。三木首相は古い友人なので率直に申し上げるが、政治的視点から考え、長期的展望に立つよう希望する」と述べた。小坂氏は、三木首相から中国側へ伝えてほしいと頼まれた三点を披露した。それは

一、日本の中国に対する親近感は絶大で、ソ連へのそれとは比較にならない。

二、条約締結を希望する。この件でみぞやわだかまりを残したくない。

三、双方が反覇権条項の理解で一致を見れば、条約の中でどう処理するかの手順は見つけ出すことができるというものであったが、これに対し鄧小平は「ニューヨークで宮沢外相は喬部長に似たようなことを言ったが、これに対して喬部長は正式に回答したはずだ。いま、双方の立場ははっきりしている。要するに決断の問題である。」と述べた。鄧小平はまた小坂氏に対し、「日本の何人かの外交家は、条約は政府がやるものだと言ったが、見るところやはり民間による推進運動が必要のようだ。この面で、先生は多くの仕事ができると思う。」と述べた。

一一月中旬になって、中国政府は三木氏と宮沢氏が協議して作成した条約草案を受取り、同時に日本側は条約交渉再開同意の意向を伝えてきた。しかし、一九七六年に入ると、周恩来総理(一月)、毛沢東主席(九月)が相次いで亡くなっ

た。そして鄧小平も再び職務を剥奪されてしまった。一〇月になり「四人組」は打倒されたが、中国は国内問題に追われていた。日本側も、三木政権は二月以降ロッキード事件にからんで、福田派・田中派との権力闘争を激化させていた。

こうして条約締結問題は再び置き去りにされてしまったのである。

一秒あれば解決できる

一九七六年一二月、三木首相は辞任した。代わって登場したのは福田首相であった。福田氏は田中、三木両首相のやり残した懸案を処理しなければならなかった。もちろんこの中には「友好条約」締結問題が含まれていた。

一九七七年一月、参議院議長の河野謙三氏、公明党委員長の竹入義勝氏らが訪中したが、福田首相は彼らに、中国側の「友好条約」に対する態度に変化があるのかどうかを確かめてきてほしいと要望した。それと同時に「友好条約」問題に関する自分の考え方を中国側に伝えるよう頼んだ。

福田首相の考え方は次の二点であった。まず忠実に「共同声明」を遵守すること、そして中日双方が意見の一致を見るならば速やかに「友好条約」を締結することであった。福田首相は一月の国会における施政方針演説において、「友好条約」問題について「中日平和友好条約についていえば、両国は一致して速やかに締結したいという願望をもっている。日本政府はさらに努力し、双方が満足するという状況のもとで目標の実現に努める」と述べるとともに外相の鳩山威一郎氏も外交演説の中で同様のことを述べた。

同年三月、中国外交部の官員が日本大使の小川平四郎氏に会ったとき、小川氏は福田首相の「友好条約」に対する三項目の意見を中国側に正式に伝えた。それは、

一、中日関係は順調に進展しており、これは大変喜ばしいことである。

二、「共同声明」は忠実に実行する。

三、中日双方が満足するという状況の下で速やかに「友好条約」交渉を進める。

という三点であった。しかし、これは今まで言ってきたことを繰り返し述べたに過ぎず、外交上はなんら新たな行動をとっていなかった。

このような福田首相の「口だけで行動しない」態度に対し、日本の「友好条約」締結を熱烈に支持する各界の指導者や大衆団体は不満を示し、福田政府に対し速やかに「友好条約」締結を要求する国民運動を展開した。三月一一日には「中日平和友好条約推進委員会」が成立、三月二〇日には日中協会会長の茅誠司氏らが福田首相に会い、「条約締結問題は国家間の信義の問題であり、国民の大多数は速やかな締結を望んでいる」と訴えた。また翌日には、中日友好議員連盟が総会を開催、この総会には四九六名が参加し、速やかに「友好条約」を締結するよう政府に要望するという決議を採択した。そして、六月六日には日本社会党が衆議院に「友好条約」締結促進決議案を提出した。

七月中旬、鄧小平が失脚以前に担当していた党、政、軍の指導ポストに復帰した。このことは、わが国にとっては「友好条約」締結を目指す上で有力な指導者をえたということである。復活した鄧小平は早い動きを見せ、九、一〇月に自民党の浜野清吾氏、新自由クラブの河野洋平氏と自民党の二階堂進氏が率いる三つの代表団と会見し、「友好条約」締結問題について話し合った。

浜野清吾氏は新任の日中友好議員連盟会長である。浜野氏は熱情をもって次のように発言した。「現在中日友好議員連盟に参加している議員は五二五名で、これは国会議員の半数を超えています。それぞれ別の党派に属していますが、われわれはこの組織の力で各方面に働きかけ、またあらゆる機会を利用し、さまざまな方法で日本政府に働きかけ、一日も早い条約締結を目指す決意です。われわれはこのような努力を重ねれば、必ず目的を達成することができると確信しています。福田首相は条約を締結しなければならない状況に追い込まれています」。

鄧小平は浜野氏に感謝の意を表し、次のように語った。「議連の五〇〇余名の方々の大きな努力に心より感謝します。私はこの五〇〇余名の方々の努力は、両国人民の願望に沿うものであり、中日両国の長期の利益に合致するものだと確信します。福田先生の今までの立場について私たちは了承しています。彼がすでにこの問題をやるといっている以上、私たちは彼がこの面で貢献されることを期待するだけです。もちろん福田先生はご多忙で、またこれは各方面にまたがる問題です。しかし私にいわせれば、これはただの一秒あれば解決できる問題です。一秒というのは二文字です、つまり〝調印〟です」。

鄧小平のこの言葉はすぐに日本に伝わった。日本の中日友好の路線を堅持する活動家は、中国が福田首相に対し前向きの姿勢を示し、さらに福田首相の「一秒」を待つとともに、中日国交正常化五周年の記念事業と合わせて、「友好条約」の早期締結を要求する運動が新たな高まりを見せることに期待を寄せていることを知った。

九月二九日、日中協会、日中友好議員連盟、総評等の四三団体は、東京の日比谷公会堂で「条約促進国民大会」を開催した。挨拶に立った浜野氏は、鄧小平との会見の精神に基づいて「平和憲法を擁している日本としては覇権を拒否することは当然であり、政府は即刻決断すべきである」と述べ、社会党の成田委員長は「条約の締結は歴史の潮流に沿ったものであり、誰も軽視することはできない」と述べた。その後多数の発言があり、最後に決議が採択された。決議は次のように述べている。「国民の同意はすでに取れている。問題は福田首相の決断である。迅速に決断し、即時条約を締結するべきである」と。

その後、日中協会主催の中日国交正常化五周年記念大会が開かれた。衆参両院議長の保利茂、安井謙、社会党委員長の成田知巳、公明党委員長の竹入義勝、民社党委員長の春日一幸の諸氏や日商会頭らの「包囲」の中で出席した福田首相は、次のように表明せざるをえなかった。「日中間にはなお最大の懸案が残っている。私は一刻たりともこのことを忘れたことはない。私は両国民が心から祝賀するという状況下で締結したいと思う。これは私の考えであると同時に、政府の考え方でもある」。

十月二〇日には、訪中歴のある自民党議員一〇二人が、小坂善太郎氏を会長とする「日中条約促進協議会」を結成した。また、訪中し鄧小平と反覇権条項について突っ込んだ話し合いをした二階堂進氏は、帰国後福田首相にその模様を報告した。鄧小平は条約問題について「福田首相は条約締結問題で決断しましたか」と聞いてきたと福田首相に伝えた。このように正に浜野清吾氏が言うように、中日友好を堅持する日本の政治家は「あらゆる機会を利用し、さまざまな方法で政府に決断を迫った」のである。

ちょうどこの時期に私は外務省の招きにより中国外交部新聞局の王珍と中国新聞代表団を率いて訪日した。日本滞在中、私たちは政府、政党、財界とマスコミ界のリーダーたちと会ったが、必ず「友好条約」締結問題について意見を交換し、鄧小平の「一秒あれば締結できる」という考え方を紹介した。

私たちは福田首相を表敬した。約一時間懇談したが、その中では主に「友好条約」締結と反覇権条項問題について話し合った。他に中国の四つの近代化についても話題になったが、福田首相は中日友好を強調し、「『友好条約』締結問題については、両国民がともに祝福するという状況下で締結したい」とこれまで何度も述べてきたことを繰り返した。そして福田首相は私たちの懇談が終わる間際に「中日両国は運命共同体であり、ともに同じ船に乗っている」と一言付け加えた。はたして福田首相首相は決断の方向に前進しているのだろうか。これに対して、浜野氏は「焦らないでください。私たちは必ずテーブルのような大きな餅を持って中国を訪れ、人民大会堂で赤飯と一緒に食べられるようにしますから」と言った。

福田首相が友人になることを心より希望する

一一月二八日、福田首相は内閣の大改造を行った。最も重要なことは、官房長官だった園田直氏を外務大臣に、安倍晋太郎氏を官房長官にしたことである。この二人の大臣はともに福田派を支えていると自認している人たちである。園田外相は鳩山内閣時代に外務政務次官を務め、五〇年代に中国を訪問したことがある中国の古い友人といえる人である。安倍氏は岸信介元首相の女婿であり、岸氏も福田首相も将来の首相として育成してきた人である。この二人を内閣に配したことは福田氏が中国と「友好条約」締結をするためであり、自民党および福田派内の多くの台湾派の反対に対して説得を行うためには必要なことであった。

福田首相は政府内の人事異動を行った後、決意をもって「友好条約」締結交渉を再開させるために、主として以下の三つのことを行った。それは、

一、党内、派内の「友好条約」締結反対のタカ派、台湾派、青嵐会会員に対し説得を行い、岸信介氏を含め「友好条約」交渉は再開せざるをえないということを感じさせたこと。

二、中国駐在の佐藤正二大使に、中国外交部の関係者と非公式の接触、協議を行い、「友好条約」の正式交渉再開の時間、方法と段取りについて話し合うよう指示を与えた。これによって二月四日から非公式な接触と協議が始まった。

三、交渉実現のために、福田首相は交渉に対する自分の考え方を中国に伝えたことがあるが、双方の協議を経て、非公式の接触と協議は一九七八年二月四日から始まった。

三月八日、公明党は矢野絢也氏を団長とする代表団を訪中させることを決定した。竹入義勝氏は矢野氏に同行し、訪中の挨拶のため福田首相を訪問した。福田首相は園田外相、安倍官房長官を同席させ、矢野氏と二回会談し、佐藤大

使と韓念龍が接触したときの状況、そしてこれまでの「友好条約」締結問題の経過について説明した。そして矢野氏に対し、自分のこの問題に対する二つの意見を中国の指導者に伝えてくれるよう依頼した。

矢野氏の訪中は、中日友好協会の招請によるものであった。したがって、矢野氏訪中後一一日に行われた第一回会談と招宴は私が主催した。会談の中で、矢野氏は福田首相の二つの伝言を私に伝え、中国の指導者に伝えてほしいと頼んだ。その二点の意見とは、

一、福田首相は「友好条約」締結に熱心であり、速やかに必ず実行するつもりである。

二、日本は、いかなる国とも平和友好でなければならないことを中国が理解することを期待する。

というものであった。会談終了後、私は直ちに福田首相の意見と会談の内容を中共中央と廖承志に報告した。

一四日、鄧小平は人民大会堂で矢野氏一行と会見した。この席で鄧小平は、中国の条約に対する態度、特に反覇権問題に対する態度、そして福田首相の二点の意見に対する中国側の回答について語った。鄧小平の話は以下のとおりであった。

――中国側の真意を福田首相に伝えてほしい。本来反覇権条項を含めた「友好条約」は順調に解決されるはずだった。大変遺憾なのは、三木首相が登場してからこの格好の機会を生かすことができなかったことである。三木氏は反覇権問題だけを持ち出し、その結果本来は問題にならないものを問題にしてしまった。本来論争する必要もない枝葉の問題を、必ず解決せねばならない原則問題としてしまったのである。本来ソ連は、この問題について口を出せなかったのである。しかし三木氏のこのような態度を見て、この時とばかり圧力をかけてきた。本来右翼にも口を出せなかったのが、後からこの問題は彼らに格好の攻撃材料にされてしまったのだ。問題にならないような問題である反覇権がここまで問題化されたからには、「友好条約」締結時に是非ともはっきりさせておかねばならない。中国側が提起して

いる反覇権条項案は、ほとんど「共同声明」の反覇権条文と変わらないものである。ひとつだけ違うのは、冒頭「共同声明」では「中日国交正常化は、第三国に対するものではない」となっているが、「友好条約」案では冒頭「締約国双方が中日平和友好関係を樹立、発展させることは、第三国に対するものではない」とし、後は「共同声明」と完全に同じである。

これに対し、矢野氏は鄧小平に次のように質問した。

――福田首相が提起した、いかなる国とも平和友好であらねばならないという日本の基本的立場を、中国は理解してほしいということに、中国は理解を示したと理解しても良いのか。

矢野氏の質問に対し、鄧小平は次のように述べた。

――いかなる国も平和友好を望んでいることは理解できる。わが国もそうである。反覇権条項は、決して他の国と平和友好であってはいけないという性格を持つものではない。問題は、もしソ連が横暴非道なことをし覇権行為を行うなら、誰が彼らと平和友好を発展させるというのだろうか。もし中国が東南アジア、あるいはアジア地域で覇権行為を行うなら、誰がわれわれと友好関係を結ぶだろうか。この問題はもうこれ以上説明する必要はないだろう。

続いて、矢野氏は別の質問をした。

――日本の外務省の一部の人は、「友好条約」の冒頭に「本条約は、中日平和友好の発展を目的としたもので、第三国に対してのものではない」という言葉を書き入れることを強く希望しているが、閣下はどう思われるか。

この質問に対し、鄧小平は次のように答えた。

――これは逆に問題を作り出してしまいかねない。どうか福田首相、園田外相に伝えてほしい。ソ連はもともとこのカードも持ちあわせてはいなかった。これは三木首相が彼らに与えたのだ。あなたがこの問題で軟弱になればなるほど、彼らは図に乗ってくるのである。

矢野氏はまた次の質問もした。

——中国側は、福田首相が早く決断してほしいと希望しているが、この「決断」の意味は何か。

鄧小平は次のように答えた。

——とても簡単な事である。「共同声明」から後退せず、少しでも前進すべきであること。前進できなくとも、少なくとも後退しないこと。もし福田首相が「共同声明」の立場から少しでも前進することができたら、中日友好関係史に彼の名前が書き込まれるだろう。そして後の世代は彼を讃えるに違いない。これが偽らざる私たちの見方である。福田首相は中国の古い友人ではない。過去における彼と中国の関係は、お互いに知ってのとおりである。しかし福田首相に会ったら、これらの問題についてわが方は意に介していない、われわれは福田首相、園田外相が田中首相、大平外相と同様に、われわれの友人になられることを心から希望すると伝えてほしい。

それから一二日後、鄧小平は飛鳥田一雄委員長率いる社会党第八次訪中代表団と会見した。席上、鄧小平は「友好条約」締結問題にふれ、次のように述べた。

——これは大勢の趨くところであり、現在の問題は依然として福田首相の決断である。ソ連の機嫌を損ねることを恐れることはない。調印してしまえば、彼らは何もなす術はない。

鄧小平は社会党が大衆の中で多くの仕事をし、「友好条約」締結を促進したことを称賛した。

飛鳥田氏は鄧小平に訪日の招請をした。が、それに対し鄧小平は「私はこれまでも言ってきたが、福田首相が決断すれば必ず東京に行く」と述べた。

矢野氏と飛鳥田氏は帰国し、福田首相に会ってこれを伝えた。このことが福田首相の決断と交渉再開にとって促進的役割を果たしたことは明らかである。

以上のことからおおよそ二ヵ月後の五月中旬、福田首相はついに党内のタカ派と親台派の妨害を排除し、「友好条約」交渉再開を決意した。同時に「交渉を再開する以上必ず締結までもっていかなければならない」と表明した。「友好条約」締結問題で福田の決断を促したのは、中国側の「催促」と中日友好を堅持する日本の政治家と人民の「圧力」以外に次のような要因があった。

一、福田氏が首相に就任し、交渉の再開を指示するまですでに一年五ヵ月の時間が過ぎていた。さらに半年過ぎれば、自民党は総裁選挙を迎える。福田首相は本来財政、経済問題が得意であったが、首相就任以来日本国内の財政、経済の困難は解決されていなかった。また「友好条約」問題もこれという進展はなく、このままでは総裁選挙に不利であった。もし「友好条約」の締結にこぎつけられれば、ひとつの大きな実績となり総裁選に有利になることは明らかだった。

二、「四人組」が打倒された後、中国は積極的に四つの近代化建設を進めた。この状況を見て、日本の財界は中国との友好関係の発展と経済交流の強化を望んだ。一九七八年二月、中日両国は長期貿易協定を結び、さらに高レベルの長期貿易協定の締結を目指すことになった。したがって、日本の経済界のリーダーたちは「友好条約」を支持する態度を取ったのである。経団連会長の土光敏夫は、私に対して「日本がいわゆる等距離外交をやることに私は賛成できない」(当時八人の副会長が同席していた)と述べた。このような財界巨頭の意見に対し、福田首相は「聞く耳持たぬ」というわけにはいかなかったのである。

三、中日両国間で「友好条約」交渉が始まって以来、ソ連は一貫して干渉と破壊的態度を取り、日本に圧力を強めてきた。一月末に園田外相はソ連に赴き日ソ定期協議を行ったが、この機会を利用し園田外相はソ連に「友好条約」の性格について説明し、ソ連側の了解を求めた。しかしソ連はすぐに反撃を行った。のちにブレジネフは福田首相に親書を送り、北方領土を議論しないという前提のもとに「善隣協力条約」を締結するよう迫ったのである。この事は福田首相に次のように認識させた。それは「中日は中日」であり、「日ソは日ソ」である。中日関係の処理は単独で考えるべきで、日ソ関係と連動させて考えるべきではないということであるが、これはつまりソ連を恐れないということである。

四、米国は「友好条約」を支持する態度であった。米国務長官バンス、大統領安全保障問題顧問ブレジンスキー等の米高官はいずれも日本に対して、「友好条約」の速やかな締結を勧めた。福田首相が訪米し、ホワイトハウスでカーター大統領と会談した際、カーター大統領は福田首相に対し「平和友好条約はまだ締結してないのですか」と尋ね、覇権条項に関しては「この条項を書き入れるのに何の問題があるのですか」と言った。福田首相がこのような米国の態度を知ったことは、党内のタカ派に対し条約に反対しないよう説得する上で大きな自信になったのである。

福田首相は「友好条約」交渉再開を決定すると、内閣と自民党首脳等の同意を得て、中国駐在の佐藤正二大使に中国外交部に対し正式交渉開始の申し入れを行うよう指示した。同時に中国側に対し日本側の交渉団長は佐藤正二大使であり、六月の後半に交渉を開始したいという日本側の希望を伝え、中国側の意見を求めるよう指示した。中日双方は協議を経て七月二一日から交渉を開始させることを決定。そして中国側の交渉団長は外交部副部長の韓念龍に決まった。

共同で歴史的事業を完成する

代表団間の交渉は計一五回行われた。第一回、第二回の交渉では、主として双方がそれぞれ自国の外交政策と「友好条約」に対する見解を述べ、早期解決の希望を表明した。同時に、日本側は「友好条約」の日本案を中国側に提出した。第三回交渉に入り、主な焦点は論争中の「覇権条項」となった。日本側は、この条項に「特定国家に対してのものではない」か「第三国に対してのものではない」と付け加えることに強くこだわった。討議を通じわが方は「条約は覇権を求めない第三国に対してのものではない」と付け加えることを提案した。しかし双方とも相手側の提案に同意しなかった。

第八回交渉を終えた八月一日の夜、首都体育館で建軍記念日の文芸発表会が催された。私は発表会を見た後、同体育館会議室で会議を開くので参加するよう通知を受けていた。この会議とは中共中央政治局常務委員会の会議であり、「中日平和友好条約」締結問題を討議するため開くものであった。この会議には常務委員以外に外交部長の黄華、同副部長の韓念龍、同アジア司局長の沈平、駐日大使の符浩等と私が出席した。会議では韓念龍がこれまでの八回にわたる交渉の経過について説明し、「現状では反覇権条項をめぐる論争による硬直状態を打開するに至っていない、しかし双方には新たな対策を出す考えであり、日本側に交渉を中断するような素振りは見られない」と報告し、さらに努力を続けて双方が受け入れられる案を提出した。討議後鄧小平が「代表団は最終的な妥結を目指し、さらに努力を続けるように、また交渉の中断、決裂は両国関係の発展に不利であるが、もちろん、努力にもかかわらず妥結に達しない場合のことも考えておかなければならない」と語った。

八月二日、第九回交渉が行われた。この中で日本側は「いかなる具体的国家に対したものではない」という意見を出してきたが、中国側はやはり受入れることはできなかった。そして第一一回の交渉において、日本側は福田首相の意見を聞き具体的な指示を仰ぐため、代表団の一員である外務省アジア局長の中江要介氏を一時帰国させることを表明した。同時に中日双方は協議の上、中江氏が帰国中も代表団会議を継続させることにした。

八月五日、中江氏は東京に帰り福田首相に交渉の経過報告をした。福田首相は代表団レベルの交渉はすでに最終段階に入ったと判断し、園田外相を北京に派遣し外相級の政治交渉を行わせることを決定した。福田首相がこの任務を直接園田外相に伝えると、園田外相は涙を流した。というのは園田外相は就任以来、自ら北京に赴いて「友好条約」締結問題を解決したいと思い続けていたのである。そしてついに福田首相の許可が出たのである。この後、福田首相は園田外相、安倍官房長官、外務省の関係者とともに「友好条約」の最終的譲歩案について協議し確定した。この譲歩案は二案準備され、第一案は、反覇権条項を条約の中に入れ、同時に「この条約は締結国それぞれが第三国との立場に影響を与えるものではない」と書き入れるというものであり、第二案は、反覇権条項を書き入れると同時に「両締結国は第三国の利益を損ねる意図はない」と明確にするというものであった。

八月八日夜、園田外相は北京に到着した。翌日、中日双方は外相級の政治会談を行うことになった。会談を前に佐藤大使は園田外相にこれまでの経過を報告したが、その中で佐藤氏は外務省の二つの譲歩案について、中江氏が帰国後おこなわれた第三回代表団級の交渉の中ですでに中国側に提示してしまったことを報告した。このことによって、園田外相は交渉が暗礁に乗り上げたとき使うことになっていた「隠し玉」を失ってしまったのである。こうした事から園田外は、明日の政治会談ではこの新しい日本案については触れず、佐藤氏が代表団級の交渉を続けて行うことを決定した。

八月九日、外相級会談が二回行なわれたが、午前中の会談では主として園田外相が発言し、日本の外交と反覇権に関連した政策問題について説明した。中国側の黄華外相は日本の案文について園田外相の考え方をたずねた。それに対し園田外相は具体的に答えず、「自分は交渉の成功促進と調印のために来たのであり、具体的案文に関しては代表団間で継続して協議をすべきだ」と述べ、また将来中国が強大になったら覇を唱えるか否かなどの問題について中国側に質問した。

午後の会談では主に黄華が発言した。黄華はわが国の反覇権の態度について述べ、併せて園田外相のいくつかの質問に答えた。黄華の発言で最も重要なのは、中国側は日本が提出した二案のうちの第一案に同意すると答えたことである。こうして双方は韓念龍と佐藤正二が再度会談し、条文および字句の確定について話し合うことを決めたのである。

この日の晩の園田外相歓迎宴は熱烈なものだった。

八月一〇日午後、鄧小平は園田外相および日本側交渉代表団全員と会見した。席上、鄧小平は主に以下の問題について話をした。

鄧小平はまず、園田外相が「平和友好条約」締結問題で積極的かつ確固たる立場を取ったことを称賛し、園田外相が自ら訪中し、直接会談に参加することにより合意に達することができたことに対し感謝を表明した。続いて鄧小平は中日両国の交流の歴史にふれ、次のように述べた。「中日両国には二〇〇〇年の友好往来の歴史がある。そのうちごく短期間だけうまくいかなかった。今後、われわれの友誼は過去二〇〇〇年の歴史を越えなければならない。国交回復は少し遅れたが、回復以降の両国関係の発展は決して遅くない。両国の人民は一日も早く「友好条約」を締結し、両国の友好関係をさらに確実なものとするよう希望している。しかし、少し時間を無駄にしてしまった。われわれは最後の一歩を完成させなければならない。」

鄧小平は条約について次のように語った。

――「友好条約」の中心的内容は反覇権である。反覇権は第三国に対してのものではないが、覇権行為を行った者、戦争を発動した者には誰であれ反対する。これは第三国だけではなく自らに対してもそうである。今度の反覇権条項は、文字の上で若干の修正を行ったが、精神の中核部分については堅持したといえる。私は園田外相の意見に賛成である。

つまり、この文献は両国の過去に対する政治的総括であると同時に、両国関係発展の新たな起点でもある。

また鄧小平は今後どのような方法と態度で、両国の間の諸問題を処理してゆくべきかについても次のように語った。

――当面の国際情勢の中で、中国は日本の援助を必要としている。同時に、日本も中国の何らかの援助を必要としていると確信する。両国間には問題がないわけではない。たとえば、日本がいうところの尖閣列島、中国では釣魚島と呼ぶが、この問題もあるし、大陸棚の問題も存在している。日本では一部の人がこの問題を利用して「友好条約」の調印を妨害した。わが国でも調印を妨害した人がいるが、例えば私たちのなかに米国に留学し、米国国籍に入った華僑の中にも、台湾にもこの島を守りたい人がいる。このような問題については今突き詰めない方がよい。「平和友好条約」の精神で何年か脇に置いておいても構わない。何十年経ってもこの問題が解決されなければ友好的につきあいができないわけではないだろうし、この「友好条約」が執行できないわけでもないだろう。釣魚島（尖閣諸島）問題は脇に置いてゆっくり考えればよいではないか。両国間には確かに問題が存在する。両国は政治体制が異なり置かれている立場も違う。よってすべての問題で意見が一致するのは不可能である。しかし同時に両国間には共通点も多い。要するに、両国は「小異を残して大同を求める」ことが重要だ。われわれはより多くの共通点を探し、相互協力、相互援助、相呼応する道を探るべきである。「友好条約」の性格はつまりこのような方向を定めているのである。まさに園田先生のいう新たな起点である。

鄧小平が触れた釣魚島（尖閣諸島）の問題に対し、園田外相は次のように述べた。「この問題について日本国の外相としてひとこと言わなければならない。尖閣列島に関して、日本の立場は御存知だと思う。今後このような『偶発事件（中国の漁船が一度釣魚島の海域に入ったことを指す）』が起こらないように希望している。」この園田の発言に対し、鄧小平は「私にもひと言いわせてもらいたい。このような問題を脇に置いてわれわれの世代は問題の解決方法を見つけていないが、われわれの次の世代、その次の世代は、必ず解決方法を見つけるはずである。」

さらに鄧小平は園田外相に対し、「中ソ友好相互援助条約」の前途について質問した。これは園田外相が黄華外相との会談の中で提起したもので、日本ではタカ派と親台派がこの問題を利用して「友好条約」締結に反対してきたのである。

鄧小平は「中ソ条約」について次のように述べた。

――私は正式に日本政府に次のように言うことができる。この条約はすでに効力を失った。ではなぜ中国はある種の形式をもって発表しないのかといえば、それはわれわれがこのことをまったく重要視していないからである。この「中ソ条約」には次のような規定がある。もしこの条約を破棄しようとするなら、条約期限満了の一年前までに破棄宣告をする。来年はちょうど期限満了の一年前であるので、われわれは何らかの形式で破棄を表明するつもりである。

会談終了前、園田外相は日本政府を代表し、鄧小平の訪日を招請した。鄧小平は喜んでこれを受けることを表明し、双方は協議した結果、「友好条約」批准書交換の際に鄧小平が訪日することに決定した。

八月一二日、中日外相は再度会談を行った。双方は両国代表団が話し合い確定した条約文および字句の翻訳について確認し、これをもって交渉はすべて完了したことを認め合った。

この日の午後、人民大会堂において盛大な調印式が行われた。調印式には華国鋒総理、鄧小平副総理等が出席した。黄外相と園田外相がそれぞれの国を代表して「友好条約」に調印し、両国首相は互いに祝電を寄せ祝った。

「友好条約」は前文と五項目の条文から成っている。前文では「共同声明」の諸原則を厳守することを確認している。条約の規定によれば、「友好条約」は締結国双方が平和共存五原則を基礎として、両国間の恒久の平和友好関係を発展させる決意をすると規定している。そしてすべての紛争は平和的手段によって解決し、武力や武力による威嚇を用いないと定めている。さらに「友好条約」は、ひきつづき経済および文化面での協力を行い、両国民の往来を促進させるために努力すべきことを規定している。

また双方は「友好条約」の中で、どちらもアジア・太平洋地域あるいはその他すべての地域において覇権を求めるべきではなく、いかなる地域の国家、国家集団が覇権を確立することにも反対すると表明している。同時に「友好条約」は、締結国と第三国との関係に影響を与えるものではないことを文章で明らかにしている。

九月一日、中日友好協会など一一団体は人民大会堂で宴会を催し「友好条約」の締結を祝った。この祝賀宴には中日双方の友好人士二五〇〇人余が出席した。日中友好議員連盟祝賀訪中団の団長浜野清吾氏は大量の餅を北京に運び込んだ。宴席でわれわれはともに祝賀の餅と赤飯を食べ、「友好条約」締結を祝ったのである。

二日後、鄧小平は浜野清吾、藤山愛一郎、鯨岡兵輔、岡崎嘉平太氏等四組の祝賀訪中団と会見した。鄧小平は彼らの顔を見ると、「友人が大勢いますね。心より歓迎します。条約は締結できました。これは中国人民のみならず、日本人民と沢山の友人が長年にわたり奮闘した結果実現したものです。中国人民の立場から、皆さんの努力に心から感謝します。」と述べた。そして「友好条約」締結の深い意義について次のように述べた。

——「友好条約」締結によりわれわれ両国は政治的な条約を持つこととなった。このことはわれわれの間の友誼を一層深め、両国関係の中の政治、経済、文化を含む各分野の発展を促進した。次に「友好条約」締結により日本と中国は覇権主義に反対する能力を強化した。このことは中日両国の利益に合致するばかりでなく、アジア・太平洋および他の地域の平和と安全、安定に寄与するものである。したがってこの「友好条約」は世界の平和と、そして世界の覇権主義反対にとって、たいへん深い意義を持つものである。

一〇月二二日から二九日まで、鄧小平は日本政府の招きによって正式に日本を訪問した。これは中国の最高指導者としてはじめての日本訪問である。鄧小平は日本滞在中、福田首相とともに「友好条約」批准書交換式典に出席した。これによって「友好条約」は発効したのである。日本滞在中鄧小平は天皇、皇后両陛下を表敬した。同様に福田首相とは十分突っ込んだ話し合いを行った。また鄧小平は中日友好のため長年努力された各界の友人とも会見した。今回の訪日については、鄧小平が自ら語っているように「喜びの気持ちを持って東京を訪れ、喜びの気持ちを持って北京に戻る」というものだった。

時間の経つのは本当に早いものである。すでに「友好条約」締結から二〇年が経ち、また「友好条約」締結を指導した鄧小平が私たちの前から去ってから一周年を迎えた。ここにこの文章を送り、両国の世々代々の友好の基礎である「友好条約」締結二〇周年を記念するとともに、われわれの敬愛する指導者鄧小平を記念したいと思う。

（『回想鄧小平』上册 一九九八年二月版　西園寺一晃訳を参考）

三、中日国交正常化の総仕上げと華国鋒訪日

――華国鋒首相の訪日の意義について。

張　この訪日は儀礼的なものでなく、相互理解を深め、友好関係を発展させ、合作・協力を拡大し、友好の橋を一層強固にする目的を持っている。八〇年代、大平首相訪中は二一世紀に向かって進む中日関係に新しい歴史のページを記したが、同様に華首相訪日は未来に向かっての中日関係に新しい歴史の一章を記すものだと思う。

――中日関係はやっと相互に首相訪問が実現する時代を迎えたが、ここまでにいたる道のりは大変長かった。中日関係の橋渡し役を長年務めた回想を聞きたい。

張　郭沫若先生は中日国交回復の際、こんな祝いの詞(ことば)を述べておられる。

「玉帛(まじわり)は二〇〇〇の歳月(としつき)、干戈(たたかい)は八〇の春秋」

私の若いころは干戈の時期だった。だが当時私は、中日戦争が両国を改造するに違いないとの毛沢東主席の指摘を信じていた。四九年に中華人民共和国が成立してから七二年の中日国交回復までの期間に、両国間に三つの困難な問題が発生した。第一は、五〇年代初期、日本が蒋介石との間にいわゆる「日華条約」を結び、中国と敵対関係になったこと。第二は、岸内閣の成立で鳩山、石橋両首相時代の対中国交樹立の前向き姿勢が後退したこと。第三は中国で文化大革命がはじまり、林彪・四人組の極左路線によって党の路線と政策がかく乱されたことだ。

国交回復時私は「中日共同声明」起草グループにあって、田中元首相が開いた答礼宴で飲んだ日本酒の味は一生涯で一番おいしいものだった。

——中日間の人事往来についてうかがいたい。

張　昨年、日本から中国へ来た人は約一〇万人、中国からは一万人が訪日、在日留学生も五〇〇人に達した。これからはより多くの研修生を派遣したいと考えている。両国とも青年の相互訪問に力を入れるべきだと思う。友好的往来をさらに進める上で改革する点がある。最近政府間訪問では答礼宴をなくしたが、これは民間の訪問団の場合もそうすべきだ。相互の贈り物もやめる方がよい。儀礼的な手続き、しきたりをやめ、簡素化し、のびのびと家庭的な雰囲気の中でお互いにもてなすようにすべきだ。

——今後の経済交流について、日本への期待はなにか。

張　昨年の中日貿易は六七億ドルに達し、中国の対外貿易の中で対日貿易は首位を占めている。中国は近代化を進めるうえで日本からの先進技術を導入する必要がある。一方中国は資源に乏しい日本へ資源を提供できる。中国の石油埋蔵量はまだ探査が終わっていないので確実な数字はいえないが、石炭は石油より具体的な数字が出ている。たとえば山西省一省の埋蔵量が六〇〇〇億トンだ。一年一億トン掘り出しても六〇〇〇年使える。両国は平等互恵、有無相通ずる原則で経済協力と交流を続けることができる。合弁事業も可能だ。

近代化を進めるには、膨大な資金がいる。外国からの借款も必要だ。七九年度日本は五百億円の借款を提供したが、今年度はさらに多い額を提供してくれるよう期待している。政府借款だけでなく、民間の商業ベースの借款も望ましい。借りた金は必ず返すから安心してほしい。

――アジア・太平洋地域、さらに世界の平和と安全を守る上で、日本が果たす役割について中国は何を望んでいるか。

張　ソ連のアフガニスタン進行で世界情勢は一層悪化した。緊迫するこの情勢の中で、日本がどのような行動を取るべきかは日本政府と国民が決定すべき問題だ。しかし（個人的見解としては）、「中日平和友好条約」の規定にある覇権主義反対の闘いに積極的な役割を果たすことができると思う。

大平首相が指摘しているとおり、米国は今や超大国でなく強国である。したがって日本は自国の安全を図るのに日米の同盟関係にだけ頼るのでなく、自分の力を強めることを考えねばならないのではないか。「天は自ら助くるものを助く」、これは名言だ。

また、太平洋地域の平和と安全を保つため日本はアジア諸国、第三世界に経済援助し、これらの国々の国民経済を発展させることに寄与できるのではないか。

――友好関係を維持、発展させていく上で、今後双方が気をつけなければならない点は何か。

張　中国は革命を輸出することはないし、革命は輸出できるものでもない。社会制度が異なっていても平和に付き合っていくことができる。中国は覇権をとらないし、大国主義にならない。これを全国人民に教育していく。今私が一番願っているのは、中日両国の友好協力関係が世界の模範となることだ。

（朝日新聞記事　一九八〇年五月二〇日）

四、胡耀邦の訪日とその成果

胡耀邦中国共産党中央委員会総書記が日本政府の招きに応じ、去年の一一月二三日から一一月三〇日まで、一週間の日程で日本を友好訪問した。この度の訪問は胡総書記が指摘したように中日双方による共同の努力の結果であり、円満な成果を挙げた。中日および多くの公正な外国のマスコミもみな今度の訪問の成功を一様に称賛した。

ではこの成功はどういう面に表われているだろうか。

第一に、胡耀邦総書記と中曽根康弘首相の二回の首脳会談をとおして、本来中日両国関係の基本である三原則の上に「相互信頼」の一項目を増やし、「平和友好、平等互利、相互信頼、長期安定」の四原則を提起したことである。これによってより充実した内容となった。両国社会の制度が異なり、友好関係を立て直して間もないため、両国は相互関係を処理するときに、異なった見方または相互の間に不安なことや心配なことが起こるかもしれない。そのとき重要なのは、両国の指導者および各界の代表者が互いに信頼できる、すなわち誠意を持って会見し、信義を重んじ、平等に協議し、そして同を求め、異を存じることに事をうまく進めるということである。もしこのようにやっていけば、両国関係の中の各種の問題が適切に解決できるのである。中日相互関係の原則の中に「相互信頼」の一項目を補充するのはきわめて重要である。

第二には、両国の指導者はもう戦争をしないという精神を原則に、両国間の一切の問題を協議し解決すると繰り返し確認した。これもきわめて重要な成果である。中日両国は「平和友好条約」を締結し、両国が平和的かつ友好的に交流し、武力によって紛争を解決しないと規定した。しかし両国の間にかつて戦争が存在し、しかも中国の一部の世論は日本が軍事大国になるかどうかについて若干の疑問を今だに持っている。このような条件のもとで、中曽根首相は中日両国政府の「共同声明」と「平和友好条約」を貫徹すると表明し、もう戦争はしないという原則によって両国間の一切の問題を解決すると繰り返し表明したことは、きわめて重大な政治的意義を持っているのである。これはアジアの平和と安定を擁護するためにも積極的な意義を持っている。

第三に、胡耀邦総書記が中共中央の指導者という身分で日本の国会で演説したのは、日本ではじめてのことである。胡耀邦総書記が誠意に満ちた率直な態度で、生き生きとした簡明な言葉でわが国の基本国策と対日方針を述べ、中国の外交における立場と態度を誠心誠意、公明磊落で、信義を厳守するものだと表明した。これは日本の与党の指導者が持つわが国の内政と外交方針に対する一部の心配に答えたものである。わが国の第十一回三中全会以来の新しい変化のため、また中日両国関係の大きな発展のため与党の関係者は確かにわが国への関心を増し、併せてより一層はっきりさせなければならない問題が発生した。日本政府が胡総書記を招き、国会で日本政界の関係者が関心を持っている問題について演説させたことも、それを、中国の党の指導者が彼等に聞かせることが重要であったからだ。これは双方ともより一層理解を深める必要があり、またそうしたい、しかし決して友好の高まりを作るだけのものではないのだということを表明したものだ。このほか双方の指導者は広範な国際問題、とりわけアジア・太平洋地域の問題について深く意見を交換し、またアジア太平洋地域の平和と安定をひき続き守るために、協調と行動をもってともに努力しようと表明した。

第四には、双方の指導者は中日友好を推し進めるために「中日友好二一世紀委員会」をつくることとしたことである。委員会は両国の著名な政界、経済界の関係者と学者から構成され、老年、中年、青年の結合体で、六〇歳以下の者を会長とし、未来に向けて中日両国が二一世紀に向かう政治、経済、文化などの問題を検討・研究し、またこれに対し多くの有益なプログラムを提案するというものである。この機構は両国の間にすでに成立している政府間の会議と異なるが、完全に公式の機構であり、中日民間人会議とも違う。中日民間人会議は完全に民間人により構成されているため国を代表したものではないが、この委員会は中日両国の関係を推し進めることにおいて、必ず積極的な役割を果たすことになるはずである。

第五に、双方の指導者は両国青年の往来を強めることに同意した。胡総書記の要求に応じ、東京で中日友好六団体と三五の青年団体が参加した三〇〇〇人の集会が行われた。彼らは政治的傾向も違い宗教信仰も異なるものの、一堂に集まり中国人民の使者を迎えた。胡総書記は大会で、中国共産党の中国青年に対する根本的要求を分かりやすく説明し、中日友好を発展させるために両国の青年に希望を託さなければならないと指摘した。胡総書記はまた中国を代表し、一九八四年のさわやかな秋に三〇〇〇名の日本青年を中国に招待した。日本青年がわが国の各面の状況を視察し、わが国の青年と友情を育て、それによって先輩たちが切り開いた中日友好を今後の第一代、第二代に伝え、また次の世代に伝えることによって両国の友好を発展させることはきわめて重要な新しい戦略といえる。

第六に、日本の財界と経済界の代表と中日両国の経済科学技術の交流問題を検討した。胡総書記は、「両国が経済の面において異なる優れた点をもち、また双方が確かに平等互恵に基づきお互いの長所を取り入れ短所を補うことが必要である。よって中日経済の友好協力は双方にも有益であり、確かに大いに活躍する余地があり、高い見識を持って、全面的に計画し対処する必要がある」と指摘した。胡総書記はまた「わが国は開放政策を堅持し精神汚染に反対するが、対外開放政策を放棄したり収縮させたり、逆に反対することは開放政策を実現させるために逆効果である」と指摘した。胡総書記はまた一部の経済協力の新しい形式を提出した。過去に起こった問題を振り返るとき、胡総書記は常に私たちの不足な面も懇切に言及し、また日本政府と日本経済に一部の希望を出してきた。そのことは日本の財経界人に対し中国側が信義を守り、平等互恵、実際的な効率を求めるという方針を切実に実行するという決心を感じさせ、それによって協力の規模を絶えず拡大させてきた。このほか、日本政府と与党の首脳はまた胡総書記にわが国への第二回の円借款問題を積極的に考えたいと表明した。

第七に、胡総書記は東京と関西地方を訪問、さらに北は北海道の札幌、南は九州の長崎までをも訪問した。札幌と長崎の二つの都市への訪問は中国の指導者として初めてのことであり、胡総書記がこれらの都市で各界人士の代表に広範に会見することで、これらの地域の指導者と大衆に社会主義中国の指導者とがはじめて身を持って会うことができ、中国への理解と友好が深められた。一方、胡総書記は視察と訪問をとおして、日本の広範な人々が表した中国への近親感と善隣友好関係を重視する気持ちをこの目で見て、しかも彼らの熱烈な招待を受けたことで、私たちが今後ひきつづき両国の関係を強めることに対し無限の自信を増加させた。

第八には、胡総書記は訪問中、日本の最新式の大型工場と小型工場、学園都市そして各種の機構、都市の建築群や農村の牧場を見学した。つまり実際の考察をとおして、日本の進んだ工業、発達した科学技術と教育、高いレベルの企業の経営管理に接触した。その中の多くはわが国の現代化建設にとって研究、学習、参考に値するものであった。

これまで述べた八点から見ても、胡総書記の訪日は確かに大きな成功を収めた。彼は訪日する前に「両国の善隣友好関係の長期的かつ安定的な発展を図ることは私の訪日の総目標である」と述べた。彼はまたこの発展に新しい展望を切り開いたというべきである。むろん胡総書記の訪日によって生じた積極的な影響は中日両国のみならず、アジア・太平洋地域と世界にも重大な影響をもたらした。これについてはこれ以上は論述しない。

しかし人々はこのような問題を提出するかもしれない。「中日両国の間には早急に解決が迫られる未解決の問題は存在しない。しかし両国が持つ一部の方針政策の問題に対しては心配や不安を持っている。」では胡総書記の訪日をとおして、これらはすべて解決されたと判断したら、それは現実に合致しない。

たとえば、日本の言論界において、中国に対する最大の心配は主にこのような問題である。両国は社会制度が異なり、意識形態が異なるので、戦争を長期的に避けることはできるのか？中国は今まだ強大ではなく、しかも覇をとなえることに反対している。しかし将来中国が強大な国になった時、依然として覇をとなえないのか？また中国駐在の日本大使が朝日が覚めたら、中ソがすでに手を握りあって仲直りをし、中国がまた五〇年代の「一辺倒」をすると気づいた、という言い方まであった。胡総書記は訪日の際の政治会談、講演と記者会見の中で、全部これらの問題に即答して言及したり答弁することで大きな効果をあげた。しかし時間に限りがあって、しかもこれらの問題は社会主義社会の本質的な問題にも、社会主義中国がとる独立自主の外交政策の全般の内容およびその発展にも、また戦後数十年にわたる国際関係史にもかかわるものであり、何回かの談話で決して全部をはっきりさせられるような問題ではない。これは両国の指導者と各界の代表たちが今後の往来の中でひきつづき意見を交換し、正確な中央の対外政策の実行・実践によって相手の心配をなくしていく必要がある。この他わが国の国際問題の研究者が理論上、国際政治とわが国の対外政策を系統的にまとめ、これらの問題を説明する必要がある。

同じように、日本とアジアの一部の世論、たまにわが国の世論もあるが、彼らは日本の政治についていろいろと心配している。最も主要な問題は、日本が経済大国になった後政治大国になりたがっているということである。この政治大国の意味は何だろう？つまりそれは国際社会の一員として平等な発言権を保持することか、それとも軍事大国として軍国主義を復活させることかというものである。胡総書記は日本が経済的に繁栄し、世界の平和を守り、同時に自衛能力を持つ大国になることを希望している。中曽根首相も「日本が平和憲法を遵守し、最後まで軍事大国にならないという方針を決して変えない。つまり日本は決して軍事大国にならない。」と繰り返し表明した。いうまでもなく中曽根首相のこの種の声明に対して、中国国民および東南アジアの国民は十分に歓迎するが、しかし日本が軍国主義を復活するかどうかを本当に了解するには、国際問題の研究者がこれに対して真剣に科学的研究をする必要がある。決して主流を反映しない現象、そして赤尾敏(大日本愛国党党首)等の叫びと寝言によって判断することはできない。日本の明治維新以後できた軍国主義社会と階級の根源、精神の支え、および当時の国際条件、アジアの条件がいかに日本の軍国主義化を促進し、これに便宜を与えたかを理解する必要がある。

この小文ではこの問題を検討するつもりはない。ただ簡単に私の考えを述べただけであり、国際問題の研究者にこの問題を科学的に研究し、答えてほしい。なぜなら科学的にこの問題や日本に関するその他の根本的な問題を研究しそれに答えることは、わが国がより一層正確な対日政策をとり、中日両国の多世代に渡る友好的歴史の総趨勢を発展させ、推し進めることに大いに有益であるからである。

(『世界知識』一九八四年第一期)

胡耀邦総書記の訪日　随行随感

胡耀邦中国共産党中央委員会総書記は、昨年一一月二三日から三〇日まで日本を友好訪問した。慌ただしい日程ではあったがこの七日間は実に充実したもので、まさしく政治、外交、友情が熾烈に織り成されて、新しい中日関係史上またも輝かしい一章が書きつづられたのだった。この訪問の史実は歴史家の手で忠実に記録されることになろうが、私も胡耀邦総書記に随行して感じた事柄は多く、かつ深いものがある。それらのなかでも特に感銘深いエピソードのいくつかをここに紹介したい。

時代の巨大な変化

早朝、深秋の小雨がやんで、赤坂迎賓館の広場は歓迎式典の準備で祝日のような雰囲気であった。九時、胡耀邦中共中央総書記と中曽根日本国首相が迎賓館の玄関から赤いじゅうたんを踏みながら広場の検閲台に上がると、音楽隊が中国の国歌と日本の国歌を演奏し、秋空の中にその壮厳なメロディーが流れた。この二つの曲は三〇年代からよく知っており、しかもどれもこの東京という地点に結びついている。

中国の国歌は、もとは「義勇軍行進曲」といった。一九三五年、青年作曲家聶が東京に来た際、彼を歓迎する中の左翼の進歩的文化人の集会で、彼がバイオリンで演奏してくれたのだった。それは、この危機に瀕した民族を救うために戦えと中国国民を喚起した行進曲であり、私はこのときはじめてこの楽曲に接したのであった。

日本国歌「君が代」の歌詞は平安時代の和歌であり、『和漢朗詠集』に見られる。明治中頃に壱越調旋律による雅楽風のメロディーを用いて作曲され、日本の国歌となった。君主制をうたいあげているこの歌曲は、私が三〇年代に日本に留学した当時、学校の始業式と卒業式には決まって歌われた。三〇年代と四〇年代、「君が代」と「義勇軍行進曲」とは、まったく対立した二つの楽曲であって、同じ音楽隊の手で、同じ地点で、同時に演奏されることは絶対にありえなかった。しかも当時、この二つの歌曲がのちに中日両国の相互尊重、および善隣友好を表明するのに用いられようとは予想だにされないことだった。それが七〇年代に中日両国の国交が回復した後、両国首脳の相互訪問の際に、この二つの歌曲は一緒に演奏されるようになったのだ。一一月二四日、迎賓館の広場で再度この二つの歌曲を聞いて、私の気持ちは感無量、まさに衝撃であった。なぜならまさしく私は歴史の大きな発展、時代の大きな前進を感ぜずにはいられなかったからである。

中国はもはや半封建、半植民地、植民地の国ではなく、独立した、比較的整った工業体系の社会主義国である。同じく日本ももはや軍国主義をおしすすめた君主制の国ではなく、憲法に規定しているような主権在民、平和国家の西側世界第二位の経済大国である。中日両国間は半世紀におよぶ決裂と対立と戦争の時代に終りを告げ、改めて二〇〇〇年来の玉帛時代をとりもどした。そして平和友好、平等互恵、相互信頼、長期安定——いまではこれらが両国関係発展のための原則となっている。

翌一一月二五日、胡耀邦中共中央総書記は官員の身分としてではなく、党の指導者として日本の国会議事堂で演説し、誠意をもってかつ率直に中国の内外基本政策を披瀝した。これは両国の政治家が理解を深め、信頼を増進し、その基礎のうえに善隣友好関係を発展させたいと切実に求めていることの表れであり、決してたんなる友好ブームをつくりだそうというものではない。

中国の偉大な文学者魯迅は、「刧波を渡り尽くせば兄弟在り」の名句を書きしるしている。たしかに中日両国の関係は刧波をなめつくした後、二一世紀に向かって、またはるかな未来に向かって、着実に友好関係を促進しつつあるのだ。

未来の新しい世代

きのうの東京はまだ深秋の気配だというのに、きょうの札幌では羽毛のような大雪が降っていた。石狩平野は瞬くまに白いベールをまとってしまった。

ここは明治二年にようやく開拓使を設けて開発にのり出した所で気候も寒いし、人々の生活も苦しく、日本の四つの島のなかでもいちばん遅れた地域だと、これまで北海道に来たことのない私はそう思いこんでいた。ところがきょう札幌に来てみると、ここはすでに人口百万の大都会となっている。町に漢字や片仮名の看版がなければ、それはヨーロッパ先進国の都市と少しも違いがないほどだ。北海道開拓記念館に展示されているような荒れはてた北海道、貧しい移民が厳寒と飢えと戦った北海道などどこにあろう。とはいえ日本の友人が教えてくれたところでは、北海道人のあの開拓精神、および長い歴史のある北海道大学の「青年よ大志を抱け」の伝統はいまでも受け継がれているということであった。

今日、本州の都市はいうまでもなく、北海道の都市もすべて西洋化している。外国人である私についていえば、この巨大な変化は一九六五年に日本を訪れてから七年後の一九七三年に再度日本を訪れたときに、はじめて気づいたものだった。ちょうどこの期間に日本は西側世界第二の経済大国に変わっていたのである。

物質面ではこのような大きな変化が生じたが、では精神面はどうか。日本人民、特に青年たちは西洋化、または親西洋化してしまったのだろうか。

北海道に来る日の午前中、東京代々木のＮＨＫで行なわれた青年集会で、たしかに深く考えさせられるものがあった。この集会には六つの友好団体と三五の青年団体に属する三四〇〇名の青年がより集い、胡耀邦総書記の演説に熱心に耳を傾けた。これらの青年はすべて戦後の平和な時代に育った人たちで、日本軍国主義による侵略戦争でもたらされた災難と苦悩を味わったことはないし、したがってまた、中日両国の平和友好がもたらされるまで容易ではなかったということがピンとこない人たちである。そのうえ彼らは日本が西洋に追いつき、追いこした時期に成長したのであり、西洋に学び西洋についてよく知ってはいても、東洋文化、中国文化については、これをよく理解し、伝統的に敬服の念をいだいていた彼らの祖先の人たちには遠く及ばないところがある。

ところがまさにこのような青年が、政治傾向、宗教信仰をこえて一堂に会し、中国共産党総書記の日本訪問を歓迎してくれたのである。これは日本の現実生活ではたしかにまれに見る光景である。これは何を意味するかといえば、

「中日両国人民の友好は世々代々にわたって」という考えが深く人心に刻まれていることにほかならない。

たしかに日本の青年は中国に親近感を抱いているのだ。胡耀邦総書記の演説では、私たちのこの世代が基礎固めした中日友好関係を一代一代受け継ぎ、そして立派なものにしてほしい、と心から望んでいた。この願いは必ずや実現されることだろう。

嵐山で総理を懐う

京都の嵐山は私の曽遊の地である。春の若葉の叢中に桜の花が咲くころ、私は嵐山を訪れたことがある。今回は、全山紅葉でおおわれた季節に再度嵐山を訪れたのだった。底まですきとおる渓流がゆるやかに流れていた。灌木にかこまれた山の斜面に故周恩来総理を記念する詩碑がたち、石碑には廖承志氏の筆による「雨中嵐山」の詩が刻まれている。これは当時二一歳の周恩来総理が嵐山に遊んだときに作った新体詩である。胡耀邦総書記が朗々とこの詩を読み花束をささげる。私は手で石碑をなでて、また無言であった。一同、新制作座の絢爛たる和服を着た女優さんたちによる「周総理をしのぶ」の高らかな歌声と琴の調べに耳を傾ける。

周恩来総理は一九一七年、日本に遊学したが、翌々年国内に五四運動が発生したため、日本での「群科を邃密して世の窮れるを済わん」との目標を放棄せざるをえなくなり、旅装をまとめて帰国し革命闘争に身を投じたのだった。日本を離れる前、ちょうど陽春四月の絶好の時季に、彼は京都に遊んだ。この旅行は周総理の胸中に消しがたい美しい印象を残し、京都の美しい風光と結びつけた述懐の詩をつくった。そして晩年にいたるまで、日本の友人と会見した後、よく私たちと京都のことを話題にしたものだった。両国の国交が樹立された一九七三年春、私たち中日友協訪日代表団が北京にもどってくると、総理は私に「京都と琵琶湖の春景色はどうであったか」とたずねた。私が湖上に舟を泛べたときの様子を語って、琵琶湖南部の湖水が公害を受けていることに触れると、「残念だ、残念だ」としきりに嘆かれたものだった。

老朋友の百歳の老人、吉村孫三郎氏の親子四代のご家族から招かれて嵐山の嵐亭で昼食をとったとき、料理のひとつに湯豆腐が出て、胡耀邦総書記はその味のよさをしきりに称賛した。豆腐は奈良時代に中国から日本に伝わった当初は貴族と僧侶の食べるものであり、室町時代になってようやく庶民の食品となった。たしかに日本の豆腐は柔らかくて口に合う。私は京都の有名な南禅寺で豆腐料理を味わったことがあるが、今回また嵐亭でこの料理を味わうことができた。それにまた私がとりわけ好きだったのは、秋の早朝の東京の横丁を売り歩く豆腐屋のあの高らかなラッパの音であった。半世紀たった今日、東京ではまだこの売り声が残っているのだろうか。

そういえば、周恩来総理も日本の豆腐について語ったことがある。東京で自炊していたときよく豆腐を食べたそうで、日本の豆腐の作り方は大変よいという意見だった。晩年、人民大会堂で日本のお客を招くときは、よくコックに鍋燭豆腐を出すよう命じておられた。中国では一般に豆腐は宴席には出さないものなのだが、周総理はしきたりを破って日本の友人にも必す中国の豆腐を味わってもらったのだった。

中日両国が国交回復した後、周総理はしきりに日本訪問を想い、日本政府もその実現を強く望んでいた。東京の赤坂離宮が迎賓館に改造された時、日本の首相はこの迎賓館の最初の客として周恩来総理を招きたいという希望を表明した。だが当時周恩来総理は重病におちいっていた。彼にはもはや、新しい中日関係の一章を開いた日本を見に行くことはできなかった。しかし周総理こそは中日の国交を回復するために茨の道を切り開き、巨大な貢献をした開拓者なのである。

日本の友人は周総理を記念して嵐山に総理の詩碑を建立した。これを見た後、胡耀邦総書記は感慨深い面持ちで、

「私たちも山紫水明の地に中日友好館を建てて、中日友好につとめた多くの開拓者を記念しようではないか。」と語った。

食事後旅館で少憩を取ったが、明窓浄机に対して私は次のような拙い句を作った。

嵐山の　紅葉明りに　詩碑を読む
秋深く　碑を撫で　涙ぐむ
秋澄むや　総理を偲ぶ　琴の音

舞い飛ぶ平和の鳩

長崎は、胡耀邦総書記が最終日に訪れた都市である。日本を公式訪問した各国の指導者のなかでここを訪れた人はいない。戦前に日本郵船の二隻の船——上海丸と長崎丸が上海、長崎、神戸間を結びつけていた。長崎は中国に近く、市内には中国と縁のある崇福寺、興福寺や孔子廟などがある。長崎市民の中国人に対する親近感も特に強く、胡耀邦総書記の車の通るところにはいつも国旗を振って歓迎する群衆の人垣ができていた。

長崎は、広島と同じく原子爆弾の炸裂をあびた都市である。第二次世界大戦の軍事史がすでに証明しているように、第二次世界大戦を終息させるために、日本にこの二つの原子爆弾を投下する必要はまったくなかった。一〇何万もの尊い人の生命が、武器の実験と政治的恐かつを実施するための犠牲となったのである。このような罪悪行為は、人類の永遠のを譴責を受けて当然であろう。

胡耀邦総書記が長崎の国際平和公園に着いたとき、秋の日ざしはことのほか柔らかく、一群の鳩が平和祈念像のところに飛んできた。胡耀邦総書記は飛びかう鳩を指して、「ほら、平和の鳩が舞い飛んでいる。」と声をあげた。

国民は戦争を必要としないし、いわんや世界大戦、特に核戦争など必要としない。一九六四年と六五年に長崎の原水爆反対集会に参加したとき、私は何万もの人びとが核兵器に反対して行った大集会を目の当たりにした。平和祈念像の片腕がさし示す天空から第三の原子爆弾が落ちてくるのを、彼らはもはや望まないのである。

東京にいる間、胡耀邦総書記は中曽根首相と、両国が二度と戦わないこと、この原則に基づいて両国間の問題を話し合い、解決にあたることを再度確認した。これは両国国民の強い願望と根本利益にとても有益なことである。

日本の一部の世論として、中日両国は社会制度を異にする国であり、この最も根本的な違いが将来再び戦争の勃発を招くのではないか、という憂慮がなお存在していることは確かである。このような危惧は理解できるが、つまるところそれは十分な根拠を欠くものといえよう。第一次世界大戦の時世界にはまだ社会主義国はなく、戦争は制度を同じくする国同士の間に発生したのだった。第二次世界大戦が爆発したときには社会主義国は出現していたが、それでも戦争はまず、まさに制度を同じくする国と国のあいだで勃発した。ソ連とドイツの戦争はその後発生したのである。そしてソ連は、社会制度を異にする英米などの国と同盟を結んだのだった。この事実からしても、社会制度を異にする国の間に必ず戦争が発生するとみるのは、論拠に乏しいことがわかる。人民は歴史の創造者である。世界の前進を促すのもこれまた人民である。中日両国人民が断固として戦争に反対し、非戦の精神の原則をもって両国間の関係を処理するとき、これは両国の平和の最大の保証となろう。中日両国間の平和友好は、ひいてはアジアの平和の最大の保証でもあるのだ。

平和公園に陳列されている外国のいくつかの団体から贈られた彫塑をみて、胡耀邦総書記は私たちにこう語った。「私たちも一番よい大理石をえらんで核戦争反対を意味する塑像を彫り、長崎平和公園に寄贈しよう。それはアジアと世界の平和を守り、核兵器の徹底的禁止と廃絶を目指す私たち中日両国人民の共同の闘いの象徴となるだろう。」と。公園を去るとき、私はもう一度振り返って、あの平和祈念像の雄姿を見た。どうか友好と平和が永遠に長崎をおおいつくし、日本をおおいつくすようにと、衷心から祈ったのであった。

（『人民中国』一九八四年二月号）

第五章　中日友好二一世紀委員会における基調報告

注　この章は、張香山氏が中日友好二一世紀委員会の中国側首席委員として在籍していた期間における会議の基調報告をまとめたものである。（尚、資料については外務省の協力を得た。）

一、中日友好二一世紀委員会第五回会議において

本日、私たち双方の委員が再び一堂に会し、中日友好二一世紀委員会の第五回会議を開催するにあたり、まず私は、中国側委員会および中国側参会者一同を代表して、日本側委員と御参会の日本の友人の皆様に心からの祝辞を申し上げます。また、竹下首相が只今なされた友好的で情熱のこもったご挨拶に対して、衷心より感謝の意を表するものであります。

今年は中日平和友好条約締結一〇周年にあたります。この両国人民がともに記念すべき年において、中日友好二一世紀委員会第五回会議を開催し、過去を振り返り、未来を展望することは大変重要な意義を有しております。中日友好二一世紀委員会発足以来の五年間は、両国関係が発展し続けていると同時に、両国の友好に影響をもたらす一部の問題も発生した時期であります。したがって、本委員会のこれまでの活動を振り返りその中からともに汲み取るべき経験を真剣に総括することは、本委員会の今後の活動の展開にプラスになるばかりではなく、両国関係を絶えず健全かつ順調に発展させることにも役立つでしょう。

五年の歳月は、長い友好の歴史を有する中日両国にとっては、あっという間に過ぎた短い一瞬でありましたが、私たち双方の委員会の活動から見れば、重要かつ充実した内容を持っております。まず、私たち双方の委員は長期的に中日友好を発展させる青写真をともに探求し、中国側委員会から二一世紀の中日友好の主なメルクマールが提起されました。それはすなわち、政治面では平和共存の手本となり、経済面では平等互恵、共同繁栄のパートナーとなり、文

化・科学技術交流の面では互いに学びあう友人となり、国際関係の面では平和を守り発展を促進する積極的な力となるというものであります。これらに対しては、日本側委員の積極的な賛同も得られました。

近年来、両国間に生じた両国関係の基本原則を損なう一部の問題について、双方は長期にわたる中日両国の友好を発展させるという共通の願望をもって、率直に心を打ち明け、突っ込んだ意見交換を行い、相互理解を増進し、積極的な提案を行ってきました。全体から見れば、中日友好二一世紀委員会は中日両国の指導者の暖かい御配慮と両国の友好団体と各界の方々の多大の御支持に支えられて、長期的な中日友好の重要な意義を広く知らしめ、友好協力をさらに増進させる方法を探求し、両国間に当面存在する問題の解決を促進するために多くの努力を払ってきました。この場をお借りして、私は中国側委員一同を代表して、日本側委員および専門委員会の皆様のご協力に謹んで感謝の意を表するとともに、中日友好二一世紀委員会の活動に関心を寄せ、指示を与えて下さった中日両国のすべての団体および友好人士に対し、衷心からの謝意を表したいと思います。

近年来の中日関係と本委員会五年間の活動について、私たちがともに総括を行い、汲み取るに値するものは何でしょうか。私の見方によれば基本的に次の諸点にまとめられると思います。

一、平和共存五原則は、国と国が友好的に付き合う指導方針であり、これを中心的な内容のひとつとした「中日共同声明」および「中日平和友好条約」は中日関係を強固にし、発展させる政治的基礎であります。

戦後における国際関係の移り変わりが物語っているように、社会体制とイデオロギーの異同によって国家関係の善し悪しを決めるのはもはや歴史の発展に合致しません。バンドン会議で認められた平和共存五原則は、日増しに国と国との関係を律する普遍的な準則となっており、国際社会に広く受け入れられております。中日両国の国交回復と善隣共存そして友好協力の面において、平和共存五原則の果たした重要な役割と強い生命力は十分に示されました。

「中日共同声明」と「中日平和友好条約」は、まさに平和共存五原則を中心内容のひとつとした上に、中日関係の特徴と結びついて構成されたものであります。したがって、本声明と本条約そしてその後合意された中日関係四原則は中日関係の政治的基礎であり、双方が両国関係を発展させる時にともに守るべき基本原則であります。

中日国交正常化以来、両国関係の実践は次のようなことを繰り返し立証しました。それは、これらの基本原則を堅持しさえすれば、両国関係は比較的順調に発展することができ、たとえ問題が生じても適切な処理ができる。しかし、いったんこれらの基本原則から逸れたり、あるいはそれに違反すれば、両国関係はその影響を受け、ひどい場合には曲折さえ発生するということです。この点は中日関係の発展と変化が私たちに与えた重要な示唆であるとともに、私たち双方委員が得た共通の結論のひとつでもあると私は思っております。

二、長期的中日善隣友好を発展させることは遠大な目標であり、その目標は両国関係に影響をもたらす一部の重大で現実的な問題を重視し、それに善処することではじめて実現が可能となります。

中日両国はアジアにおける二つの重要な国家でありますが、両国間における長期にわたる安定した善隣友好関係の発展は、両国人民の根本的利益に合致し、アジアひいては世界の平和と安定に寄与するものであります。このことはすでにこれまでの歴史によって立証されましたが、ひきつづき将来の歴史によって立証されることでしょう。中日友好二一世紀委員会は正にこの偉大な目標の実現を促進することを自らの責務としております。

それと同時に、私たちは次のことをはっきりと認識しております。それは、中日双方のそれぞれ置かれている境遇が異なり、一部の問題に対する立場と見方が完全に一致することは不可能であるということです。そのため、両国関係の発展の過程において一部の不安定な要因が存在し、様々な問題が発生しています。そしてその中には、長期的中日善隣友好の発展を妨げる問題もあります。目標を実現するために、私たちはこれまで双方が合意した諸原則と取り決めに基づき、友好的な協議を通じてすでに生じた原則に係る問題を善処すべきであります。もし問題を善処せず、逆に問題を消極的に回避し、あるいは不当な処理をし、問題を積み重ねていけば、両国関係の大局に影響をもたらし、二一世紀の中日友好の偉大な事業を損ねることになりかねません。私たちはできるだけそれを避けなければならないのです。

三、中日両国の伝統的友情を大切にし、歴史の教訓を真剣に汲み取ることは、二一世紀の友好を実現する重要な鍵であります。

中日善隣友好は両国の友好的伝統を受け継ぎ、あの不幸な歴史に正しく対処する基準の上に打ち立てられたのであります。二〇〇〇年にわたる中日両国の友好交流は、両国人民の間できわめて厚い伝統的友情を育んできました。近代の中日関係史上、日本軍国主義者の中国に対する侵略によって中国人民は重大な民族的犠牲を被り、同時に日本人民も重大な被害を受けました。それにもかかわらず、中国人民は過去の歴史にこだわることなく、前向きの姿勢で日本の多くの有識者とともに中日友好の再建という偉大な事業に力を尽してきました。

中日国交正常化以来、両国政府と両国人民の共通した努力によって、中日両国の友好協力は目覚ましい進展を遂げました。両国関係の移り変わりは私たちに貴重な示唆をあたえ、私たちがより良く未来に向かって邁進するために極めて重要な意義を持っております。近年来発生した一部の問題がほとんどあの不幸な歴史と係りを持っていることから、私たちは歴史に正しく対処し、その中から有益な教訓を汲み取ることが、現在においても将来においても重要で実際的な意義を有していることを一層はっきりと認識しました。

中国の諺には、「前事を忘れることなく、後の戒めとする」という言葉があります。この言葉は歴史を尊重することは過去の借りをどうこうするためではなく、未来に目を向けるためなのであると語っております。史的観点にたって見た場合、今日は歴史の延長であるため、歴史を分断することなく歴史を尊重することで、はじめて真に前向きの姿勢を取り、歴史の重荷を私たちの前進のための原動力に変えることができるのです。

四、良好な政治関係は経済関係の発展にとって有利であり、経済面での互恵協力もまた政治関係を強めることができます。

中日両国の政治関係と経済関係は、両国人民が二一世紀の友好をめざす共同事業の中で重要な位置を占めています。しかし歴史的原因によって中日両国の政治分野で生じた問題は往々にして敏感なものであり、それに善処できるか否かは両国関係そのものに直接影響をもたらすばかりでなく、両国の経済協力の発展にも影響をもたらすことになります。戦後の中日関係の実践はすでにこの点を立証しました。両国間の経済協力を強化し、両国と両国人民がより長期的に、大きな利益を得るために、政治と経済との関係を正しくとらえ、平等互恵を踏まえて両国の経済協力を行う、そして必ず政治面での問題を善処し、両者の関係を長期的中日友好の方向に沿って互いに促進しながら、発展させていくよう私たちは心から期待しております。

また、私たちがここで言及すべきなのは、中日両国の青年・文化交流は、委員会の活動の重要な構成部分のひとつであるということであります。中日関係が絶えず深まり、長期的中日友好の目標が打ち立てられたことによって、いかにして青少年の間の交流を深め、中日友好事業に携わる若い世代を育てるかは私たちが直面している重要な課題となっております。

これについて、双方は今まで有益な討議を重ね、中日青年交流センターの建設や留学生、研修員などの相互派遣の拡大に関する提言を両国政府に提出しました。また、若い世代に中日関係の歴史を知らせることは彼らが今日の中日友好の成果を大切にし、友好的伝統の継承と発揚を一層自覚するうえに不可欠であるということについて、双方の認識が一致いたしました。それと同時に、双方はまた中日文化交流を一層発展させるために、意見を交換し合い、文化交流の発展は両国の友好と相互理解の増進に役立つものであることを認識しております。

過去のことを総括することはより良く未来に向かうためであります。今、私たちは、中日関係の新たな局面を開く時期に直面しております。私たちは、竹下登首相が昨年来政権を担当されてからたびたび中日関係を重要視する旨を表明され、また、両国の友好協力の一層の強化に多大な情熱と精力を注がれたことを目にして、喜びを覚えております。竹下首相が去る八月末に友好訪問のため中国を訪れたとき、中日双方は国交正常化以降の両国関係が収めた成績を十分評価し、また両国関係を発展させる有利な条件を踏まえて、各方面における協力を一層強化することについて検討しました。竹下首相の訪中の円満な御成功は私たちの両国間の相互理解と相互信頼を深めることに役立ち、必ずや現存している問題の解決を促進し、両国関係の健全な発展を確保する面において積極的な役割を果たすでしょう。

これまでの基礎を踏まえて、中国側委員会は中日友好の新たな局面を切り開くために次の四つの面において着実に努力する必要があると考えており、また、これについては、日本側委員とさらに意見を交換したいと思っています。

一、中日友好関係の発展に有利なすべての積極的要素を十分に引き出し、それを生かすこと。

私たちが一貫して中日両国間において、善隣友好協力を発展させるには、多くの有利な条件と積極的要素が不可欠であると考えております。それは、中日両国の間には、二〇〇〇年にわたる伝統的友好関係があり、国交正常化以来、両国の友好協力はすでに良好な基礎を築き上げられているということ、また両国は経済発展の面においてそれぞれ長所と短所を持ち、相互に補完することが可能であるということであります。

さらに、時間の推移につれて、両国関係の発展を推進する新たな積極的要素も次々と現われてくるでしょう。近年来、中国が推し進めている改革開放政策と、貴国が全力をあげて進めている経済構造の調整は、双方の互恵協力の一層の強化のために広い見通しを切り開いています。アジア・太平洋地域の政治、経済面における地位の向上、そして国際情勢の趨勢が対立から対話の時代へと緩和したことは、私たちが中日友好の新たな局面を切り開くために有利な要素を付け加えました。中日関係の見通しについては、中国側委員はこれまでどおり自信に満ち溢れております。双方がともに両国の友好関係の絶え間ない発展を推進していくために、理解の増進と協力の強化に有利なすべての要素を十分引き出し、それを生かすよう望んでおります。

二、現存している一部の問題を適切に解決すること。

私たちは、両国関係の基本原則にかかわる政治問題を直視し、これまでに得てきた共通の認識と経験を生かし、それらの問題を早期に適切かつ合理約に解決すべきであります。この面において重要なのは、すでに両国各界の共通の関心を引き起こし、また、客観的に見ても中日関係の健全な発展に影響をおよぼしている光華寮問題であります。私たちは、日本側がすでにこの問題における中国側の原則的立場を十分に認識し、「一つの中国」の政策でこれに対応する考えであるということに留意しております。私たちは、日本側が中日友好の大局を重んじ、確実に「中日共同声明」、「中日平和友好条約」そして広く認められている国際法の準則にしたがってこの問題を善処するよう心から希望しております。過去のあの不幸な歴史にかかわる面、そして日本と台湾との関係などの面においても、私たちはこれ以上何らかの新しい難題が生じることなく、両国友好の新たな局面を迎えるために、良好な政治的環境を作り出すことができるよう心から期待しております。

三、時期を失うことなく、両国の経済、技術協力を一層深めること。

中日間の経済貿易面での協力は、すでに著しい成果を収めましたが、同時に、さらに深めていくべき課題にも直面しております。国際間における経済的な関わりが絶えず緊密になるにつれて、直接投資および技術移転などの面における協力の水準と開放の度合は、国家間の経済関係の密接さをはかる重要な基準となっています。この分野における現在の中日双方の協力の水準は、私たちがそれぞれ有している条件と比べればまだまだ大きな潜在力があります。いま、中国は改革開放の総合的方針を堅持するという前提の下で、経済環境の整備と経済秩序の整頓を急いでおりますが、これは必ずや今後の改革の全面的深化に良い条件を作り出し、また、外国資本や技術誘致のための環境改善に役立つでしょう。したがって、中日双方はともに当面の有利な時期をつかみ直接投資と技術移転の分野における両国の協力が新たな飛躍をするように、確実な措置をとる必要があります。

四、世界平和の擁護と共同発展の促進のために貢献をすること。

平和の擁護と共同発展の促進は、今日、人類社会が直面している二つの大きな共同任務であります。中国は最大の発展途上国であるのに対し、日本は経済が高度に発達している国であり、私たち両国は、平和と共同発展のためにそれぞれの責任と義務を果たすべきであります。

世界各国の人民の共通の努力により、世界情勢における緩和の趨勢は持続する見込みであり、言い換えれば、国際社会は長期間、平和的環境を獲得する可能性が強いということですが、同時に、世界情勢に不安定をもたらす根源的原因は依然として取り除かれていません。世界は、平和を引き続き強固にしていく必要があることを認めるべきであります。そして中国も、世界の恒久的平和の擁護のために引き続きたゆまぬ努力をしていくでしょう。

かつて日本政府は、決して軍事大国にならないことを何度も表明しました。日本が経済発展の中で収めた大きな成果も、平和と共同発展がどれほど貴重で、どれほど重要であるかを立証しております。中国と他のアジア諸国はみな貴国政府の公約に十分留意しており、日本が国際社会に広く受け入れられる方法によって、平和を守る事業に携わるよう望んでおります。

南北国家間における経済発展の水準の大きな格差と、直面している深刻な矛盾により、共同発展を促進する歴史的使命はさらに深刻化しています。私たちは、日本がその強い経済力をもって多くの発展途上国、とりわけアジア・太平洋地域の発展途上国の経済建設に、より多く貢献されることを望んでおります。これは、先進国の果たすべき責任であるばかりではなく、最終的には先進国自身にとっても有利なことであります。日本が平和と共同発展の面において積極的に努力すれば、中日両国のためにより多くの利益面での共通点を見い出すことができますし、また、中日関係の一層の発展にも大きく寄与することになるでしょう。

私たちがともに本委員会の五年来の活動を総括し、中日友好の未来を展望するにあたって、私たちは両国政府と両国人民が委員会に対し提案し、両国関係の発展と、さらに二一世紀の中日友好に向かってより多くの仕事をするよう大きな期待をよせていることを深く感じております。昨年、委員会第四回会議が閉会した後に、中国の指導者が双方の委員との会見の場で、「未来に着目し、すばやく着手すべき」という要望を出されました。この言葉は中国側委員会の今後の活動に明確な方向を指し示してくれたと同時に、日本側委員会に対する中国政府と中国人民の期待をも表しております。中国側委員一同は、日本側委員の皆様とともに、中日両国の二一世紀の友好への道にわが委員会の堅実な足跡を残すために、ひきつづき奮闘努力する所存であります。

（一九八八年一一月一八日）

二、中日友好二一世紀委員会第六回会議において

中日関係が若干の困難にぶつかっているとき、中日友好二一世紀委員会が中日両国政府の諮問機関として、第六回会議を開催することは非常に重要なことであり、時宜に適うものであります。私は中国側委員一同を代表して、今回の会議の開催に衷心より祝賀の意を表するとともに、双方の先任委員の方々の六年間にわたるご協力に対し心からお礼を申し上げ、双方の新任委員のみなさまに熱烈な歓迎の意を表します。

二一世紀における中日友好関係を検討することは、この委員会が担っている歴史的重責であります。過去六年間において、双方は現実に立脚し将来に着眼するとの原則に則り、中日友好協力関係の長期にわたる安定した発展をもとめ、両国友好関係の正常な発展を妨げる消極的要素を取り除き、相互理解と相互信頼を増進するために活発に活動し積極的な成果を収めました。しかし、われわれは、いままでの活動はただひとつのはじまりに過ぎず、これから引き続き研究し、解決しなければならない多くの問題を抱えていることも認識しております。時はすでに九〇年代に入っており、二〇世紀の最後の一〇年間の中日関係の発展が、とりわけ中日友好を二一世紀まで推し進めるうえできわめて重要であることはいうまでもありません。中国側委員会は日本側委員会とともに、二一世紀の中日友好という目標を達成するために努力していきたいと思います。私はこの席をお借りして、この問題に対して次の五つの意見を述べたいと思います。

一、中日両国には二〇〇〇年にわたる友好往来の輝かしい歴史もあれば、両国人民に大きな災難をもたらし、深い

教訓を残した不幸な時期もありました。第二次世界大戦後、両国人民と多くの識者の長期にわたるたゆまぬ努力によって、ついに一九七二年に中日国交正常化が実現しました。国交正常化以来の一八年間の歩みを振り返って見れば、両国政府と人民の共通の努力を通じて、中日友好協力関係は政治、経済、科学技術、文化、教育、青少年交流など各分野においていずれも大きな発展を収めたことを十分に見ることができます。これはわれわれ両国の繁栄と発展に利益をもたらし、さらにアジア・太平洋ひいては世界の平和と安定にも大きく貢献いたしました。もし以上の実践が立証しているように、中日両国が仲良く付き合うことは双方に大きな利益をもたらしました。「隣をもって谷とする」ならお互いに損失を被ることになるのです。中日関係の持つこのような性質は、九〇年代にあって強まることはあっても弱まることはありません。それ故に、今後中国に何が起ころうと、あるいは日本にどんなことがあろうと、中日友好という大きな方針は決して変更してはいけません。われわれにできる選択は平和共存、友好協力、共同発展の道に沿ってひきつづき前進することしかないのであります。

二、中国も日本も東洋に位置する大国であり、文化や伝統面で多くの共通点または類似点がありますが、同時に社会制度の異なる国々であり、イデオロギーや価値観の面でも大きな差異があります。これは、中日両国の国情によるものであり、両国人民の歴史的な選択でもあります。中日国交正常化の際、われわれ両国の政治家は両国の客観的現実と世界発展の全般的な趨勢に鑑みて、社会制度や価値観の差異を乗り越え、長期にわたる安定した友好協力関係を発展させるべきだということを確認しました。国交正常化以来の実践が証明したとおり、この政策決定は誠に正しいものであります。そして、戦後における国際関係の変化も、社会制度やイデオロギーの異同をもって国家関係を決める政策根拠とすることは賢明ではなく、人類社会の発展の流れにも合致しないことを立証しました。他国の主権、他国人民の政治的選択を無視し、あらゆる方法を尽くして自らの制度、イデオロギー、価値観を無理やり他国におしつけるような覇権主義と強権政治に対し、私たちは抵抗し、反対しなくてはなりません。長期にわたる安定した中日友好協力関係を発展させるため、両国は九〇年代をとおして社会制度や価値観の差異を乗り越え、平和共存五原則を土台に固めた国家関係を作らなくてはなりません。なぜならそういった関係こそ前途があり、生命力があり、世界平和のために寄与できるといっても過言ではないからです。

三、「中日共同声明」と「中日平和友好条約」は中日両国関係を律する基本的準則であり、両国がともに合意した履行すべき国際的義務でもあります。これらの原則は中日関係の政治的基盤を構成し、両国関係の是非を判断する基準であります。したがって、九〇年代において、われわれはひきつづき「中日共同声明」と「中日平和友好条約」によって決められた諸原則を厳格に守り、これによって中日両国の友好関係を発展させる必要があります。われわれは口先だけにとどまらず、実際の行動において国交正常化以来合意した諸原則を貫き、両国関係に関する政策決定に正確に具現すべきであります。これこそ両国友好協力関係の健全かつ順調な発展を保証する重要な鍵であり、双方ともこれを十分に重要視しなければなりません。

中日関係が前進する中で、時々新しい問題が発生することもあります。両国関係の発展を妨げ、ひいては破壊するような重大な問題が起こった場合は、われわれはともに「言必ず信あり、行い必ず果たす」(言ったことは必ず守り、行動したら必ず成果をあげる)というような誠実な態度をもって真剣に取り扱い、外来要因の妨害を減らすことに努めるとともに、合いまみえるに誠を持ってし、お互いに信頼し合い、友好的な話し合いを通じて善処すべきであります。すでに現れた問題に対しては、われわれのどちらも人為的な障害を設けるのではなく、将来に着眼し大局を重んじて適時に解決し、目先の思惑で両国関係を浮き沈みさせることを避けることが何よりも重要であります。こうしてはじめて中日両国の友好協力関係が九〇年代の国際風雲の試練に耐えるのです。

四、平等互恵によって経済技術協力を拡大することは、国家間の政治関係を強固にするのに有益であり、これは中日関係にも同様に適用されます。中日両国は資源市場、資金、技術などの分野にそれぞれ優勢を持ち、長所を取り入れて短所を補い、ともに発展していく有利な条件と大きな潜在力を持っております。国交正常化以来、中日両国の経済技術協力は大きく発展し、良好な政治的効果を生み出しました。それと同時に、両国の協力関係はまだ深さと広がりの面で満足すべき水準に達しておらず、技術協力と直接投資の分野については特にそうであることを認めなければなりません。このような状態になったのは当然ながら客観的条件の制約もありますが、人為的な障害もあることを見逃してはなりません。一部の人為的障害によって、中日経済技術協力関係の発展は大きく制限されていますが、それを取り除くようわれわれはともに努力しなければなりません。中日双方とも政治の安定と政策の継続性を保ち、両国の経済技術協力拡大のため必要な条件を整備することに努めるべきであります。中国側についていえば、改革開放政策は変わることなく、それに加えて中日経済協力の発展の条件はますます好ましくなる一方であります。現在、わが国は政治と社会が安定し、また、人心が安定を望み、人民経済が整備整頓と改革の深化を通じて良い方向へと着実に発展しつつあります。昨年の波風を経験して、わが国の人民はいかなるときよりも安定の重要性を深く認識しております。安定は、わが国が社会主義現代化を建設するための重要な前提であり、アジア・太平洋地域ひいては世界の平和と安定への中国の貢献の一構成部分でもあります。これからの一〇年間、私どもは、より一層改革開放を強め、独立自主の平和外交政策を維持し、平和共存五原則の基礎に則って、日本を含めた世界各国と友好協力関係を打ち立て発展させていきたいと思います。

五、国際関係において協調を強めることは、中日両国が九〇年代の両国関係を処理する過程において重要視すべきひとつの新しい課題であります。昨年の後半以来、国際情勢は大きく変化し、米ソ関係、東西および東側、西側内部の国家関係はいずれも変化しつつあります。世界の諸勢力が複雑に入り交じり、矛盾や利害関係が衝突している中、これらの変化は、第二次世界大戦後形成された世界の枠組みが崩壊へと向かい、新しい世界的枠組みが逐次形づくられていることを示しています。こうした枠組みの大転換によって、九〇年代の国際情勢は複雑で変化に富み、激動し不安定になるでしょう。

私たち両国はアジア・太平洋地域の重要な国家であり、その一挙手一投足が国際関係に対して重大な影響を及ぼします。私たちはより広い視野から、正確にいえばアジア・太平洋地域と国際関係においてアジア・太平洋地域と地球的規模の角度からさらに中日友好協力関係の重要な意義を評価し、アジア・太平洋地域と国際関係において協調と協力を強化すべきであります。アジア・太平洋地域に限ってみても、私たち両国は協調と協力を強化できる分野がきわめて広く、協調と協力に有効な条件と立場を有しています。このことは政治面においては本地域の平和と安定を擁護し、地域紛争を取り除くためしかるべき貢献ができ、また経済面においては本地域の経済協力を拡大し、各国の共通な発展を推し進め、南北格差をなくすため積極的な役割を果たすことができ、そして環境保護、教育、文化、科学技術など各分野においても有益であります。

国際関係における協調と協力を強化する際、守らなければならない二つの大きな原則があります。ひとつは平和と発展を促進する原則で、もうひとつは平和共存五原則であります。前者は私たちが協調と協力を強化する根本的な目標であり、後者は二国間関係、第三国との関係を処理する上での準則であります。この二つの大きな原則があれば、両国の協調と協力は積極的な成果を収めると考えられます。

今年は二〇世紀九〇年代の一年目であります。いかにして九〇年代の中日関係の幸先の良いスタートを切るかは、私たち両国の抱えている最も緊急な課題であります。

昨年六月に北京で起こった政治的波風は、まったく中国の内政問題であります。日本が一部の西側国家による対中国制裁に加わったことは、両国の友好協力に由々しい損害をもたらしました。中国側委員会はこれを大変遺憾に思い、このような不正常な状態が一日も早く改められるよう望んでおります。この目標を実現させるため、私たち両国政府と人民はともに積極的に努力を払うべきであり、中日友好二一世紀委員会にはなおさら他には任せられない責任があります。私どもは日本側委員会と一緒に将来に着眼し、現状を重んじる科学的な態度をもって今回の会議を成功させ、そして両国関係の回復と発展に関する建設性に富んだ先見性のある提案をすることによって、両国の友好協力関係を一日も早く正しい軌道に乗せ、九〇年代においてより大きな発展を遂げられるように努力したいと思います。

（一九九〇年六月二六日）

張香山 1990年

三、中日友好二一世紀委員会第七回会議において

桜が満開の美しい時期に、中日友好二一世紀委員会第七回会議に出席するため貴国を訪れることができたことをたいへん嬉しく思います。中国側委員一同を代表して、この度の会議の開催に祝賀の意を表するとともに、海部首相が開会式に出席され、友好的で情熱あふれる祝辞を述べられたことに衷心よりお礼を申し上げます。

中日友好二一世紀委員会第六回会議以来、中日関係が顕著な回復と改善を見せたことを、中国側委員会は非常に嬉しく思っています。前回の会議においてわれわれ双方は、国際情勢の変化に応じて中長期的な見地から九〇年代の中日関係について率直に意見を交換し、共同の努力によって正常な中日関係を早期に回復するためにともに努力することで両国政府に相応の提案をいたしました。それからの一年近くの間に、両国政府と人民の共同の努力によって、両国関係に一時的に現われた困難と障害を克服し、経済と文化分野における交流と協力が正常化に向かい、また第三次円借款が順調に実施され、そして一年あまり中断となった政府高官の往来も回復されつつあります。以上のことは正に両国関係が再び正常な発展軌道に戻ったことを物語っています。中国側委員会は、これに喜びと安心を覚えると同時に、この機会をお借りして、日本側委員会並びに日本の各界の友人の方々が中日友好協力関係の回復のためになされた積極的なご努力と精力的な活動を高く評価したいと思います。

言うまでもなく、両国関係の中にはまだ一部の早急に解決を待つ問題があり、われわれ双方はひき続きたゆまぬ努力をしなければなりません。この度の会議において中国側委員会は、日本側委員会とともに両国の友好協力関係を一

層発展させる問題について率直に意見交換を行うことを望んでいます。

過去の一年間において国際情勢に注目すべき変化が起こりました。世界の枠組みが新旧交代の過渡的時期に入り、これによって不安定要因が増加し情勢が揺れ動いています。湾岸戦争に示されたように、米ソ関係の緩和は必ずしもこれからの世界の無事泰平を意味しておらず、世界の平和と発展は依然として厳しい挑戦に直面しています。

国際情勢の変化と発展は、今回の会議に新しい課題を提出しました。つまりこれは、目まぐるしく変化し複雑に入り組んだ当面の国際情勢の下で、いかにしてアジア・太平洋地域ひいては世界の平和、安定と発展のためにひき続き貢献を果たすのかという問題であります。今回の会議において、双方がこの問題をめぐって意見を交換し、有益な検討を行うことを希望します。中日両国は隣国で、ともにアジアに位置する重要な国であります。中日国交正常化以来の歴史と実践が立証したように、長期にわたる安定した中日友好協力関係を発展させることは、両国人民の根本的利益に合致し、アジア・太平洋地域ひいては世界の平和、安定と発展にも寄与するものであります。当面の国際情勢の下で、両国は、中日友好協力関係をより一層守り発展させると同時に、国際問題における協力と協調をさらに強化し、公正かつ合理的な国際政治と経済新秩序を確立するためにともに貢献しようではありませんか。

今年は中日国交正常化一九年目にあたります。この一九年の間、両国関係は、一部の困難と曲折にも直面しましたが、全般的にいえば比較的顕著な発展を遂げ、両国の交流と協力はすでに各分野に広がっています。わが国が今年から人民経済社会発展のための一〇カ年計画と第八次五カ年計画を実施するに伴い、中日両国間の経済、貿易そして技術協力などの交流はさらに拡大発展していくでしょう。

両国の友好協力関係は、両国人民に重要な利益をもたらし、アジア・太平洋地域そして世界平和の擁護に積極的な役割を果たしてきました。今日の中日友好は容易なものではなく、両国の政治家と民間の友好人士が心血を注ぎ、長期にわたって努力された結果であって、両国人民にとってことのほか重要なものであります。中日両国は、社会制度が違い、イデオロギーが異なり、発展水準にも大きな格差が存在していることは客観的な現実であります。中日国交正常化以来の実践が証明しているように、双方は、「中日共同声明」と「中日平和友好条約」の原則と精神を遵守し、社会制度とイデオロギーの違いを乗り越え、相互理解の基礎の上に、両国関係に発生した問題に正しく対応し、それを適切に処理することによって中日友好関係は順調に発展するのです。しかし反対に、「中日共同声明」と「中日平和友好条約」の原則と精神から離脱すれば、中日友好協力関係は損なわれ、本来であれば比較的容易に解決できる問題も困難になります。これは、われわれがともに汲み取るべき教訓であると思います。

来年は、中日国交正常化二〇周年を迎えますが、これは両国政府と人民がともに祝う記念すべき年であります。われわれはこれを機に真剣に過去を総括することによって、未来を切り開き、中日友好協力関係をより成熟した新たな段階に推し進めていくことを希望しています。中国側委員会は中日関係の前途に大きな自信を持っています。われわれは日本側委員会と一緒に、中日友好関係のたゆまぬ発展のためにひきつづき積極的な努力を払っていく所存であります。双方の共同の努力のもとで、この会議が必ずや円満な成功を収めることを信じてやみません。

（一九九一年四月十九日）

四、中日友好二一世紀委員会第八回会議において

中日国交正常化二〇周年に際し、本日、北京において中日友好二一世紀委員会第八回会議を開催できたことは大変有意義なことであります。ここに私は中国側委員会を代表いたしまして、日本側委員の皆様の御参加に対し熱烈な歓迎の意を表するとともに、双方の共通の努力により本会議が積極的な成果を上げられますようお祈り申しあげます。

中日国交正常化からもう二〇年が経ちました。この間、両国関係は満足すべき発展を成し遂げました。双方の協力はすでに政治、経済、貿易、科学技術、文化、教育などの広い分野にわたり双方に重要な利益をもたらし、この地域、ひいては世界の平和、安定と発展のために積極的な貢献をしてきました。そして「積まざれば千里に足らず」両国関係が今日まで発展できたのは、両国政府と人民の長期にわたる努力の結果であり、容易なことではありませんでした。私たちはこれをさらに大切にしなければなりません。また、両国関係において未だに存在している問題については、双方が「中日共同声明」と「中日平和友好条約」の原則と精神にのっとり友好的な協議を通じ適切に解決しさえすれば、両国関係の大局を維持し引き続き両国関係の健全な発展を推し進めることができると思います。

中日関係発展の歴史が証明するように、中日両国政府の「共同声明」と「中日平和友好条約」は、両国の友好関係を長期かつ安定的に発展させる上で重要な文献であり、国際風雲の試練にたえられたのであります。この文献が確立した各原則は、両国がイデオロギーと社会制度の相違を乗り越え、正常な国家関係を樹立し発展させるための強固な基礎を打ち立てた、両国関係における是非を判断する準則でもあります。これは両国関係の二〇年来の実践がわれわ

れに与えた重要な啓示であり、最も貴重な経験であります。

ここ数年来、国際情勢に戦後最も深刻な変化が生じました。ソ連の解体を契機に、四〇年あまり続いた冷戦体制が終わりを告げ、世界は多極化への転換期に入りました。いままで二国体制に隠されていた種々の政治・経済の矛盾、地域衝突と民族・宗教紛争はさらに突出し、平和と発展は依然として厳しい情勢に直面しております。しかし、複雑で激動する国際情勢はわれわれに新しい挑戦と課題を与えただけでなく、両国関係のより一層の拡大と深化のためにひとつのチャンスを与えてくれました。

中国は世界最大の発展途上国であり、日本は世界の経済大国であり、両国は国際社会と広範かつ密接な繋がりを有しております。各自の優れた点を十分に利用し、さらに広い分野において相互協力と協調を強めることは、両国の長期的利益に合致するものであり、公正かつ合理的な国際新秩序を確立し、人類社会の進歩と繁栄を推進するとともに一層大きな影響をおよぼすことでしょう。中日両国は世界の平和、安定と繁栄のために新たな貢献をする責任があり、またその能力も備わっています。この度の会議において、双方の委員が国際協調と協力を強める具体的分野について広範かつ深く討議されることで、われわれの間の相互理解、相互信頼をさらに深められるよう希望いたします。

中日国交正常化二〇周年は両国関係にとって重要な年であり、両国にとって過去を受けて未来を切り開くという重要な一年でもあります。特に指摘すべきことは、江沢民総書記と万里委員長の訪日後、貴国の明仁天皇陛下と皇后陛下が間もなく公式にわが国を訪問されることです。これは中日関係における大きな出来事であり、大変重要な意味を持っております。中国政府と人民は、天皇陛下の御来訪を熱烈に歓迎いたします。併せてこの御訪問の成功は必ずや、両国関係を新しい段階へと推し進めることを確信いたします。

中日関係の絶え間ない発展に伴い、われわれ二一世紀委員会は、両国関係発展の現状と将来の要請にいかに臨むかという問題に直面しております。しかし私は、皆様の知恵と相互理解と相互信頼により、必ずやこの問題を順調に解決できると信じております。そして本委員会が今後ともさらに効果を発揮し、実務的にも両国の善隣友好協力関係の強化と発展のために新たな貢献をなすことができるものと確信いたします。

（一九九二年九月一日）

五、中日友好二一世紀委員会第九回会議において

中日友好二一世紀委員会第九回会議が盛大に開催されるにあたり、私は中国側委員会を代表し、熱烈な敬意を表します。またこの機会をお借りし、細川護熙首相の祝辞に衷心より感謝するとともに、石川座長をはじめとする日本側委員の皆様そして日本側事務局の皆様が今回の会議のためになされたご努力に対し、深くお礼を申し上げます。

過ぎ去った一年間において、中日関係が重要な進展を遂げたことはまことに喜ばしいことであります。双方は中日国交正常化二〇周年の記念行事を盛大に行い、また江沢民総書記が日本を訪れ、そして、天皇皇后両陛下がはじめて中国を訪問されました。政治、経済、文化、科学技術、環境保全、人的交流等の各分野における両国間の協力は積極的な成果をあげ、両国関係は新たな発展段階に入りました。中日友好関係の深化と発展は、両国と両国人民に利益をもたらしただけでなく、アジア・太平洋地域ひいては世界の平和、安定と発展のためにも貴重な貢献をしました。このような重要な進展は、両国政府および人民がともに努力した結果であり、私どもがともに大切にすべきものであります。

二〇世紀は人類社会が大きな発展を遂げた世紀であり、またきわめて不幸な世紀でもあります。この世紀において、人類は二度の世界大戦を体験し、また局地戦争も体験しました。いま冷戦は終結し、世界は多極化に向かって発展しつつあります。予測可能な将来において世界大戦は起こらないと思われますが、今日の世界は決して平和ではなく、秩序は必ずしも保たれていません。多くの地域は激動しており、また一部の地域では戦火が後を絶たず、覇権主義と強

権政治は依然として世界の平和の脅威となっていることを無視するわけにはいきません。また、世界経済も困難に直面しています。特に、アジア、アフリカ、南米等多くの発展途上国の現状は、特に厳しいものであります。われわれは新しい世紀において戦争と激動に別れを告げ、立ち遅れと貧困から脱却し、人類社会が永久に待望している平和、安定、進歩そして繁栄の実現を心から期待しております。しかしこのような目標を実現するためには、世界各国の人民が長期にわたるたゆまぬ努力をしなければなりません。

中日両国が新たな国際情勢の下で、善隣友好協力関係を一段と強固にし発展させることは、より重要な意義を持っています。中日両国は、アジア・太平洋地域および国際社会の重要な国家として、広範な分野において協力と協調を強化することは両国人民の共通の願望に合致し、また各国が自国の発展に取り組む中で、相互間の互恵協力を求めるという歴史的趨勢に合致するものであります。そのことは、この地域および世界の平和と安定を擁護し、この地域並びに世界の発展を推進するために積極的かつ大きな影響を及ぼすことでしょう。このような戦略的角度から見れば、われわれは今までの成績に満足してはならず、立ち止まることがあってはなりません。そして、時代の要請に応えるために一層の努力を重ね、両国関係を絶えず深さと広さをもった新たな関係へと推し進めていかなければなりません。これは時代の要求であり、この面において、われわれ二一世紀委員会はしかるべき貢献をしなければならないと思います。

今年は、中日国交正常化以来第三の一〇年の最初の年であり、また中日平和友好条約締結一五周年にもあたります。過去を振り返り未来を展望し、われわれは両国関係の発展の見通しに自信をもっています。「中日共同声明」と「中日平和友好条約」は両国関係を発展させるうえで動かすことのできない政治的基礎であります。双方が「共同声明」と「平和条約」の原則と精神を厳守し、両国関係において現存する問題、あるいは起こりうる問題に真剣に対処し順調に解決しさえすれば、両国関係は健全に発展することができると思います。

経済協力の面においては、両国は天の時、地の利、人の和そして相互補完という有利な条件に恵まれており、そのうえ中国の改革開放事業の絶え間ない深化と両国経済の持続的発展は、相互協力の拡大により素晴らしい未来を切り開きました。双方が有利な時期をとらえ着実に努力すれば、短い期間で両国の経済協力、科学技術、文化、教育など諸分野における交流をさらに新たに発展させることができるはずです。地域および国際関係において中日両国の役割は日増しに強まり、協力分野も絶えず拡大しつつあることは、両国関係の世紀をまたぐ発展のために新しい原動力を注入しました。双方が互いに尊重し合い、信頼し合い、そして誠意を持ってつき合い、密接に協力しさえすれば、両国関係は必ずやより大きな発展を遂げることでしょう。

日本側のお手配により、われわれは午後から箱根へ会場を移し、具体的な問題について討議することになっております。私は双方の委員が昨年の会議を踏まえ、新しい情勢のもとで両国関係という中心議題をめぐって政治、経済、文化等各方面から率直かつ突っ込んだ意見交換をすることによって、両国関係が二一世紀に向かって順調に進んでいくよう、皆様の知恵を出していただけることを望んでいます。双方の委員の共同の努力を通して、今回の会議が必ずや実り豊かな成果を上げることを信じてやみません。

（一九九三年一一月一六日）

六、中日友好二一世紀委員会第一〇回会議において

新春を迎えるにあたって、中日友好二一世紀委員会第一〇回会議が盛大に開幕される運びとなりました。私は中国側委員会を代表して、石川忠雄座長を始め日本側委員会の諸先生方が、会議出席のため北京においでになられたことを熱烈に歓迎し、また今回の会議の円満な成功を心から祈念いたします。はじめに私はこの場をお借りし、中国側委員会を代表して、一月十七日貴国の阪神地域で大地震が発生し人民の生命と財産が重大な被害を蒙ったことに対し、深い同情の念を表するとともに、被災地の方々に心からお見舞い申し上げます。勤勉で英知に富む日本人民は必ずや自らの手でいち早く傷を癒し、生活環境を立派に立て直せることと確信します。

今年はおりしも世界反ファシズム戦争と中国人民の抗日戦争勝利五〇周年に当たります。このような記念すべき年に本委員会第一〇回会議が開催されることは極めて重要な意味を持つものであります。

世界反独伊日ファシズム戦争の勝利は、世界の平和と民主勢力の勝利であり、かつ人類の進歩の勝利でもあり、偉大な歴史的意義を持つものであります。戦後半世紀にわたり、国際情勢は絶えず重大な変化をとげてきました。米ソ両超大国が対峙し覇権を争うことによって、世界全体が相当長い時期において厳しい冷戦体制の下におかれていました。九〇年代に入って、冷戦構造が崩壊し国際情勢が総体的に緩和へと向かうことによって、各国が友好的に対処し合い、互恵協力を進めるための得がたい機会を与えられました。しかしそれと同時に、民族、宗教、領土等の矛盾によって引き起こされた局地的衝突と摩擦は増加の傾向を見せ、新たな国際的枠組みと秩序はまだ形成されていません。

二〇世紀の国際情勢の曲折に富んだ変化を振り返ることによって、私たちは次のような重要な啓示を得ることができます。それは平和と発展は拒むことのできない歴史的な流れであり、覇権主義と強権政治は人心を得ることができないのに対し、平和共存五原則等は、国と国との相互関係を処理する基本的準則であり、国際政治と経済の新秩序を確立する際の重要な基礎となるということであります。

中国人民の抗日戦争は、世界反ファシズム戦争の不可分の重要な構成部分であり、その勝利は中国に対する日本軍国主義の侵略を徹底的に打ち破り、中華民族が衰退から振興へと向かう偉大な転換点となりました。同時に、日本軍国主義の壊滅は、中日両国が友好関係を立て直すための道を開き、中日関係にも同様にさらなる歴史的意義をもたらしてくれたといえるでしょう。日本軍国主義者によって発動されたあの侵略戦争は、億万にのぼる中国人民に重大な災難をもたらしたばかりでなく、広汎な日本人民にも大きな被害を及ぼしました。この悲惨な歴史的教訓は、私達が永遠に記憶に留め学ぶべきものであります。「歴史を鏡とし、興廃を知るべし」と言いますが、戦後の日本は経済発展の面で大きな成果を収め、傷だらけの敗戦国から物質的分明と科学技術の発展が世界の先端を走る経済大国に生まれ変わりました。その根本的原因はまさに日本人民が平和的発展の道を選び、そして平和的な国際環境を獲得したことにあります。二三年前、中日両国が旧怨を振り捨て、対立から平和への道を歩んだことは、、まさに過去に侵略戦争を発動したことに対する日本の深い反省と、両国人民が友好を強く望むという真摯的な願いを基礎にしたものでありま す。過去のあの歴史に正しく対処することは、中日関係の政治的基礎の重要な構成部分を成すばかりでなく、両国が未来に眼を向け、世々代々の友好を発展させる重要な条件でもあります。この記念すべき年にあたって、中国人民は「前の事を忘れず、後の戒めとする」という精神を踏まえ、前向きの姿勢で様々な記念活動を催すことになります。われわれはお互いが様々な形の有益な記念活動を行い、これを通じて歴史を正しく認識し、有益な教訓を汲み取るられることと信じております。このような記念活動が両国人民の相互理解と友情の一層の増進に寄与し、中日両国の善隣友好関係をさらに強固にすることを切望致します。

中日友好二一世紀委員会が設立されて一〇年が経ち、両国関係は前進途上の曲折と困難を克服し、国際情勢の激変という試練を乗り越え、全体的には正常な発展の趨勢を保ってきました。政治面でわれわれ両国は頻繁に次元の高い往来をおこない、多次元で多チャンネルの協議対話のメカニズムを確立しました。経済面では、お互いの協力分野が絶えず広まり貿易額が大幅に伸びました。その他の各分野にわたる友好交流と協力もますます盛んになり、成果は大変大きなものとなりました。さらに国際関係における両国の協調と協力も著しい進展を見せています。中日友好が今日のような喜ばしい局面を迎えられたのは、中日両国政府と人民の共通した努力の結果であります。

当面、アジア・太平洋地域は政治情勢が安定し、経済が急速に成長し、地域協力も順調に進んでおり、国際社会から幅広く注目されるようになりました。この地域で重要な影響を持つ中日両国が一層友好関係を強化し、協力を拡大していくことは、両国の根本的利益と両国人民の願いに合致するばかりでなく、地域の安定と繁栄、世界平和と発展のためにも貢献するものであります。喜ばしいことに、中日友好はすでに人々の心に根を下ろし、各分野にわたる両国の協力もまた大きな潜在力を育んでおり、各国人民は強く平和と発展を望んでいます。私達は時を逃さずに、両国の善隣友好協力関係を新たな歴史的段階に推し進めるべきであります。そのために、私たちがなすべきことは次の通りであります。それは第一に、情勢がいかに変化しようと、終始「中日共同声明」と「中日平和友好条約」が確立した諸原則を堅持し、私たちが担っている責任と義務をきちんと履行すること。第二には、天の時、地の利、人の和などの様々な有利な条件と、両国の経済成長がもたらした大きな可能性を十分生かし、平等互恵の基礎の上に協力を進め、拡大し、各自の発展と繁栄を目指すこと。第三には、そして両国間の悠久たる民間友好の伝統を継承し高揚させ、若い世代が歴史を正しく認識し、得難い友好を大切にするよう教育し、友好事業の後継者を育成すること。第四には、また両国関係の中に生じた問題を適時に善処することで、中日友好の大局を擁護し両国関係の健全な発展を確保すること。第五には、地域と国際関係における協調と協力を一層強化し、公正で合理的な国際政治と経済の新秩序を確立するために共に貢献していくことであります。

昨年の三月、李鵬首相と細川首相が協議を達成したことを踏まえ、われわれはこの会議において、共同の努力によって、二一世紀に向かう中日友好のための共同提案書を両国首相に送ります。われわれは、この栄光ある使命を完成させるために良い結論を出さねばなりません。

過去を振り返ると、私達は万感胸に迫るものがありますが、未来を展望すれば私達は自信に満ちております。新旧世紀が交替するこの重要な歴史的時期にあたって、二一世紀の中日友好を発展させることを自分の大任とする中国側委員会は、自ら背負っている使命の光栄さと重要さを痛感しております。私達は日本側委員の皆様とともに、両国関係が「共同声明」と「平和条約」の原則の基礎の上に絶えず前進するよう一層努力を続けてゆく所存であります。両国政府と各界の方々の共同の努力の下、二一世紀の中日友好もさらに素晴しい春を迎えられると信じて止みません。

（一九九五年二月一四日）

第六章　集会における講話

一、二一世紀の中日関係を展望する

一、中日国交正常化二〇年の回顧

時の経つのも早いもので、あっという間に中日国交回復二〇周年を迎えることになりました。現在、両国の政府と民間団体がさまざまなお祝いの行事を催しています。これは決して型どおりの行事ではなく、両国の国交回復自身、そして国交回復後の二〇年にわたる両国の友好協力関係が、各分野でかつてない発展を見せているため、大いに祝うべきものがあるからであり、同時にこのようなお祝いをすることは、両国の国民が新たな歴史的条件の下で、双方の友好関係を一層増進させたいという共通の願いを現しているからです。先般、江沢民総書記が日本を訪問した際、日本政府と国民の心のこもった歓迎を受けたことにもこの共通の願いが反映されています。

過去を振り返れば、両国の国交回復は実に容易ではなかったことをまず感じます。中日両国の新しい正常な関係は半世紀に近い対立、敵対そして戦争を乗り越えて勝ち取られたものでもあります。一九四九年中華人民共和国成立から二三年間、アメリカの妨害と日本の為政者による米国追随政策のため、両国関係は終始非正常な状態のもとに置かれました。しかし、両国国民は一日も早く国交正常化を実現し、仲良く付き合っていくことを望み、日本の各界の心ある人々はそのために努力を惜しむことなく行動し、中には尊い命を奪われた人もいました。一九七二年九月、田中首相は中日国交正常化を実現すべく果敢な決断を下しました。そして、両国政府の真剣な交渉によって中日関係の政治的基礎となる「共同声明」が発表された。これによって中日友好関係の新たな一ページが切り開かれ、併せてアジアの緊張緩和と世界平和の擁護に大きく寄与しました。ここからも、両国の国交回復は画期的な出来事であり、これを祝うことは当然のことだということが分かります。

今日の中日関係を正常化当初と比較すると、隔世の感を禁じえない、これが過去を振り返る際、次に感じることであります。全体から見れば、両国関係の発展は順調で良好であり、体制の異なる国が平和共存を図る上での貴重な体験となりました。それでは二〇年来の中日関係は、どのようなめざましい進展を見せたのでしょうか。

まず政治の面についていえば、両国は一九七八年に「平和友好条約」を締結し、「共同声明」の原則を法的に確立しました。「平和条約」と「共同声明」は両国の友好協力関係を発展させるための政治的基礎であり、かつ両国関係を規範する基本的原則であり、併せて両国関係の是非を判断する際の原則でもありました。双方はまた両国関係を指導する四原則を確立し、実行可能な数多くの協定に調印し、両国閣僚レベルの定期会議制度を設けました。また政党間でもある程度の関係が確立され、相互理解と信頼情勢に役立っています。

国際関係において、両国とも覇権主義に反対し覇権を唱えないこと、そして平和共存五原則の基礎を踏まえつつ、世界とアジアの平和と安全を擁護するために協力し、しかるべき成果を挙げました。

経済貿易の面から見れば、平等互恵の原則を踏まえることによって、双方の輸出入貿易額は、一九七二年の一〇・三億ドルから一九九一年末現在の二〇二・八〇億ドルに増え、二〇年間でほぼ二〇倍の増加となりました。日本はわが国に対して三回にわたる低利息円借款を実施しており、合計一六一四九億円となっております。また、二回に渡って一〇〇〇〇億円に上るエネルギー借款と「黒字環流」計画中の総額一四〇〇億の円借款、そして無償援助の三八四四・五億円等があります。これらの借款は特恵借款であり、中国の基礎産業、交通建設、都市と農村の発展に重要な役割を発揮しています。また中国の改革開放の過程で、日本企業は中国に直接投資をしていますが一九九一年六月現在、実際に投資された金額は二六億ドルでした。急速な発展を遂げた中日経済貿易協力は、今や両国関係を強化する重要な絆となっています。結果から見れば、これはわが国の社会主義近代化建設を促したばかりでなく、両国の文化交流も著しい進展を見せています。わが国から日本に派遣した人数だけについていえば一九九〇年現在二六三二人で、就学生一〇三八七人、研修者七六二四人に達しており、一九九一年には若干増えています。また双方の民間往来も頻繁になっており、一九七二年当時は、日本からの訪中者は延べ三〇五二人とたいへん少なかったのが、一九九〇年には延べ三六六五五〇人に膨れ上がりました。中国から日本を訪問する人も一九七二年の延べ九九四人から一九九〇年には延べ一一七八一四人となり、友好都市はすでに一二七組となりました。このように、中日間の盛んな人的往来と豊富多彩な民間レベルの友好活動は、両国関係を推進する上で重要な役割を演じました。

しかし、この二〇年の間には摩擦や矛盾、論争も当然ありました。問題は主に一九八二年以降に発生しており、政治的なものもあれば、経済的なものもあります。政治面の問題は主に、「教科書問題」、靖国神社への首相の公式参拝、藤尾、奥野両大臣の放言などといった、日本の中国侵略の歴史に対する認識の相違から生じる問題があります。それと「光華寮問題」、いわゆる「蒋介石道徳顕彰会」などといった台湾問題、つまり日台関係の問題があります。これらのことは「一つの中国」か「二つの中国」かという原則的問題にかかっています。これらのすべての問題は外交問題にまで発展したとはいえ、両国政府の交渉、友好的話し合いや忍耐強い意見交換をとおして、「共同声明」と「平和友好条約」の精神と原則にのっとって最終的には円満に処理することができました。釣魚島(尖閣諸島)という歴史的に残された、一時的には解決困難の問題については、中日友好の大局に影響を及ぼさぬよう解決の時期が熟すまで棚上げにすることで合意しています。この他には、中国への制裁の問題がありました。一九八九年の春から夏にかけて中国で政治的波風が発生した際、日本は他の西側六カ国と一緒に中国への制裁に加わり両国関係に挫折をもたらしました。これは中国の内政問題であり、西側七カ国が大量の事実無根の報道をもって中国に制裁を加えたことに対し、中国人民が反発するのも当然のことであります。日本はなんといっても中国近隣のアジアの国家であり、アジアと中国の事情をよく理解していたため率先して制裁を打破し、両国の正常な関係を復活させました。私たちはこれを評価するものであります。

経済協力における問題と摩擦は、平等互恵にかかわる問題もありますが、基本的には実務レベルの問題であります。たとえば、八〇年代に中国の大量入超の問題が現れたこと、中国のインフラと投資法規が不完全で経験不足のため中国に対する日本の一部企業の投資が鈍ったこと、また新技術移転について日本の企業は保守的であることなどがそうです。経済貿易に関するこれらの問題は、時を移さず多ルートによる双方の話し合い、意見交換と必要な調整により、また中国側がインフラなど投資環境の整備とソフトの面で改善した結果、一部の問題が逐次解決されるようになりました。

以上述べたように、二〇年来の両国関係には八〇年代以降の一時的摩擦と矛盾が発生したものの、両国の友好協力関係という主流に比べれば、このような消極的要素は結局は、局部的、副次的なものであり、両国関係発展に妨げとなるものではありませんでした。

二、今後の展望

では予測できる将来において、中日関係はどのような発展を見せるでしょうか。

この問題への答えは次の三つの面、すなわち今後の世界の趨勢、中国の発展の展望と日本の発展の展望に分析を加え、実体に即して答えを引き出すことが必要です。

世界は新旧の枠組み交替の時期にある

ここ数年来、世界の情勢は目まぐるしい変化を見せました。東欧の激変、ソ連の解体により戦後の米ソ両超大国が対立する覇権争奪の枠組みがなくなり、各種勢力は新たに分化しつつあり、新しい枠組み、すなわち多極化の枠組みが形成され、加速化の様相を見せています。現在われわれはこのような過渡期にありますが、これはどのような特徴を持っているのでしょうか。

「独立国家共同体（ＣＩＳ）」のどの国ももはや超大国でなくなったのに対して、米国の実力も相対的に弱まっているため、予測できる将来において世界大戦勃発の可能性はないと思います。また、これまであった「ホットポイント」はだんだん温度を下げてつつあり、核軍縮と通常兵器削減交渉も進行中であります。しかし、世界平和を脅かし緊張をもたらす要素は根本的には解消しておらず、覇権主義と強権政治はいまだ続いていることを見落としてはなりません。古い国際均衡が打破され、力の不均等により、これまで覆い隠され、制約された政治、経済、宗教と民族矛盾が顕在化し、局地衝突に発展したものもあります。独立国家共同体自身が数々の矛盾を抱え、前途にも不確定要素が多いことから西側諸国は困惑し、不安と危惧を隠すことができません。一部の地域では軍備競争が激化の一途をたどり、ハイテク兵器のモデルチェンジに拍車がかかっています。したがって、われわれの暮らしている世界は必ずしも平和ではなく、むしろより複雑で予測しがたい特徴を持つようになっています。当面、激動と不安のヨーロッパと好対照をなしているのは相対的に安定しているアジア・太平洋地域であります。

もうひとつ指摘しておきたいのは、経済を発展させ総合国力を向上させることは、世界大多数の国々が最も関心を寄せる問題であり、経済分野の国際競争は日増しに激化し、ブロック化と共同体化の傾向が助長されていることです。現在、国際経済競争は先進国間だけではなく、発展途上国の間でも進行しています。アジア地域の主要国の経済成長が力強い勢いを保っていること喜ばしいことですが、グローバルに見ると南北間の貧富の格差は依然として広がる一方で、当面世界の発展を阻む重大な問題になっています。

過渡期には次のような傾向を見ることができます。すなわち世界唯一の超大国である米国が一国で、またはいくつかの西側の強国と共同で国際関係を牛耳るという国際的秩序確立の動きが見られます。またこれに反して、広範な第三世界の国々は、平和共存五原則を基礎とする世界新秩序の確立を求めています。この二つの要求の異なる闘争は、今後も長期的に存在するでしょう。この過渡期において一部の大国や強国は、最終的に独立した一極にまで成長するので、米国一国による世界征覇のねらいを実現することは困難であります。

平和と発展という世界の二大テーマはいまだに解決されておらず、今後かなり長期間にわたり将来の平和と発展の上での世界のメインテーマでありつづけるでしょう。

「世界の中の中日両国」として、この過渡期において、またはそれ以後の相当長い時期において平和と発展という大きな流れに沿って前進するのか、それともこれに逆行するかは、今後の中日関係がいかに発展するかを決定付け、また制約する重要な側面であります。

中国の展望―中国の特色ある社会主義の道に沿って前進を続ける

中国共産党は一九七八年の一一期三中総以来、「一つの中心」と「二つの基本点」を主な内容とする基本路線を確立しました。いわゆる「一つの中心」とは経済建設を中心とすることであり、「二つの基本点」とは四つの基本原則を堅持し、社会主義への道と党の指導を堅持し開放を堅持することであります。中国はそれと同時に、三段階の戦略的配置を確立しました。一九九〇年に一人あたりの国民所得を一九八〇年の二倍増とする、すなわち一人あたりの所得水準が二〇〇ドルから四〇〇ドルに達することですが、この目標にはすでに到達しています。第二段階として二〇〇〇年には一人あたりの国民所得をさらに一九八〇年より二倍増の八〇〇から一〇〇〇ドルにレベルアップすることです。第三段階として二一世紀五〇年代には、一人あたりの国民所得を中進国の水準に引き上げることです。われわれは社会主義制度の下で改革開放をとおして生産力を開放し、国民の生活水準を向上させなければなりません。最近、中国共産党は党の「一つの中心、二つの基本点」という基本路線を明確にし、一〇〇年間動揺しなければ国が長期安定し中国は希望に満ちていることを明確に指摘しました。

近年来、東欧、ソ連などの社会主義制度が崩壊したことによって、西側の一部の政治家は共産主義と社会主義はすでに完全に失敗したと断言し、中国の社会主義もこの運命から逃れられないと予言しています。われわれは、東欧、ソ連の変化が確かに中国にとって厳しい試練であったことを公言して憚らないものです。しかし、歴史的唯物主義の観点から見れば、ひとつの新社会制度が旧社会制度に取って変わるのは、誰かの意志によって決まるのではなくそれ自身の客観的法則によるほかはありません。しかし、新社会が旧社会に取って変わるのはこれまで順調に進んだ試しがなく、数えきれない闘争を経なければなりませんでした。資本主義社会は封建主義社会に取って代るのに数百年を要しており、しかもその間復活と反復活の複雑な闘争がありました。社会主義国は誕生から今日までまだ七〇年であり、その中のいくつかの国が資本主義復活に見舞われ挫折を喫したのも不思議ではありません。したがって、この一時的現象を取り上げて、社会主義国はすべて駄目だという考えはあまりにも独断的ではないでしょうか。

東欧と旧ソ連の変質には外的要因もあれば内的要因もありましたが、主に内的要因によって引き起こされていると思います。ソ連についていえば、私個人としては、次のような重要な内的要因をあげることができると思います。

一、ゴルバチョフは理論上、実践上の両面において、マルクス主義と科学的社会主義から離れてしまった。

二、ゴルバチョフの経済改革は失敗に終わり、国民の生活は困難を極め、また彼の政治改革の結果は国民大衆の思想を混乱させ国民に大変な不満を巻き起こし、また、それによって彼は辞職した。

三、ソ連において大国主義と覇権主義が長期的に行われたことは、社会主義国家の外交原則に反し、それによって国力を消耗させるに至った。

四、ソ連共産党の長期政権により官僚主義が横行し、それによって大衆が離れ、党が困難な局面の時に国民の支持と信頼を得ることができなかった。

以上、ソ連が激変した要因を簡単にあげましたが、この四点だけを見ても中国とソ連がかなり違うことが分かるはずです。

まず、中国共産党は終始一貫してマルクス主義と毛沢東思想による指導を堅持し、マルクス主義の基本的原理を中国の具体的実践と結びつけることによって、正しい政治路線を確立したのです。そして、中国人民は新民主主義革命の勝利を獲得し、社会主義の道を歩むように導いたのです。社会主義が中国にかつてない独立と統一、民主と富強をもたらしたことによって、中国は国際舞台でしかるべき地位と尊厳を得たのです。しかし、新民主主義革命の時期にせよ社会主義建設の時期にせよ、中国共産党は確かに数々の誤りを犯し、革命の建設に重大な損失を負わせたことがあったことを隠すことはできません。しかし重要なことは、わが党は真理を堅持することによって、誤りをその都度是正することができるのであります。われわれは正しい思想、よい経験を必ず堅持し継承し発展させます。そして誤りについて実事求是の態度で分析し、教訓を汲み取り正確な指導を行います。われわれは誤りを是正することを口実に、真理を誤謬として修正したりすることを断じて許しません。また、社会主義建設の中で発生した間違いや科学的社会主義の学説の間違いを修正し、自分自身の誤りに対してわれわれは前に述べたように、科学的態度で真剣に対処することができるからこそ、誤りを修正した後すぐに前進できたのです。これはわれわれがソ連共産党と根本的に違うところです。

次に改革についていえば、わが国は建国当初、ソ連の建設の経験を学んだことがあり、よい効果を収めていました。しかし、五〇年代中ごろになると、ソ連の経験は必ずしもすべて成功したわけではなく、仮に成功したものでも中国の実情に適するとは限らないということが分かったため、中国の実態に合う中国の特色ある社会主義の道を模索し始めました。模索する中で経験不足のため、少なからず誤りも経験しました。そして一九七八年末の一一期三中全会になって初めて文化大革命に終止符を打ち、活動の重点を社会主義近代化建設に移し、同時に経済改革の第一歩を踏み出すことができました。この改革は農村からはじまりましたが、人民公社の廃止、農村における各戸生産請負制の導入、農産物価格の適正化などを主政策としたことによって農民の生産意欲を大いに高め、農業生産力を発展させ、そして農民の生活水準を改善、向上させることができました。これを踏まえて一九八四年、さらに都市の改革を進めましたが、それは経済様式、経済管理体制、企業経営そして財政、税収、価格、金融、商業の各分野におよび、経済改革とあいまってわれわれはさらに政治と教育の改革を進め、同時に対外改革開放政策を推し進めました。改革開放の結果、各方面の建設に大変大きな成果を挙げ、人民は利益を享受することができました。これによって党の改革開放政策は大衆から大きく支持されたのです。これからも分かるように、改革開放の中で中国が挙げた成果はソ連のペレストロイカのそれとは全然違うものであります。

さらに中国の外交政策についていえば、われわれは独立自主の平和外交政策を取り、自国の建設のために平和な国際環境の確保を願うものであります。したがってわれわれは、平和共存五原則の基礎の上にすべての国との友好関係を強化し、覇権主義と強権政治に反対するとともに、被抑圧国民と被抑圧民族の正義の闘争を支持し世界平和を擁護し人類の進歩を促進します。中国は、外国の覇権主義に反対すると同時に、中国自身が覇権を唱えないことを明確に宣言しています。われわれは外国に一兵一卒も駐在しておらず、外国に軍事基地も持っていません。ただ建国当初、朝鮮の抗米闘争を支援するため志願軍を派遣したことはありましたが、停戦後すべて撤退させました。われわれは軍備拡張に反対し、軍縮に賛成しています。国際情勢が緩和に向かうなかで中国は、一九八六年自主的に一〇〇万もの軍隊の削減を率先して実行し、また、一部の軍事産業を民間企業に切り替えました。中国には米ソのような膨大な軍産複合体はありません。そして、中国も核兵器を保有していますが数は極めて少なく、まったくの防御のためのものであります。中国は決して先に核兵器を使用しないし、核を持たない国々に核兵器を使用しないことを再三明言してきました。中国は核軍縮に賛成であり、しばらく前に「核非拡散条約」に加盟しました。われわれは各国国民の共同努力によって、最終的に核兵器の全面禁止と完全廃棄を達成するよう期待しています。中国は断固として平和を擁護し覇権主義に反対するのも、ソ連とりわけ覇権主義と拡張政策を取ったブレジネフ時代と断然違うところです。

中国共産党と大衆は血と肉の関係にあります。中国共産党の指導の核心は三代目に入りましたが、なお古い世代のプロレタリア革命家も依然多く健在であり、建国前の革命闘争に参加したことのある党員は二〇〇万人あまりおり、それらの闘争に参加してなお健在の大衆はさらに多いのです。彼らは、共産党と社会主義制度に深い感情をもっています。建国後、党が国民を指導して社会主義革命を実現し、社会主義建設を進めたことによって、大衆はこれを擁護し支持しているのです。しかし近年来、党組織と党員幹部の中には官僚主義、主観主義、形式主義、腐敗など大衆から遊離する現象が発生したのも否めません。それを全力を挙げて改善しなければなりませんが、中国共産党と大衆の関係、幹部と民衆の関係は全般的に見て良好なものだと思います。ソ連共産党が労働者・農民の信頼を失ったのとはまったく違うのです。

私の知っているところは、中国問題を研究する日本の専門家の中には、古い世代の革命家鄧小平等が健在の間は中国に大きな動乱はないだろうが、これらの人たちがいなくなると、中国はソ連の轍を踏むだろうという見方が流行っているようです。この見方の前半は正しい、つまり鄧小平が健在である間、中国は嵐に耐えられるということです。しかし、これは鄧小平亡き後の中国についてあまりにも悲観しすぎています。鄧小平亡き後に混乱が起き、しかもその混乱が党内に起きるであろうという心配は理解できますが、しかし、中国の社会主義事業に後継者が育つよう、われわれは一〇年以上準備を進めてきたことを見落としてはなりません。鄧小平が「文化大革命」後返り咲いたときに党と政府の最高責任者にならなかったのも、比較的若手の同志が指導的立場で実際に鍛えられるよう配慮したためであります。それと同時に「革命家、若年化、知識化、専門化」という基準に即して指導部に送り込むべく、才徳兼備の人を大量抜擢しました。言い換えれば、改革開放に対する人々の確信を強めるために、改革開放を堅持し業績を認められた人を各クラスの指導部に抜擢したことであります。それに加えて、社会主義制度はすでに中国の大地に深く根をおろしており、とりわけ一一期三中全会以来提起された中国の特色ある社会主義建設の路線は、党員と大衆の中に深く根づいており、人々にとっての共通の実践目標となりました。したがって、国際情勢がいかに変わろうとも中国は自らの道を歩んでいくのです。

日本の展望

誰でも自分の国を一番よく知っていますので、この問題はご在席のみなさんの方が私より明晰で正確に把握しているといえるでしょう。ですから、日本の展望については私は主に中国人、特に私個人による若干の考察を大まかに述べてみたいと思います。

一、日本の基本姿勢のひとつは「政治大国」になることです。日本はとっくに経済大国となり、果ては超経済大国になろうとしています。一九九〇年、日本の実質国民総生産はアメリカよりもまだ低いものの、一人あたりの国民総生産は早くも一九八七年にアメリカを超え、いまや世界最大の貿易収支と経常収支黒字国になりました。また世界最大の資本輸出国と債権国でもあり、工業技術水準と生産能力は世界のトップレベルを走り続けています。資源もなく植民地もない国が、経済大国になったということは奇跡に違いありません。日本にはこのような経済力があるため、日本の為政者は八〇年代の後半からもはや「経済大国、政治小国」という地位に我慢できなくなり、政治大国になることを主目標とする「二一世紀の日本」と言われる新国家戦略を策定しました。それは二一世紀初頭には強大な経済力をバックに、日本の政治的影響力をグローバルな範囲に拡大し、その経済的地位に相じた政治的地位を獲得することを、基本的特徴とするものでありますが、アジア・太平洋地域において主導的役割を発揮すること、すなわち「特殊な責任」を果たすことです。軍事面においては、日米安保条約の枠組みの維持を前提に、軍事力を次第に増大させ、安全保障の面で「さらに多くの国際的責任」を負うことであります。日本は欧米と対立する勢力を形成し、それと対抗しうる世界の一極を目指すということです。

政治は経済の集中的現象です。今や超経済大国となった日本が政治大国になろうとすることは疑うべくもないことであり、その可能性が早く到来するかもしれません。

二、経済の面で自国の経済繁栄の維持と、世界経済の中における自国の突出した地位向上のため、日本は高い技術、精密加工、幅広い投資、多収益の経済戦略によって、二一世紀初頭に実質国民総生産の面でアメリカに一層追いつき、追い越すことを目指しています。この点は可能でしょう。一部専門家の予測によると、九〇年代の一〇年間に日本の年間国民総生産における平均成長率は三・五%から四%を維持し、二〇〇〇年になると、日本のGN

Pはアメリカの七八％、もしくは九八％に到達することが可能とされておりますが、いずれにせよアメリカを追い越すのはあとわずかだということであります。当然、経済発展の中であれこれの問題や困難にもぶつかりますが、世界が平和である中で、多くの国々が経済発展を主要な課題としており、アジア・太平洋地域には経済の活力が満ち、日本をリーダー格とする局地的経済地域が形成される可能性も考えられます。このような局面は「アメリカに追い付け、追い越せ」を経済戦略にする日本にとってきわめて有利です。

三、外交の面において、日本は常にアメリカとの同盟関係を日本外交の基軸としています。しかし、ソ連の解体によって、日米がともに臨む軍事的脅威が消え、日米同盟の基礎にも変化がもたらされたこと、また日米経済の力関係の変化が加わって、双方の経済摩擦が益々増幅していること、そして日本が政治大国になってアジア・太平洋地域においてより大きな役割を発揮しようとしていること。こうしたことから日米間にこれまでにない矛盾が発生する可能性があります。しかし、全体から見れば協調と協力は今後の相当長期間において、なお日米関係の主要な部分であり続けるでしょう。それは、日米の密接な経済関係は双方の相互依存度を深めたからです。政治的には、アメリカは日米同盟関係を継続させることによって、ひきつづき日本に責任分担させ、自らの力不足を補うでしょう。逆に日本はアメリカとの協力によって、自国の地位向上を図ることができます。このように、安全保障の面ではアジア・太平洋情勢は全体から見て緊張緩和に向かいつつあるものの、不安定要因は依然として存在しています。日本は、アメリカの保護から脱却することを急がなくてもよく、アメリカも同盟関係の継続によって引続き日本に軍隊を駐在することで日本に対する制御が維持できます。この他、一部のグローバルな問題について、日米には共通の利益があるので、日米同盟は双方の矛盾を調整する中で役割を発揮し続けるでしょう。日本外交については、特に次の二点を強調しておきたいと思います。それはひとつには、日本は今後アジア地域で核心の役割を発揮すべく、この地域に立脚する基本方針を大きく推進するでしょう。二つ目は、中日友好関係を日本外交の重要な柱とするという立場にはおそらく変化がないということです。

以上三つの点から今後の日本の行方についてお話させていただきました。日本が「政治大国」になろうとしていることは、アジア諸国に多くの議論を巻き起こしています。それというのも、日本が政治大国になった暁には、軍事大国になりはしないかという心配があるからです。日本は軍事大国にならず、日本の国際貢献は非軍事の分野に限定すべきだと、日本の為政者は再三にわたって表明しております。しかし湾岸戦争後、国際貢献の問題をめぐって自衛隊の海外派遣をはっきり打ち出し、「家に閉じこもって調子のいいことを言っても平和を維持できない」と言って、人を出し、力を出し、血を出すことを主張し、ＰＫＯに参加する形で西側の軍事行動に関与することを要求する一部の日本の政治家がいます。また、国際関係において憲法が日本の手足を縛っているとして、平和憲法の改正を直接要求する人もいます。去年の日本国内の世論調査によれば、改憲賛成の人は三三％に達し、前の年より一一ポイント増えました。現行憲法が今の国際情勢に適応できなくなったという見方は、四五％にも達しています。このような傾向は、さらに増加する可能性があります。このことは、第二次世界大戦中日本の侵略を受けたアジア諸国の不安を招かずにはいられません。もちろん、日本国外のさまざまの制約要因の存在と広範な日本国民の反対により、当面日本が軍事大国の道を歩むことはないと考えられますが、しかしより長期的に見れば、このような危険は完全に除去されたわけではありません。

今後の中日関係についての三つの見通し

以上、国際的枠組みの変化、中国の展望と日本の展望について大まかな分析を行いましたが、今後の中日関係について次の三つの見通しが考えられます。

第一には、両国関係は平和共存五原則を基礎に長期的、安定的発展を見せることです。世界全体の趨勢は平和と発展であり、とりわけ両国の位置するアジア・太平洋地域は相対的に安定しており、経済情勢も活気を見せています。このような外的条件のもとで、中国は動じることなく中国の特色ある社会主義の道を歩み続け、次第に国力を増強し、社会主義の民主と法秩序もだんだんと整備されてきています。また、外交の面では、独立自主の平和外交政策を堅持し、決して覇権を唱えず、中日友好を長期的国策とすることを堅持します。これに対して日本は「政治大国」になってからも軍事大国にならず、または軍事大国への道を急ぐことなく、中日関係をひきつづきアジアにおける外交政策の土台とすることが重要です。以上の大前提のもとで、政治、経済貿易、文化、科学技術の諸分野にわたる中日両国の協力と交流の展望が開け、大いに発展することと思います。同時にアジアと世界の平和と発展にもさらに多くの貢献をすることでしょう。そして両国の国民の友好も一層強固に発展するでしょう。実践が証明しているように、両国の社会制度が異なり、イデオロギーと価値観が違ううえ、アメリカとの関係にも開きがあるために矛盾や摩擦、論争は避けられないことです。しかし、双方が「共同声明」と「平和友好条約」の精神および両国関係の四原則にのっとって対処しさえすれば、これらの問題もうまく解決できるものと思います。以上は両国関係の第一の可能性であり、このような現実的可能性を現実のものにするよう、両国の人民はともに努力しなければなりません。

第二の可能性についてですが、中国は既定の方針に基づき社会主義の道を堅持し、日本との友好関係を引き続き求めていきます。しかし、日本は実力を増すにつれて右翼勢力、改憲勢力、保守的民族主義者たちが血迷い、日本の為政者に自らの約束を破らせ、軍事大国への道を走らせようとしております。一度日本にこのような変化が起これば大きな損害を受け、そして中日友好協力の大局を破壊し、両国間の矛盾、摩擦ひいては争いまで増えるかもしれません。このような局面は両国人民にとっても、アジア・太平洋地域の安全と安定にとってもマイナスであり、私たちはこの事態の発生を避け防止するために努力しなければなりません。もちろん、これは主に日本の人民自身の努力いかんにかかっています。

第三の可能性についてですが、中国共産党がうまく行かず、中国の特色ある社会主義の道から離脱した結果、中国に大混乱が起きることです。これも日本の極少数の中国問題研究者が中国が乱れることを期待して、毎日のように吹聴していることであります。事実、本当にそのような混乱が起きたら、中国人民がひどい目に遭うばかりでなく日本を含む中国の近隣の地域や国家も安定を得ることは大変難しくなるでしょう。そのとき、幾千万の武装難民が日本を含むこれらの地域と国家になだれ込むでしょう。このような動乱のもとで、中日友好や中日協力などと言っていられますか？高い見地に立つ責任感の強い日本の政治家に対しこの問題は深刻であり、中国が混乱し不安定になることは、日本の安定とアジアの安定に不利だということを理解しなければならないということも指摘しておかねばなりません。もちろん、第三の可能性はきわめて小さいものですが、だからといって私たちはこれを軽く見てはいけません。この可能性の発生を防ぐのは中国自身の努力にかかっています。

要するに、われわれ両国人民は第二と第三の可能性の出現を防止するために努力するとともに、第一の可能性の実現を追求しなければなりません。中華民族と日本民族はいずれも偉大な民族であり、二〇〇〇年の長い歴史の中で、われわれ両国人民はお互いに学び合い、助け合い、燦然と輝く東洋文明に大きな貢献をしてきました。われわれは今後において先人の偉業をさらに輝かしいものとしなければなりません。

（一九九二年四月十三日　於 北九州）

二、中国の対外政策に関するいくつかの問題に答える

――日中倶楽部における講演――

日中協会の御好意により、諸先生にお目にかかり、中国の対外政策等についてお話する機会を得ましたことは大変嬉しく、また光栄なことであります。

本日は、中国の対外政策について総合的に紹介したり、お話したりする必要もないし、また適切でもないと思いますので、きょうはただ日本でいろいろと議論されている中国の対外政策に関するいくつかの問題について、若干の見解を述べさせていただきます。皆さんが中国の対外政策を研究し、理解するうえで少しでもご参考になれば幸いです。

第一の問題として、中ソ折衝の前途はどうなるのでしょう。中ソ関係が、五〇年代のような「一辺倒」の状況は再現する可能性があるかどうかということです。中ソ外務次官級の会談が一九八二年の一〇月に始まってからもうすぐ二年になります。中国はソ連との関係改善には誠意を持っています。というのは中ソ両国関係の正常化は、中ソ両国人民の根本的な利益にかなうばかりでなく、アジアの平和と安定、ひいては世界の平和にとっても有益であるからです。中国側は、両国関係の正常化を実現するには、関係正常化実現の三大障害を取り除かなければならないと考えております。つまりカンボジアから撤兵するようソ連がベトナムに働きかけ、ソ連自身がアフガニスタンから撤兵し、中ソ国境と中国、モンゴルに駐留している一〇〇万の軍隊をフルシチョフ時代の程度に減らすことであり、それによって、中国に対する南、西、および北という三つの方面から来る直接の脅威を取り除くことです。

ところがソ連側は中ソの折衝は第三国に触れるべきでないとか、第三国の利益を損なうべきではないとか、いろい

ろと口実を設けてこれを拒否しています。彼らは、ただ両国の相互不可侵条約やら、両国関係の基礎協定等のような空談議の文献を締結しようと要求しています。先般、中ソの第四回目の折衝がモスクワで行われましたが、論争のポイントはやはり正常化実現の障害を排除できるかどうかにありました。ソ連は、これまで行われた三回の折衝と同じように頑固にこれを拒否しました。

ですから、中ソ折衝を通じて何か成果があったとすれば、それは両国の貿易額が増加し、(今年は一二億ドルに達し、六パーセント伸びる見込みです)両国の人員や留学生の交流が増え、相互訪問の政府要員のレベルが高くなったことです。(ソ連の第一副総理アルヒポフが今年中に訪中することになっています)。私たちはソ連が正常化の三大障害を排除するために着実な行動を取らなければ、中ソ両国関係に劇的変化が起こることはないと思います。

ここで特に指摘しておきたいのは、日本の一部の報道機関が推測しているように、ある日目が覚めたら、中ソ両国はすでに仲直りし、はては五〇年代のようなソ連一辺倒の政策を中国が実行する事態も起こりうるのではないかということですが、このような推測はただお茶を飲むときの冗談話にしかなりません。現実の国際政治においてはあり得ないことです。

なぜなら、今日の国際関係、今日の世界構成、そして今日の中国とソ連の状況は三〇年前とまったく異なり、いずれも大きな変化を遂げているからです。新中国が誕生したときは、世界は正に厳しい冷戦時代に置かれていました。中国革命は、ロシア革命によって届けられたマルクス・レーニン主義を指導思想とするものです。二八年間の革命闘争のなかでソ連は私たちを支持し、援助してくれました。中国人民は、レーニンとソ連革命に深い感情を抱いており、ソ連を自分の手本としたのです。

第一次世界大戦後、アメリカが資本主義世界の最も強大な国家となり、ドルと武器を蒋介石に与え内戦をひき起こさせて、中国革命を弾圧しました。新中国が誕生してからも、アメリカは国際外交の面において中国を孤立させ、経済的には中国に対して全面的な封鎖を行いました。このような状況のもとで、私たちは勝利と独立をおさめ、社会主義建設を推し進めるには、ソ連をはじめとする社会主義陣営に加わる「一辺倒」以外に選択の余地がなかったのです。

しかし、当面の世界の状況は、四〇年代や五〇年代と比べてすっかり変わりました。まず、ソ連が覇権主義を推し進めたため、社会主義陣営は解体し存在しなくなりました。ソ連は声を大にして「社会主義大家族」などといっておりますがそれは格好ばかりで、関係諸国の間には矛盾が満ちています。また、戦後の時期において植民地や半植民地の国家が一〇〇もありましたが、今や、これらの国々はすでに政治的に独立を獲得し、当面の世界政治の舞台で重要な勢力になっています。資本主義陣営の植民地体制はすでに崩壊し、世界は「二極」から「多極」に変わりました。さらには、中国自身についていえば、三五年の歳月を経てわれわれは国連に復帰し、世界で一二〇ヵ国の国家と外交関係を樹立し、しかも建国当初まったく敵対状態にあった米国とも外交関係を打ち立てました。貴国とは外交関係を回復したばかりでなく、すでに深い友情で結ばれた隣国となりました。

以上のような国際関係と構成は、明らかに新中国が成立した当時とは根本的に異なっています。情勢がすっかり変わり、国際関係がすでに変化した以上、中国が逆コースをたどり、再びソ連一辺倒になるようなことがあり得るでしょうか。私たちのいう中ソ関係の改善とは突き詰めていえば、平和共存五原則を基礎に正常な国家関係を持つだけのことです。

ここでもうひとつ述べておきたいことは、中国がソ連と数十年にわたる付き合いの中で苦い教訓を得ているということです。中国は、ソ連の大国主義、覇権主義をいやというほど身に染みて感じています。中ソ関係が決裂したのは、突き詰めていえばソ連が中国を支配しようとしたのに対し、私たちが自分の独立と主権を守り、彼らのやり方に従わず断固としてそれを拒否したからです。それに対して彼らは、専門家を引き上げ、契約を破棄し、転覆を行う一方、多くの国の共産党をかき集めて、中国共産党を包囲攻撃する等の挙に出ました。そのため、中ソ友好相互援助同盟条約の存在意義が実質的に消失し、条約の期限とともにそれが廃棄されるところまで発展しました。数十年にわたる実際の体験から、私たちは実に多くのことを学びとることができました。中国共産党第一二回全国代表大会と去年開かれた第六期全国人民代表大会第一回会議は、わが国が独立自主の対外政策を実行し、いかなる大国あるいは国家ブロックにも依存せず、また覇を唱えようとするいかなる国家にも反対すると表明しました。中国人民は自らの体験により、この政策を一致して擁護すると同時に、これはわが国の確固とした国策であると考えています。

次に第二の問題、中日関係について話してみたいと思います。四ヵ月前に中国共産党総書記胡耀邦が日本を友好訪問し、円満な成果をあげました。そして数日前には中曽根首相が訪中し、わが国政府と人民の熱烈な歓迎を受けました。これら両国の首脳会談を通じて、私たち両国の友好協力関係は一段と促進されました。これによって、私たちは、胡耀邦総書記の訪日と、中曽根首相の訪中を中日友好の歴史における新しい一里塚と見なしています。中国人民は、私たち両国の友好関係の発展を非常に満足に思っております。しかし、日本では、中日両国は社会制度の異なる国柄であるため、両国の善隣友好関係は、長期にわたって安定した基礎の上に発展していくことができるだろうか、という議論が存在していることも事実です。私たちのような中日友好運動に携わっている者は、このような不安に対して中日両国は必ず子々孫々まで友好的に付き合っていくことができる、という明確な回答を与えなければならないと私は思っています。その根拠は——

第一に、私たち両国が国交回復の際に、両国政府の共同声明が発表され、その後、また平和友好条約が締結されました。この二つの文献は、いずれも両国政府が平和共存五原則の基礎の上に、両国間の恒久的平和友好関係を確立することに合意すると明確に表明しています。第一次世界大戦後、世界においてはじめて社会主義国家が現れたとき、レーニンは、社会主義国家は資本主義国家や前資本主義国家とある時期には併存するだろうと考え、社会制度の異なる国々の平和共存の問題を提起したのです。三〇年前、私たちの中華国民共和国が成立してから五年目に、アジアのいくつかの国とともに、社会制度の異なる国の間における平和共存五原則を提起しました。それは、主権と領土保全の相互尊重、相互不可侵、相互内政不干渉、平等互恵、平和共存ですが、こうして平和共存を実行するに拠るべき基準ができたわけです。実践の経験が立証しているように、この五原則を厳守しさえすれば制度の異なる国々は平和共存が可能です。しかしこれとは反対に、この原則に違反すればたとえ同じ社会制度の国でも関係が悪化し、はては戦争をすることさえあります。現在、中日両国は、この五原則を私たち両国関係の基礎とすることに合意する、と重ねて表明しており、両国が友好的に共存する十分な保障があるわけです。

第二に、中日両国政府の共同声明と中日平和友好条約は、両国が互いに覇権を求めないことを表明しています。こうして私たち両国が平和共存五原則を破壊したり、踏みにじったりすることなく、着実にそれを遵守するよう制約を加えているのです。現在、中国は発展途上の国家でありますが、将来社会主義強国を築き上げてからも、絶対に覇を唱えないということを日本国民に十分信じてもらいたいのです。一九七四年、鄧小平は中国政府を代表して、国連第六回特別総会でこのことを厳粛に宣言しました。

第三に、中日両国には二〇〇〇年あまりの友好往来の歴史があり、また共通の文化の源流や共通の東方文化の伝統をたくさん持っています。これは他のいかなる国でもなかなか見られないところです。このような長期にわたる友好交流の歴史は、私たち両国のきわめて貴重な共同の財産であり、これは友好関係を発展させていく上での精神的な基礎でもあり、そしてこれによって私たち両国人民の相互理解も容易になるのです。

第四に、私たち両国の間には半世紀にわたる不幸な歴史もありました。特に日本軍国主義者の引き起こした侵略戦争により、私たち両国人民は酷い災難を被りました。この歴史的教訓は「和すればともに栄え、戦えばともに傷つく」という簡単で深い道理を両国人民に十分体得させ、私たち両国人民が両国の友好関係をこれほど大切にする要因にもなりました。

第五に、中日両国政府の共同声明と友好平和条約は、いずれも平和的手段によって両国の紛争を解決し、武力または武力による威嚇に訴えないことを明確に表明しました。去年胡耀邦総書記が訪日した際、また最近中曽根首相が訪中したときにも、不再戦の原則と精神に基づいて、中日両国間の問題を解決することを再確認しました。これは私たち両国の間に戦争を排除し、平和友好的に付き合うもうひとつの重大な保障であります。

第六に、私たち両国政府は「平和友好、平等互恵、長期安定」が両国関係を律する原則であることを確認し、去年、これに「相互信頼」を加えたことによって、それが一段と充実され現実に適用されるようになりました。今日、私たち両国の間には、重大で即座に解決しなければならないような懸案はありません。相隣接する二つの大国の間のこうした状況は世界においても稀なことであり、これは私たち両国の友好関係を大きく発展させていく上で極めて有利な客観的条件であります。しかし私たち両国の社会制度は異なり、国交回復してからまだ日が浅く、また両国が各分野で協力をする中で、あれこれの疑念や意見の相違、あるいは不調和なことが発生することも避けられないことです。ただ、私が先ほど述べた四原則に基づいて対処しさえすれば、意見の相違や矛盾も相互理解と誠意と「同を求めて異を残す」雰囲気の中で早期に解決されるものと思います。

第七に、私たち両国の間にはいくつかの会議が設けられており、双方の理解、交流と友好協力を強め、両国関係の各方面の歩調を揃えるのに、積極的な役割を果たすにちがいありません。例えば、両国政府の間には、中日政府の閣僚会議、民間には中日民間人会議があります。最近、中曽根首相の提案により、胡耀邦総書記の賛同を得て、私たち両国の間には中日友好二一世紀委員会が設立されました。中日友好二一世紀委員会は未来の二一世紀へ向けて、両国の友好協力を強化するために定期的に研究し討議を行い、双方とも実行可能な提案を両国政府に行い、それによって私たち両国の善隣友好関係が二一世紀に向けて着々と前進するよう促進していくものと思います。

第八に、日本は西側で二番目の経済大国であり、科学、技術、人材、賃金などの面で大きな優位性をもっており、これらは、中国の現代化建設にとって必要となるものです。中国は資源と労働力、市場に恵まれており、これまた日本の経済発展にとって必要であります。その上、私たち両国が地理的に近いことも、両国の経済交流を発展させる上での有利な条件です。日本がわが国の対外貿易において最上位を占めていることは、情理に適うことだと思います。わが国の経済が発展するにつれて、私たち両国の経済協力もさらに大きく発展するものと思います。経済面におけるこのような友好的かつ密切な協力関係は、必ずや政治面における友好協力に集中的に反映されるはずです。

第九に、私たち両国間には友好交流がすでに幅広く行われています。両国の間にはそれぞれ相応の友好団体が設立され、日本の六一の都道府県および市はわが国の相応の省市と友好都市を結んでいます。両国の人員往来も日増しに増え、相互に派遣する留学生の数も絶えず増えています。このように、両国の友好活動は両国の各分野、各方面に広がっていますが、私たちは両国の政府と民間を問わず、いずれも中日両国と人民の長期にわたる平和友好を発展させる強い願望を持っています。

第一〇は、今年、三〇〇〇名の日本の青年が中国に招かれて、国慶節の祝賀行事に参加し、中国の青年と友情を結びますが、これは大きな意義を持つ活動で、中日友好を世々代々に伝えていくための大きなステップです。

以上一〇ヵ条を並べたてましたが、これから見ても、私たち両国の間にはすでに両国の友好共存を保障する種々の原則があり、これらの原則を遵守したことによって実りある成果を上げてきました。ですから、社会制度こそ違いますが、私たち両国が長期にわたって友好的に付き合っていくことはまったく可能であると、私たちは確信を持って言えるのです。また中国について見ますと、私たち両国の友好関係は社会制度を同じくしている一部の国よりもさらに友好的であります。これは決して誇張でも何でもありません。日本についてみても同じことがいえるのではないかと思います。もちろん、私たちは世界の真空地帯に生活しているのではなく、またいずれも国際社会の一員ですから、それぞれ異なった国との間にあれこれの複雑な関係を持っています。時には、国際情勢の激しい変化によって、私たち両国の関係にあれこれの影響をもたらすこともあるでしょう。しかし、そのような影響は私たちの間の友好関係の発展のテンポを遅らしたり、速めたりすることがあっても、私たちの友好共存の関係を逆戻りさせるようなことはないと断言できます。この点について、私たちはいささかも疑いません。

三つ目の問題は、中国共産党と外国の共産党および他の労働者階級の政党、進歩的な政党との関係についてです。諸先生も御存じだと思いますが、現在、中国共産党は外国の共産党だけでなく、外国の社会党や第三世界の民族主義の政党とも関係を樹立しています。これは、この問題に関する中国共産党第一二回全国代表大会の決定によるものです。中国が革命に勝利してから、中国共産党は外国の共産党と普遍的に関係を結びました。

ところが六〇年代に入ってから、ソ連共産党と中国共産党の間に大論争が起こり、続いて、中国には一〇年間にわたる動乱が続いたため、大部分の共産党との交流が断絶されてしまいました。ここ数年来、私たちは「文化大革命」以来の国際交流における誤った方法を是正し、そして、中国共産党一二回大会で総括した党関係の原則、すなわち、マルクス主義を基礎として、独立自主、完全平等、相互尊重、内政問題の相互不干渉の原則に基づいて、相次いで、一部分の外国の共産党との関係を修復しました。これは正常なことです。いずれの共産党もマルクス主義と共産主義を信じており、全世界の労働者階級と被抑圧民族の団結を主張しているため、互いに関係を結ぶのは当然です。

もちろん、関係を持ったからといって、両党間のすべての問題についての見方が完全に一致したのでもなければ、意見の相異がまったくなくなったわけでもありません。実践が立証するように、そのようなことは不可能であり、重要なことは意見の相違が生じたとき、いかに正しくこれに対処するかということです。しかし正直にいって、あれこれの原因によって、現在まだ中国共産党と関係を修復していない外国の共産党が少なくないのも事実ですが、これも無理することはないと思います。

確かに、一部の国は中国共産党がその国の共産党と関係を保持し、あるいは関係を修復することについて何か懸念や不安を抱いているようですが、これは不要なことです。革命は輸出できるものではありません。いかなる国の革命の問題もその国の国民だけが決められることで、他の国の党があれこれ論じたり指図したりする権利はないのです。しかも、私たちがその国の共産党と関係を持ったとしても、私たちはやはりその国に対して平和共存五原則を厳守します。

一九八一年に中国共産党がフランス社会党と党間関係を樹立してから、今では、貴国の社会党および西欧やオセアニアの社会党あるいは労働党といろいろな形の交流ができています。こういう関係も、やはり前に述べた党関係についての四原則を基礎としています。したがって、このような関係が打ち立てられたことは、私たちがそれらの党の指導者と意見を交換するのに役立ち、そしてその党の影響下にある大衆との友好増進と相互理解に役立ち、そしてまた、覇権主義反対と世界平和に役立つことだと思います。

このほかに、私たちはアジア、アフリカ、南米等の六〇あまりの民族主義政党ともいろいろな関係や交流を持っています。数多くの第三世界諸国は、以前植民地か半植民地であったため、中国と共通の運命にありました。これらの国々の民族主義的政党は、民族の独立を目指し、帝国主義に反対し、植民地主義に反対する闘争の中で結成され、発展し、そしてこの闘争の中で重要な役割を果たしました。今日、これらの党の多くはすでに新しく独立したこれらの国の与党となり、引き続いて民族の独立と国家主権を守り、かつ民族経済を発展させ、古い世界の経済秩序を打ち破り、世界の新経済秩序を打ち立て、そして世界平和を守るために闘っています。

中国は発展途上の国であり、私たちは断固として、第三世界の国々の側に立つことを自分の神聖な義務としています。今、私たちは、これらの国々と良好な国家関係を持っているばかりでなく、同時にまた、これらの国の一部の民族主義的政党ともさまざまな形の交流や関係を持っています。こうして、われわれと新しく独立した国々との友好的な団結関係をさらに強化することができました。これは、帝国主義反対、植民地主義反対、覇権主義に反対する闘争を一段と強力なものにしていくのに有利であると思います。

最後に、わが国の改革開放政策について述べたいと思います。昨年開かれた中国共産党第一二期第二中総会で、整党と精神汚染を除去することを決定しましたが、それが日本のマスコミや財界・経済界の人々の間で、懸念と論議を引き起こしました。中国の経済開放政策にブレーキをかけ、または、それを根本的に変更するのではないかと心配したようです。しかし、胡耀邦総書記が訪日された際、これに明確な回答を与えました。精神汚染の除去というのは、われわれの顔についている挨を洗い落とすことであり、何も他人を咎めるようなことではありません。また対外開放政策は長期的にわたるものであります。諸先生方もすでに御存じかと思いますが、最近中国では、経済開放政策の中での重要な一環としての経済特別区を、広東、福建等の四ヵ所に限定せず、遼寧省の大連から広西省の北海市にいたる若干の沿海都市にまで拡大することを考えています。

この事実は、わが国が経済開放政策にブレーキをかけこれを変更するのではなく、さらに拡大し充実したものにすることを十分立証しています。というのは、この政策が、国際関係そして国際市場の情勢と法則に合致するものであり、わが国の「四つの現代化」の建設にとって有益なものであるからです。このように中国では、注目し、検討すべき新たな事物が、次々と生まれて来ているのです。

例えば、以前にも話しましたが、中国が香港における主権を取り戻してからも、香港は依然として資本主義制度を維持することができるし、少なくとも五〇年間変わらなくてよいのです。台湾が祖国に復帰しても、その社会経済制度は変わらなくてもよいのです。こうなれば、ひとつの国に二つの社会制度、すなわち、社会主義と資本主義が併存することになり、これは、歴史の上でも珍しいことです。マルクス主義の理論家もこんな問題に触れたことはありません。これは、私たちが実際から出発し、事実求是の精神に基づいて解決すべき新しい問題であります。これも、中国問題を研究される学者の皆さんが興味を持っている問題であると思います。私たちは貴国の財界・経済界の方々が、わが国の特別区を視察され、また投資されることを歓迎します。中国問題を研究される学者の方々も特別区を視察、研究されることを歓迎します。

では、今日はこの辺で終わらせていただきます。

（一九八四年四月二十五日　於 東京）

張香山 1984年

三、周恩来先生逝去一〇周年記念集会において

今年は故周恩来総理の逝去一〇周年にあたりますので、日本各界の友人のみなさんがこのために記念集会を開いてくださいました。わたしは中日友好協会を代表して、友人のみなさんの御厚情に対し心からお礼を申し上げます。

中華人民共和国の対日政策は、いまは亡き毛沢東主席と周恩来総理がともに定めたものです。いま中日両国はこのように親密な友好の関係にありますが、中国の側についてはやはり、その恩人である周恩来総理の大きな貢献に深く感謝しなければなりません。

早くも新中国の成立直後、周恩来総理は中国国民に対し、「中日両国は友好的に付き合わなければならない」とはっきり教えました。「われわれ両国の歴史には二〇〇〇年の友好関係がある。その間、一時不愉快な関係もあったがすでに過ぎ去ってしまったことである。われわれはいま新しい基礎の上に歴史上の友好を上まわって、さらに友好を深めることができる。」周総理はこう言ったのです。

この新しい基礎とは何なのでしょうか。周恩来総理はこう指摘しています。「両国人民はともに平和共存、友好協力、平等互恵、相互不可侵、相互内政不干渉を望んでいる。このような基礎があれば、世々代々にいたるまで中日両国友好は保障される」と。

周恩来総理はまた、一度ならず中国人民にこう教えました。「中日両国の友好は中日両国の発展にとってきわめて重要な意義がある」と。そして「両国が友好的であれば双方に有利だが、友好的でなければ双方に不利である。」と言い

ました。また「中日両国は隣国できわめて近い距離にあるため、経済面で相互に必要とするものが非常に多い。中国は建設の規模が大きいので、日本からいろいろな機械設備や一部分の工業製品を輸入する必要があり、その輸入額は年を追って増えるにちがいない。また日本の必要とする食糧や大量の鉱産物も中国から提供できる。」「両国の経済協力と貿易は両国の共同の繁栄に役立つ」とも言いました。

さらに周恩来総理は「われわれ両国の平和と友好関係は、極東と世界にとって重要な意義がある」と指摘しました。そして「極東では日本と中国の友好関係が平和を守るうえで決定的な役割を果たしている。中日両国が戦争をしなければ、極東での戦争は起こりにくい。そして極東の平和を保障することは、ひいては世界平和に寄与することなのである。」と言ったのでした。

周恩来総理は、高い見地に立って中国の正しい対日政策を定めたばかりでなく、その政策を実行に移すために骨身をけずりました。周総理は日本の政界をはじめ、財界の首脳、各界の多くの代表者、さらには多数の勤労者、青年学生と会い、中国の日本に対する友好は真心からのものであることをこれらの人々に理解させました。自ら企画して両国の民間交流のための多くのルートを開き、民間の交流によって政府間の交流を促進しました。一九七二年には、自ら日本の田中元首相との間に中日両国国交回復の合意をいちはやく達成し、両国の歴史に新たな一ページを書き加えたのであります。それ以来両国の関係はさらに飛躍的な発展を遂げています。

友人のみなさん、中国はいま四つの現代化の建設に取り組んでいます。これは、周恩来総理が中国人民代表大会での再度にわたる政府活動報告の中で提起したもので、総理が生前、中国人民に残してくれた最も重要な政治的遺産でもあります。中日友好に熱心な日本各界のみなさんと広範な人民は、私たちのこの建設事業を積極的に支持してくださっています。しかし日本にはいま、中国が現代化を達成して強大な国になればひきつづき中日友好を堅持するかどうか、中国が覇権を目指して日本を脅かすのではないかと心配する人もいます。この問題については、早くも五〇年代に周恩来総理が日本の友人に話したことがあります。周総理はこう言いました。「そのような心配はご無用です。もしも中国が昔の日本軍国主義者のように、強大になった後対外拡張をするようなら、きっとまた失敗するでしょう。私たちは絶対に軍国主義と帝国主義の道は歩みません」と。当時周総理が強調したように私たちは中国が強大になることを望むだけでなく、日本も富み栄える国になることを望んでいます。

また周総理はこう言いました。

──「私は日本人民に確信を持っています。日本は遠からず立ち直り、強大かつ平和な、完全に独立した国として東アジアに現れ、中国と平和友好の関係を結ぶに違いありません」と。いま日本の世論の中には、中国が隣国の日本が弱小であることを望んでいるなどという意見が一部あるようですが、それが周恩来総理と中国人民の誠意ある考え方と異なることは、以上述べたことからも明らかです。

周恩来総理は青年時代に日本に留学したことがあります。その期間は短かったものの、誇り高く勤勉な日本国民とうるわしい日本の国土は、周総理に忘れがたい印象を残しました。私自身、晩年の周総理が是非とも日本にもう一度行ってみたいと言ったのをこの耳で聞いたことがあります。まことに残念なのは病魔がこの念願の達成を妨げてしまったことです。しかし周恩来総理が生前に熱望した中日両国の世々代々にわたる友好事業は、われわれ両国国民の長期にわたるたゆまぬ努力によって、きっと実現できるにちがいありません。私たちはそのことを確信しています。私たちはこの決意をもって、在天の霊を慰めようではありませんか。

（一九八六年一月二二日　於 東京）

四、中日友協代表団指導者への講話

中日友協と日中友協は仕事の内容が一致しているため、中日両国の友好運動についてよく意見を交換しています。きょう話をしようとする問題は、中日友協の他の指導者にも話したことがありますが、聞いていただきたいと思います。

国交正常化以来、両国政府間の関係及び民間団体間の関係は大幅に発展しました。また政府間関係においては、「共同声明」に規定された協定に加え、漁業協定以外の他の三つの実務協定が既に締結され、「中日平和友好条約」についても、予備交渉が始められました。さらに経済貿易においては、両国間の貿易総額は国交正常化時の一〇億ドルから一九七四年には一九・八億ドルに増加しました。今年その貿易総額は二八億ドルを上回る見込みです。貿易総額が大幅に増加していなかった原因は中国側の問題ではなく、日本経済の不景気が原因になっていると思います。例えば今年日本はシルクを輸入しませんでした。しかし中国からの石油輸入量は全体的に増加しており、一昨年は一〇〇万トン、一九七四年は四九〇万トンと予想されましたが、その中の九〇万トンは日本経済の不景気によりキャンセルされましたが、今年は八〇〇万トンを輸入する交渉を行っています。国交正常化以来、中国は日本から設備を一五セット導入しましたが、また他の設備導入の交渉も行われています。

民間交流に関して言えば、この二、三年来、展示会がたくさん開かれ、これらの展覧会を成功に導くために、日中友協及び他の友好団体はいろいろと努力しました。そして両国間における人的交流も大きな成果をあげました。例えば、日本は青年の船を派遣しています。また今年は、友好の翼という交流を行ったり、友好都市を結ぶ予定があります。さらに聞くところによれば、日本では旅行会社に中国訪問を希望した人々が約四万人いると言われています。これは両国の友好関係が大幅に発展したことを証明しています。両国関係の発展は、われわれの仕事も一段と発展させることになりました。

しかし、私たちの仕事は皆さんが思った通りに発展しているでしょうか？一部の友人は、今までの友好運動が望まれた通りに発展していなかったと考えているようです。これは友好運動の経験が不足していることもあり、また以前から残った一部の問題は未解決のままであることもその原因になっていると思われます。

まず、経験不足について述べたいと思います。以前の友好運動は両国国交正常化前の情況下に行われました。中日友協は広範な民衆を基礎とした統一戦線的民間団体です。しかし当時の日本において、日中友協は国交を結んでいない社会主義の中国と友好関係を持っていたため、多くの人に「アカ」だと思われていました。現在、両国は外交関係を結んだため、以前に皆さんと親しくつきあいたいと思っていなかった人も積極的につきあうようになりました。しかし皆さんは国交正常化以前の友好運動の経験しか持っていないため、国交正常化以降の友好運動はどのように進めるかについては、経験を持ちあわせていません。

また友好運動の政策方針にも問題が存在していますが、これは以前から取り残された問題でもあります。一九六六年秋以来、日中友協には一部の問題において政策的な過ちが発生し、その後さらに「四つの敵」に反対するというスローガンを明確に掲げました。もちろん、この問題についての責任は皆さんにだけあるわけではなく、中国の中日友協にも責任があります。なぜなら中日友協は皆さんの言ったことを支持し、しかも双方は一緒にそのスローガンを掲げたこともあるからです。友好団体は中日友好を目指す民間団体であるのに、中日友協は四つの敵―米帝国主義、ソ連修正主義、日本反動派、日修(注…当時、初めて日本共産党を「日修」と呼んだのは中国共産党であった)に反対すると掲げ、その後さらに資産階級は友好運動の友人でないと否定してしまいました。それは、友好団体を過激な革命団体もしくは革命政党に変えてしまうことになります。とすれば友協に参加する人は大幅に減るかもしれません。それは、米帝国主義打倒！日本反動派打倒！を掲げると自民党に近い人たちは日中友協に協力しにくくなり、またソ修打倒！を掲げると、社会党・総評などの労働団体の多くの人たちが参加しなくなってしまうからです。そのため、一九七一年日中友協の指導者が中国を訪問した時、双方は「四つの敵に反対する」ことについて会談を行い、会談の議事録にはそれを書かないことで一致したのです。今後、実際の友好運動において中日友好を妨害する人物や事件があれば、必要に応じて指摘、批判、反対活動を行います。そうすれば、日中友協はより多くの人を吸収し、団結することができるのです。

われわれは友好団体の性質を正しく認識する必要があります。友好団体は広範な民衆を基礎にした民間団体であり、革命組織ではないし、労働組合のような団体でもありません。労働組合は労働者階級が組織する団体であり中日友協はこの類似団体ではありません。

また一部の人は日中友協が進歩的団体であると言いました。日中友協は社会主義の中国との友好を主張し、しかも現在の会員の中に確かに進歩的な活動家が少なくはありません。そういうことから、日中友協を進歩的団体であると称したことも理由がないわけではないでしょう。しかし、この点を強調しすぎてはいけないと思います。日本では中国と友好的な人が必ずしも社会主義を支持しているとは言えないのです。具体的に言うと、中国と友好的な人の中には日本の中国に対する侵略戦争を身を持って体験したことによって、この侵略戦争は中国国民に多大な災難を与え、また日本国民も被害を受けたということをよく知っていて、中国と仲良くしたい思っている人もいるのです。また一部には、中日両国は長い歴史関係を持ち同種の文化伝統を持っているため、中国に対して純粋に親近感を持っているという人もいます。例えば、漢唐の壁画、中国の書道、中国の囲碁等が好きで中国と仲良くしたい思っている人がいるのです。このような人の中には、中国へ来てみたい人がたくさんおり、われわれはこのような人たちを友好運動に吸収したり、友好運動の対象とすべきと考えます。団結できる人は多ければ多いほど友好運動に良い結果をもたらすのであり、それによって、中日友好に反対しこれを破壊する台湾派、青嵐会等を孤立させることができるのであります。

では、中日友好運動には統一的な政治目標がないということでしょうか。国交正常化前には、中日両国の国交回復、中日両国の平和と友好を維持することが、われわれ両友協の共同の政治目標でありました。現在、国交正常化はすでに実現されています。この新しい歴史条件の下で、中日両国政府の「共同声明」に基づいて中日両国の平和と友好を維持していくことは、われわれ両友協の政治目標だと言えるでしょう。中日両国が国交正常化時に調印した「共同声明」は両国国民の基本的利益に一致しており、広範な人々に支持されています。日本では、労働者、農民、中産階級及び中小企業者は皆この声明を支持しているはずです。またそれは両国政府が発表した「共同声明」であるため、独占資産階級、支配階級においても広く支持されるはずであります。今後、「平和友好条約」を締結すれば、それは「共同声明」と同様に両協会の中日両国の平和と友好を実現する政治目標の基礎となるでしょう。もちろん、われわれはこれらの考えが本当に適当かどうかを一緒に検討する必要がありますが。

現在、われわれ両友協は両国政府が「平和友好条約」を締結するように努力しています。去年一二月八日、東京で「中日平和友好条約の早期締結を促進する集会」がきわめて盛大に開かれたということを私は新聞で知りました。また、最近ではこの集会の影響で平和友好条約の締結を願う人々が多く集まり、より一層大規模な集会を開こうとしているそうです。できるだけ早期に平和友好条約を締結することは両国国民の共通の願いであり、これを実現するには両国政府の努力が必要ではありますが、民間のたゆまぬ努力も欠かせないことなのです。

田中角栄氏と大平正芳氏は、両国の国交正常化を実現するためにいろいろと努力し、大きな貢献をされました。三木武夫首相は中国の長年の友人であり、以前より国交正常化するために努力すると表明し、首相に就任した時にも中国に友好的な態度を示しました。ただし、三木首相は就任したばかりであり、前途はどうなるかはよく分かりません。皆さんが出している「日本と中国」という新聞の報道によると、三木内閣の将来は暗く、灘尾弘吉、松野頼三、椎名悦三郎氏などによる逆流に気をつけようと呼びかけていました。そのため、現在の中日友好運動にとって中日両国政府が「平和友好条約」を締結するように促進することは極めて重要な課題であり、「共同声明」に基づいて日本政府に対し、なるべく早く「平和友好条約」の締結を促進させるよう努力すべきであります。

次は、日中友協を革命団体または革命組織と見てはいけないということについて述べます。日中友協の門をもっと広くし、中国と仲良くしたいより多くの人たちにこの組織や運動へ参加してもらうためには、このような日中友協に対する「左」の認識を正すべきであります。しかし、このような間違った認識を正すにはいろいろな困難と障害があるかもしれません。協会内外の進歩的活動家、特に過激な傾向を持っている青年は友協を革命団体と見ているため、この認識を正すことによって彼らに失望と不満をもたらす可能性があります。これらの協会内外の過激な認識を持っている人たちに、友協は革命団体や急激な革命組織ではなく、中日両国の長期にわたる平和と友好を実現することを主旨としている民間団体であるということを広める必要があります。それは、友協を革命団体や革命組織と切り離すことは友協の地位を低下させることではなく、本来の性格に戻るだけのことであり、もっと多くの人々にこれを理解してもらい、協会の役割を一層果たし協会の規模を拡大するためです。指導者層の友協への「左」認識を正せば、人々の「左」認識を正しやすくなると私は信じています。

現在、日中友協を困らせる問題が存在しています。それは、日本では小さな左翼組織が数多く存在しておりますが、それらの組織間に意見の違いがあり、併せてそれらの組織には友協のメンバーや幹部も数多くいるため、それらの人はよく左翼組織間の意見の食い違いを友協に持ち込むということです。去年の友協の全国大会において、「ソ連帝国主義」と「米帝国主義」のどちらが日本の主要敵であるかについて激しく議論されましたが、これはもともと革命組織間あるいは革命組織内部に意見の食い違いが存在している時に議論しなければならない問題です。友協のような団体はこのような論争を行う必要はありません。友協内の革命組織のメンバーはこのような食い違いを友好団体に持って込まないようにお願いしたいと思います。

また、友好運動にはこのような問題が存在しています。中日両国が国交正常化したため、日本の一部の政党、団体や自治体はそれぞれの窓口を開いて中国と友好活動を行うようになりました。そのため、日中友協が友好運動を拡大したり会員を募集したりする時に、それらの団体と摩擦が生じる可能性があります。しかし、友好交流において、パイプが増えたり窓口が増えたりすることは必然的であるため、友好交流をひとつに強制してはいけません。日中友協は最も早く中日友好運動を行い、しかもこれまでに素晴らしい成果を収めているため、われわれ中日友協は引き続き日中友協と協力していきたいと思っています。しかし、私たちは中日友協はまた他の友好団体とも交流しなければなりません。日中友協のみと交流することは決して良いことではないのです。したがって私たちは、日中友協が他の友好団体や他の友好人士とも協力されることを希望しています。

皆さんと長年の友人であるため、私個人の意見を率直に申し上げました。この中でどこか適切ではないところがあったら、是非ご指摘願いたいと思います。

（一九七五年一月一三日　於 北京）

五、中国における日本学の構築について
――中華日本学会成立大会において――

中華日本学会の成立は、中国の日本に対する研究をより進め、中国の日本学を構築する上で非常に有意義なことであり、私はこれを大きく支持するものであります。皆さんの資料によれば、中国には日本学を構築する条件と基礎が揃っています。例えば、ひとつ例を挙げれば、中国には日本研究者が数多くおり、しかも日本の各機関と様々な交流を行っています。ここでは、中国における日本学の構築に有利な条件についてお話したいと思います。

まず、構築の可能性について述べたいと思います。明治維新前の二〇〇〇年間、日本は文化、政治、社会制度、宗教、芸術、文学、科学技術等様々な分野において、中国に大きく影響を受けていました。そのため、中国は日本研究の面において、どの他の国より有利な条件を持っていると言えます。

次は、構築の必要性について述べたいと思います。第一に、日本はわが国の隣国です。われわれは隣近所を選択することはできますが、隣国を選択することとできません。日本とよく接するということは必然的なことであるため、日本を研究し、理解しなければならないのです。第二には、この隣国は普通の小さな隣国ではなく、世界第二番目の経済大国です。しかも政治大国になりつつあり、アジア・太平洋地域の中心になろうとしています。このような隣国に対して、われわれは研究をより進めなければなりません。第三に、中日友好を維持していくということは、一時的な戦略あるいは便宜的問題ではなく、わが国の長期的な国策であります。この国策は毛沢東主席、周恩来総理らが中日両国関係の過去、現在ならびに戦後の世界情勢を総合的に分析して定めたものです。この国策を徹底するためには、中

長期にわたる中日両国関係発展の傾向を研究する必要があります。

また、わが国は二つの文明（物質文明と精神文明）を建設する際、日本を参考にし研究することが必要です。日本の政治、経済、外交関係等への研究を強化すべきであると強調しましたが、日本学としてただこれらの分野にのみ限るのではなく、広範囲に日本を研究する必要があります。日本学は範囲が広く、分野も多いです。われわれは研究する時に、現状を研究すると同時に、歴史への研究を忘れてはいけません。現状を理解するには、昨日と一昨日を知らなければならないのです。

中国の日本学は何を研究の指導方針にすれば良いのでしょうか？私はマルクス主義を指導方針にすべきだと思います。マルクス主義の立場、観点、方法によって、政治、経済、軍事、外交、文化、社会、宗教、歴史等を研究し、いずれの問題に対しても詳細な資料を取得し、厳密な調査研究を行い、詳しく分析します。そして科学的に解釈して、合理的結論を取得するのです。解放前は、日本研究者の中にマルクス主義によって日本を研究する人はあまりいませんでしたが、新中国成立後はマルクス主義によって日本を研究する青年研究者や古くからの研究者が大多数を占めているのではないでしょうか。これは中国の日本学研究にとって有利なことであり、特徴でもあります。新中国成立以来、中国の日本研究者はできるだけマルクス主義の方法を用いて日本を研究してきました。それで、日本に対する研究は大きな成果を得、わが党、わが国の対日政策の策定、中日国交正常化、中日関係の発展及び中日両国人民の友好の強化に大きな役割を果たしてきました。しかし、マルクス主義を指導方針にすることが、必ずしもマルクス主義の立場、観点、方法をうまく用いて日本をよりよく研究できるということではありません。建国以来、中国の日本に対する認識は間違ったところもあり、しかも今になってもその整理は行われていません。マルクス主義と対立した「唯上」（上司が言ったことはすべて正しい）、「唯書」（文書に書いてあることはすべて正しい）、主観的に物を見る等の良くない学風が時々出現しています。このような欠点を克服するために、研究者にはマルクス主義の修養をおこない、あわせて独立の思考能力を養成し、真理を堅持し、間違ったことに対し勇気を持って修正する精神を養わなければなりません。また、ともに問題を検討したり、重大な問題に対して論争を行える環境を作ってほしいと思います。なぜなら、真理は議論されればされるほど明らかになるからです。中華日本学会はこの方面において自らの役割を果たしてほしいと思います。そして日本研究者に「洛陽紙貴」というような権威性のある文章を書かせ、わが国の日本学の知名度を高くするよう努力してほしいと願っております。

（『日本問題』一九九〇年第二期）

六、日本人反戦同盟記念碑開幕式において

今年は、世界反ファシズム戦争勝利そして中国抗日戦争勝利五〇周年にあたります。この世界各国の進歩的人民にとって記念すべき重要な年に当たりまして、中国の戦場において日本ファシズムに反対したため犠牲となった元日本反戦同盟員の記念碑が延安宝塔山に建設され、本日、開幕式が行われることになりました。私は中国国際交流協会を代表いたしまして、そして戦争参加者の一員として、中国で犠牲になった日本人の戦友に対して謹んで崇高たる敬意を表したいと思います。と同時にこの記念碑の創設者である元日本反戦同盟の仲間、そしてこの記念碑の創設のために協力して下さった中国国際交流協会陝西省分会と中日友好協会延安分会に対して衷心から感謝の意を表したいと思います。

中国の抗日戦争は日本帝国主義の侵略、奴役、略奪に反対した進歩的かつ正義の戦いであります。毛沢東主席のおっしゃった通り「徳を得た者は多助され、徳を失った者は寡助される」のです。中国の抗日戦争は、世界の多数の国から援助をうけるとともに日本人からも多くの同情を引き起こしました。一九三一年の「九・一八事変」以来日本の革命的進歩的な一部の人々は、日本のファシズムに残酷に鎮圧されながらも抵抗闘争を止めることはありませんでした。と同時に日本のファシズム軍隊に強制的に戦争に引きずり出された日本の大衆は、中国の戦場で中国共産党とその指導の下にある中国八路軍と新四軍によって教育をうけ、戦争の本質を理解して後槍を向ける方向を転換し、中国人民の陣に加わりともに戦ってきました。最初に華北戦場で「覚醒連盟」と各支部が生まれ、それから各抗日根拠地での

日本人反戦同盟と各支部が組織されましたが、それらは意識した日本人兵士たちによって作られた組織であります。残酷で困難な戦争の中で、反戦同盟の人たちは私たちと手をつなぎ肩を並べ各戦場を奔走してきました。日本兵の意識を呼び覚ますために、私たちは日本の帝国主義に反対し、政治的な攻勢を展開して、捕虜にした日本兵を教育しました。と同時に教育者は先に教育を受けようという原則の下に、彼らは戦争の間を利用し革命理論を勉強しました。その中の数少ない同盟員は日本軍の封鎖線を突き破って千里跋渉し、延安の労農学校まで行き系統的な教育を受けたのでした。特に私たちにとって永遠に忘れられないのは、同盟員の一部の人たちが激しい戦争を勇敢に戦い犠牲になられたことと、そして一部の人たちが過労によって病気になり亡くなられたことであります。日本の帝国主義の侵略、奴役、略奪に反対し、中国の解放戦争のために犠牲になられたことは、輝かしく歴史に刻まれることであります。私たちはこの人たちを永遠に忘れません。

世界の反ファシズム戦争、そして中国の抗日戦争が終結しもう五〇年が経ちました。この五〇年の間に世界の情勢と中日両国の関係に根本的な変化が起こりました。そして、かつて中国戦場で手をつなぎ戦ってきた生存者たちはもう白髪の老人になりました。しかし、私たちは「老いてこそ将来を目指す」という志を抱いて戦争当時の共同戦闘の精神を持ち続け、これからの中日両国の永久の平和と友好のため、アジアと世界の平和、安定と発展のために引き続きともに努力しようではありませんか。

（一九九五年八月二五日　於 延安）

結章　中日国交正常化三〇周年を記念して

――友好と協力関係のさらなる発展を希求する――

一、中日民間団体責任者会議での挨拶

今日、私たちはここに集い、「新世紀における中日民間友好宣言」発表一周年を記念するとともに、今年中日国交正常化三〇周年を迎えることに対し、熱烈な祝賀の意を表します。私は、まず今回の大会の成功をお祈り申し上げます。今回の会議を機に、私たちが共に両国の友好協力関係の歴史を回顧し、その中から重要な経験と教訓をまとめることは、両国関係を絶えず改善し発展をはかると同時に、平和と発展の為の協力パートナーシップの構築にも有益なことと思います。時間の都合で、私は両国の友好協力関係を進めるためにどうしても欠かせない二つの問題に絞ってお話をしたいと思います。

第一の問題は、中日両国政府の指導者と政治家は、外交上の信義を守らなければならないということであります。これまで中日両国の間に「共同声明」「平和友好条約」と「平和と発展のための友好協力パートナーシップの構築に関する中日共同宣言」が締結されました。これらの文献はいずれも中日両国関係の規範であります。問題はこれらの文献を如何に引き続き守り、実行するかということであります。それに関して、私は一九七二年の国交回復交渉の際の重要な話を思い出しました。九月二八日の朝三時、両国の外相会議においてやっと「共同声明」が合意に達し、午後、両国の首脳による第四回会談が開かれた時、周恩来総理は田中首相に「『共同声明』が合意できたことをお祝いし、首相と外務大臣のご努力に感謝します。明日の声明への署名後に大平外相が記者に対して談話を発表し、その中で日本政府が台湾との外交関係を断絶することを表明すると決定しました。皆さまは、この度のご来訪で信義を守ることを証明しました。これは両国の平和と友好の素晴らしい始まりです」と言いました。そしてまた、「私たちが改めて外交を樹立することで、まず大切なのは信義を守ることです。これは最も重要なことです。われわれは外国と付き合う時、これまでずっと信義を守って来ました。私たちがよく言うのは、言ったことはきちんと守るということです。中日両国には古い文化がありますが、中国の古い言葉を引用すれば、即ち「言ったことは必ず守り、行動すれば結末を出さなければならない」ということです。今回のご来訪によってこの精神が証明されました」と言ったのです。

これに対し、田中首相は「日中国交正常化の基礎は、私たちの旧憲法に書かれた言葉で表現すると『信は万事の本である』」と答えました。田中首相の言う旧憲法とは、日本の飛鳥時代の聖徳太子の一七条憲法を指します。確かに、二九日午前に両国首脳が「共同声明」に署名した後、大平外相はすぐ新聞記者に台湾との外交関係を断絶する声明を出しました。また、その後「共同声明」に規定した四つの協定と中日平和友好条約の締結も次々と実現しました。このことは、両国関係を大きく推し進めました。

私たちは、人を感動させたもう一つの事に触れたいと思います。一九八九年、中国の天安門に風波が発生しました。先進七ヵ国会議において中国への制裁が決議され、日本はその圧力により円借款を凍結しました。翌年の春、私は日本を訪問し、当時すでに首相を辞めていた竹下登先生と伊東正義先生を訪ねました。彼らは私に対してこう言いました。「日本は外交上の信義を守らなければいけません。約束した円借款を責任をもって実行しなければなりません」と。また竹下先生は、「私は間もなくアメリカを訪問し、アメリカに対して日本の立場を説明するつもりです。日本は東洋哲学を信じ、信義を大切にする。私はすでに信義という言葉の正確な英訳を調べ、談話の時に使う準備をしています」と言いました。私はそれを聞いて、とても感動しました。結局その通り、その年の末に、日本政府は円借款の凍結を解除しました。竹下先生と伊藤先生はすでに他界されましたが、彼らが両国関係の重大な時期に信義を守り、中日友好協力のために貢献された事、そして彼らの風貌と才能を私たちは永遠に忘れることが出来ません。

信義を守り、締結された「共同声明」「友好条約」と「共同宣言」を厳格に守り履行することと、指導者が確実に自分の約束を実践することは、両国の友好協力関係を進めていくうえで必要なことであり、友好運動に携わる人々にとって注目に値することです。

二番目の問題は、人民大衆を絶えず結集し、教育を施し、中日友好運動に参加させることであります。その理由は、中日友好は詰まるところ両国人民の間の友好に関わることだからです。ですから、広範な人民を集め、組織して中日友好運動に参加させることが重要なのです。中日友好の歴史でも明らかなように、日本の中日友好運動は両国の友好関係の発展の為にずっと積極的な役割を果たしてきました。去年、両国の友好団体は共に中日両国の友好運動の歴史を回顧し、そして二一世紀の中日友好交流と発展をさらに進めるため、私たちは「新世紀における中日民間友好宣言」を発表しました。これは確かに素晴らしい宣言であります。私たちはそれを確実に実行しなければなりません。特に私が強調したいことは、われわれがいろいろな具体的交流活動を進めるとき、中日友好と政治問題をしっかりさせ、この面での教育をしっかりやるべきであるということです。この仕事は非常に重要なものであります。

近年来、日本の世論調査によれば日本人の中国への親近感がだんだん薄くなっているということでありますが、私たちはそれに対して十分注意すべきであります。その主な原因は、日本の右翼、あるいは中国に対して非友好的な世論による「中国は強くなった、日本は脅かされる」とか、「中国の経済は発展したが、お金のために徳がなくなった」等々の悪意による言論によるものでありますが、だからこそ日本人民に対して中国の指導者がずっと主張して来た「中国は決して覇権をとらない」ということを繰り返し発言していかなければならないのです。それと同時に中国の党と国家の指導者は、近年来、中国の社会で発生した一部の法を無視した、また反道徳的現象に対してすでに注意を払っておりますが、民主と法律制度を強化し、そして『徳を持って国を治める』方針によってそれを克服していくということを日本国民に対して根気よく説明していくことが必要です。

われわれは、この面で日本の友人からのアドバイスに耳を傾けたいと思います。そして私がここでまた触れたいのは、中国が中日関係について報道や宣伝するとき、日本にあって中日友好に不利な言論、或いは行為を大きく報道することはやむを得ないにせよ、日本国民が両国の友好のために行った活動についての報道が不足しているのではないかということです。例えば、日本の右翼が歴史を覆すために出した歴史教科書は文部科学省の検定を経て採用されましたけれども、自治体と学校での採用は〇・〇三％しかありませんでした。この結果は歴史を正しく認識し、中国などの隣国との友好関係の強化を希望する日本国民の力を無視することが出来ないという事を表している大きな出来事です。この事実を宣伝すればわが国の人民も日本の現状を理解し、そしてわれわれの指導者が決めた中日友好の方針が堅持されることになるため両国の友好活動にとって極めて有効なのであります。それに関しては、われわれのマスコミがこの問題について目立った報道や評論をしなかったことは残念なことであります。

以上の話をまとめると、私たち中日関係をかかげる民間団体は個々の交流と協力事業を行う際、必ず中日友好というような政治的に重要な問題について思想的によく説明し、把握しなければならないということです。またその思想と私たち両国の友好活動を多く宣伝すべきであります。

私はすでに老人となり第一線、第二線からも遠のいたことによって、以上の発言は現実からかけ離れているかもしれません。どうぞ誤った所はご指導をお願いいたします。

（二〇〇二年一月二八日　於 人民大会堂）

二、中日国交正常化三〇周年にあたって

——中日関係を巡るいくつかの質問に答える——

——本稿は企画の段階において、正に日中関係における生き証人である張香山氏に対し、インタビューによってこの三〇年を回顧し今後の両国関係について語っていただくというものであったが、氏は八七歳という高齢であり、またこの間体調を崩されていたということもあり、当方の質問に対し文章によって答えていただくという形式をとった。尚、原文については病後にも関わらず張氏自らこれを執筆され、またその際の字数は（中国語で）五〇〇〇字に及ぶものであったことを追記したい。

質問一　中日国交正常化の交渉の中で、一番印象深い場面について、一、二例を挙げてください。これらの事例から、われわれが汲み取るべき教訓は何でしょうか。

張　中日国交正常化からもう三〇年も経った。当時、私は中国外交部の顧問として、周恩来総理の指導のもとで中日国交正常化を実現するために両国政府が調印した「共同声明」の起草作業に関与した。私にとって、この仕事の中で忘れることのできない歴史的な場面がたくさんある。

そのうち最も忘れ難いのは、日本側の侵略戦争に対する反省についての文字表現を巡る問題だろう。これは、本来日本側自ら「共同声明」の前文にその内容を盛り込もうと提案したのである。一九七二年九月二五日の第一回両国代表団高官による会見、両国首脳会談、そして当夜の宴会での両国首相の挨拶ではいずれもこの問題に触れられていたが、二六日に行われた両国首脳の第二回会談の場で再びこの問題が登場した。また二七日夜、毛沢東主席が田中首相

と会見した際もこの問題に言及した。そして当夜から二八日未明まで続いた外相会議において、日本側の戦争問題に対する文字表現を巡る双方の意見はついに一致を見たのである。だから、この問題は国交正常化の会談の中で一番多く触れられた問題だと言える。

この問題に関して、日本側の最初の三回の表現は「過去数十年にわたって、中日関係は遺憾ながら不幸な経過を辿って参りました。この間わが国が中国国民に多大のご迷惑をおかけしたことについて、私は改めて深い反省の念を表明するものであります」というものであった。

一方、周恩来総理は第一回会談と宴会の挨拶においてこの問題に言及し、「一八九四年以来の半世紀にわたって、日本軍国主義者の中国侵略によって、中国人民は多大の被害を受け、日本人民も深く傷つけられました。前事の忘れざるは後事の師なり。われわれはこのような教訓をしっかりと自覚すべきです。中国人民は毛沢東主席の指導に従い、少数の軍国主義者と大いなる日本人民の間に一線を引くのです。」と述べた。

そして、翌日の首脳会談では、前夜の宴会で田中首相が「中国国民に多大なご迷惑をかけた」という発言をした際、場内が騒然とし不満の声が聞こえたことを周総理が報告し、そして歴史に対する自分自身の認識について『田中首相が過去の不幸な歴史に対し遺憾の意を表明され、痛切な反省を述べられたことに対してはわれわれは受け入れる。ただ「多大なご迷惑」という表現は中国人民の強い反発を招いている。「迷惑をかける」とは、人の足を踏んづけたりしたような普通のことに使う言葉なのだ』と述べ、さらに、「この表現を英語に訳すと、「MAKE TROUBLE(メイクトラブル)になる」」と指摘した。

これに対して田中首相は『ご迷惑をかけたという言葉は日本では心から謝罪の意を表し、しかも今後過ちを二度と繰り返さない、ご諒解をお願いするという意味を含んでいる。例えば、ずっと対立していた二つの家は新しい世代にかわり、縁を結ぶことになったとする。そこでお互いに過去の事に対し謝罪する時、「ご迷惑をかけました。過去の事は過去の事として、今後絶対繰り返さないように気をつけましょう。」と話すのだ。中国語でこんな表現は適切かどうか分からないが、日本の多くの言葉は中国語からいただいたものだから、もし貴方にもっと適切な言葉があれば中国の習慣に従い直すつもりである。」と弁解した。

周総理は、『「ご迷惑をかける」という表現は中国語では意味が非常に軽い。例えば、記者さんにここで撮影をしてもらうとすれば、撮影のためにこの会談を中断しなければならないが、その時ご迷惑をおかけしましたと一言謝る。「ご迷惑をかける」とはそういう言葉なのだ』と述べたが、それに対し、田中首相は「私のこの言葉の意味は軽くない。われわれ両国間がお互い理解し合えば、両国国民がともに受け入れるような表現は見つかるはずだ。」と答えた。翌日、毛沢東主席は田中首相との会談の冒頭で「どうでしたか？喧嘩は済みましたか」、そして「あの『迷惑』問題はどうなりましたか」と質問した。これに対して「われわれは中国の習慣に従い、直すつもりです。」と田中首相は答えた。

会見後、共同声明を最終決定する外相会議が開かれたが、真剣な顔つきで席から立ち上がった大平外相は、「共同声明」に書き入れようとする記述を一句一句に朗読した。それは「日本側は、過去において日本国が戦争を通じて中国国民に重大な損害を与えたことについての責任を痛感し、深く反省する」という表現であった。ここで日本側は「多大なご迷惑」という言い方をやめ、しかも中国人民に重大な損害を与えた責任を明確にしたため、中国側はこれを受け入れられると判断。電話で周総理に報告し、直ちに周総理から同意を得たのである。二八日未明、外相会議で共同声明の決定原稿が完成し、これを両国首相に提出し、裁定を待つことになった。そして「共同声明」は計画通り九月二九日に調印され発表されたのである。

共同声明の作成にあたって、歴史問題に関する表現は次の方針と原則にのっとるものだと考えている。即ち、

一、歴史を直視し、歴史の歪曲と勝手な改ざんを許さず、今後両国間に再びあのような大きな悲劇を起さないようにすることは、堅持すべき原則である。したがって、田中首相が「多大のご迷惑をかけた」という表現を用いて中国の日本侵略による被害を表すのは、歴史の真実に全く反するため、中国側は再三にわたって異議を説えざるを得なかった。

二、歴史を直視するのは今後の世々代々の友好のためであり、過去の事を追及するためではなく、また日本側を叩くためでもない。毛沢東主席が日本の友人に対し何度も述べたように、過去の問題に対して正しく認識し、経験と教訓を汲み取り、再び過ちを犯さないことが最も重要なのだ。謝罪する必要はない。したがって、われわれは毛沢東主席の発言に従い、大平外相の提案した文字表現を快く受け入れたのである。

もちろん以上の二つの方針は今後歴史問題に対応する時にも適用されるものだと思う。

質問二　国交正常化から現在まで中日関係にはいろいろ問題が起きましたが、これらの問題が発生する根本的な原因は何だとお考えですか。

張　中日国交正常化以来の三〇年間の両国関係を顧みると、政治、経済、文化、科学技術、及び人員交流等の方面において、大きな発展が見られる。総体的に言えば、中日関係において友好協力関係の発展は主流だと言うべきである。しかし注意しなければならないのは、いままで両国の友好協力関係の発展は起伏と曲折を有するものであったということだ。中日関係は、三〇年の間およそ次のような経過を辿った。

一、一九七二年から一九八二年まで、両国関係の発展は順調に進み、解決できないような問題は殆どなかった。

二、一九八二年から一九九五年にかけて、両国関係は大きな進展が見られながらも、はっきりとした食違いや摩擦、もめごとが発生した。

三、一九九五年から、冷戦後の国際状況の深刻な変化、そして両国自らの変化により、両国の友好協力の枠組みは変わらないものの、両国間の食違い、摩擦と葛藤は深刻化する傾向が見られ、中日関係の健全かつ安定的発展はひどく妨げられた。

両国の食違いや摩擦と葛藤には、政治問題のほかに経済問題や安全保障の問題なども含まれる。しかし政治問題は年によって問題の具体的な内容も異なる。その根本的な性格から、これは主に二つに分類することができる。即ち、歴史に対する認識問題と台湾問題である。その根本的な原因を追究すれば、それは一部の政治家、官僚と右翼主義者にあると思う。なぜなら彼らは「中日共同声明」、「中日友好条約」の原則に基づいて、歴史問題と日台関係に対処しなかったからである。さらにその根源を掘り下げてみれば、戦後の米軍占領以来、日本の軍国主義的思潮は完全に除去されることなく、また完全な民主化も実現できず、そして相当の右翼勢力が残されたことと密接に関わっていると思うのである。

質問三　中日関係の未来を展望した場合、それは明るいと思いますか。また、明るくするために、中日双方は何に配慮すべきでしょうか。

張　世界は新たな世紀に入り、この新世紀において、中日両国は世々代々の友好のために今後とも友好協力関係を持続できるだろうか。無論、これは中日両国国民がいずれも関心を持つ大きな問題であるが、未来を展望した場合、新たな世紀における両国関係発展の見通しは明るいと考えている。その理由は、この関係を発展させる必要性と可能性が依然として存在し、しかも続けて役割を果たしているからである。この必要性と可能性とは、

一、中日両国はともにアジアにあり、しかも一衣帯水の隣国であり、両国の民族のいずれも偉大かつ勤勉な民族である。両国は二千年余りの友好往来の歴史を持ち、しかも似通っている文化と伝統を有する。

二、一九八四年以降の半世紀において、日本軍国主義者は中国に対し侵略戦争を起こし、両国国民はその被害を蒙った。歴史の事実はすでに「和は両利、闘は皆傷」（平和はお互いを利するものであり、闘いは皆が傷を負う）という中国の諺を証明した。友好協力関係を発展させることは唯一の正しい選択である。

三、中日両国の国交正常化後、「共同声明」、「友好条約」、及びその後両国が共同発表した「共同宣言」は、両国の友好協力関係を発展させる重大な保障になっている。

四、中日両国の経済関係は大きな相互補完性を持っている。三〇年間の発展を経て、経済協力は両国の友好協力の重要な基礎となった。両国間の経済協力というものは大きな潜在能力を秘めている。今後中国経済の更なる発展と日本経済の蘇生により両国の経済協力は広さと深さは拡大し、それは中日両国の友好協力関係の促進にも大きな役割を果たしていくに違いない。

五、当面、世界の潮流は平和と発展である。それは中日両国の友好協力関係の発展に有利であり、また両国の友好協力関係の発展は世界とアジアの平和と安定、安全と発展にも寄与するものである。したがって、各国人民とりわけアジア人民は、中日両国の友好協力関係の発展を期待しているのである。

以上のいくつかの点をもって、中日両国関係の発展には未来性があることが証明できよう。

ところが、近年来、この両国関係の発展を妨害する要素が存在していることは注意しなければならない問題である。例えば、両国の水域主権と国家利益にかかわる問題において、時に紛争が起き外交交渉にまで発展した。また拡大しているいわゆる「中国脅威論」により日本国民の中国に対する親近感は弱まっており、同時に、中国では日本が平和と発展の道を堅持できるかどうかといった懸念も増加しつつある。両国のメディアにおいては、中日友好協力面に関する報道は減りつつあり、その一方でマイナス面の報道は増加の傾向にある。特に一部の日本のメディアは、両国間の紛争にだけ注目し盛んにこれを報道している。また、これまで両国の友好協力関係の発展を妨げた二つの古い問題、「歴史問題」と「台湾問題」は時折浮上し、新たな波紋を引き起こしているのである。

以上の暗い影を取り除き、中日関係の未来を明るいものとするために、中日双方が注意すべき幾つかの問題を提起したい。

一、「共同声明」、「友好条約」、「共同宣言」の精神にのっとり、とりわけその中の歴史問題や「一つの中国」に関する原則、及び「歴史を鑑とし未来に向かう」という方針を守り、中日友好関係に影響を与えてきた歴史問題や台湾問題を取り除く。

二、「共同声明」、「友好条約」の中の反覇権条項を堅持する。この点は決して時代遅れではなく、中日両国がともに地域大国になった現在さらに堅持すべき事項である。日本は平和の道を堅持し、軍事大国を目指すべきではない。一方、中国は覇を唱えず、大国主義をとらず、両国の平和的発展を保障し、実際の行動によって両国国民のお互いに対する懸念と不信を取り除くべきである。

三、両国の指導者と政治家の間の往来と対話、そして政府間の協議を強化する。広範な交流は、相互理解と相互信頼の増進、そしてお互いに対する懸念の除去、両国間の問題の解決にも役に立つ。

四、両国の各方面における協力を強化し拡大する。両国は経済協力を引き続き拡大していくと同時に、国際経済や、特に東アジア地域の経済協力に貢献する必要がある。例えば、中日共同で東アジア自由貿易地域の設立に取り組むべきである。その他、双方はテロ反対、環境保全、安全保障、密輸出入の取り締まりなどの面においても協力を強化する必要がある。

五、両国の世論とメディアは、両国の友好脇力関係の発展のために積極的な役割が期待されている。そのために、両国のメディアは両国の状況をありのままに報道し、両国国民の相互理解の促進に取り組むべきである。そして両国関係に関する問題を報道する際、両国友好関係の発展に関する情報を特に報道してほしい。しかし、発表しなければいけない両国の友好に不利な情報に対しては、大袈裟に報道しないで、また相手の民族的感情を配慮してほしい。さらに、両国関係に不和の種をまくデマに対しては、場合によって厳しく指摘し批判する必要があると思う。

六、民間交流を強化する。あくまで中日友好は人民間の友好である。両国の民間団体、とりわけ民間の友好団体は五〇年来の優れた伝統を発揮し、両国人民、特に青年の交流を引き続き推し進めることが重要だ。そうしたことは中日両国の世々代々の友好を継承させ、両国人民に利益をもたらすと考える。

時代の潮流に従い、中日友好は中日両国人民にとって欠くことのできないものとなっており、両国人民の共同の努力を通して中日友好は必ず発展していくと確信している。

（二〇〇二年五月）

あとがき

昨年は中日両国政府が「共同声明」を発表し、国交正常化が実現して二五周年にあたる。また今年は中日両国が「平和友好条約」を締結してから二〇周年である。この二つは中日両国にとって記念すべき年である。それで思いついたことは、この二〇年の間に私が書いた日本に関する文章、談話、講演などはすでにかなりの量となっているが、もしこれを整理して一冊の本にするならば中日友好への記念になるだろうということであった。

私は本棚と、ほこりだらけになった段ボールから日本に関する著作―文章、講演、談話などを探し出し、その中から六三篇を選択しこの文集を編纂した。選択された大多数の著作は中日両国の関係について述べたものであるため、書名を、『中日関係の管見と見証』とした。また文章は創作した年月の順序によって配列したのではなく、内容が大体同じである文章をひとつにまとめて編纂した。たとえば「中日共同声明」に関するもの、「中日平和友好条約」に関するもの、両国指導者の相互訪問に関すること、そして第二次世界大戦勝利五〇周年記念に関するもの、日本の大衆運動に関するものなどである。また文章の形式によってたとえば講演、もしくは会議における基調報告をそれぞれひとつにし、残りは全部一緒にした。

それぞれの文章は二篇以外、ほとんど八〇年代およびその後に書いたものであるが、それには理由がある。私は一九五一年の夏、高級党校の第一期を修了した後、成立したばかりの中央対外連絡部に配属された。最初の数年間は外国の党と関係する理論工作に携わったが、一九五五年四月以後の五年間王稼祥中連部部長の政治秘書を担当した。その間暇な時間を利用しいつも何かを書いていた。そして五〇年代には五冊の本を出した。そのなかの一冊は『日本』であり、その他は青年を対象に唯物主義を宣伝するための読み物であった。この他に毛沢東思想を宣伝する文章も書いた。

しかし一九五九年の年末になると、文章を書くことは難しくなった。その主な原因は、五〇年代半ば以降、本来正確な観点や見方とされていたものが間違ったものとされたからだ。たとえば私の書いた『日本』という本は、戦後の日本について基本的に一九五一年の日本共産党の『新綱領』の観点と判断によって書いたものである。『新綱領』はスターリンが日本共産党の内部論争と分裂を解決するために自ら制定した、しかも当時米占領軍当局の鎮圧を避けるために、北京に亡命した徳田球一を団長とする日共中央代表団と中共中央代表団の同意を得て発表したものだ。そのためこの文献が権威的なものと見られるのも当然のことである。

しかしまったく意外なことだが、その数年後、日共中央はこの文献がその後一連の「左」の錯誤の根源であるとし、別に新しい綱領を起草することを決定した。事実に基づいて話すのだが、日共中央の『新綱領』に対するこの種の見方には理論と実践による根拠があり、そのため私の書いた『日本』が全面的に『新綱領』を称賛し、肯定することは当然正しいものであった。また私は一九五六年に『どうして個人崇拝に反対するか』という文章を書き、その年末に出版した。これは一九五五年の党代表会議と一九五六年の党の第八次代表大会の精神によって書いたものである。しかし一九五七年の反右派闘争を経験した後、特に一九五九年の夏、私が王稼拌部長に同行し廬山会議に参加しその会議の書類と簡単なメモを読んだ後、私はこの本が当時の政治の流れと完全に合わないことに気づいた。そして、もしかしたら自分に災いをもたらすかもしれないと思ったのだ。

一九五六年ソ連共産党の第二〇次代表大会以後、われわれの党はいわゆるソ連の修正主義を批判する闘争を始めた。そして四年も経たないうちにこの闘争はすでに理論闘争の範囲をはるかに超え、両党の世界情勢に関する判断、反帝闘争の戦略と策略、中ソ両国両党の関係に関するもの、そして世界社会主義国家と国際共産主義運動との団結問題になっていた。その中で、中国がソ連の大国ショービニズムに抵抗するという問題は私たちの理にかなうものであったが、しかしその他の対立に関しては広く深く議論するほど、また書類や資料を読めば読むほど私は冷静に判断することができなくなり、杞憂することになったのである。

このようにどうなるか分からない国内外の情勢を考慮し、私は自分に「戒律」を立て、つまり絶対に自ら新聞社や出版社の依頼に応じ文章を書かないようにした。それは無意識に誤りを犯してしまうことを避けるためだった。ただし、仕事上書かなければならない文章はこれには該当しないが、それ以外はこの「戒律」を私は厳格に守った。だから一九六〇年から一九七八年の十一届三中全会までの一八年の間、私は自ら進んで文章を書かなかったのである。そのためこの文集の中に掲載する文章もないのだ。また、当時仕事上の関係で指名され書いた文章と本はあるが、その多くは破棄した。ただ例外として一九六二年に指名され書いた『日本人民の闘争と日本共産党』だけはかつて発表したことがあり、これは文集の中に加えた。ただこの文章には欠点や不足がないではない。たとえば大げさであったり、もしくはある問題に対する分析は一面的であり、独断的だったりしたことなどだ。しかし全体からいって、この文章は当時日本国民がすさまじい勢いで闘争していたことや、一九六七年に中日両国の共産党が断交する前の友好関係を反映しているものであることから、このような歴史の跡を残すために、私はこの文章を何も修正せずに本文集の中に加えたのである。（八四頁参照）

もうひとつ説明したいことがある。一九六七年に「文化大革命」が高潮に入って以降のほぼ三年あまり、私はよく批判にさらされた。それは中連部に依然として多くの対外工作があり、ドアを閉めて革命をすすめることはできないため、また私は中連部創建以来そこにいて仕事に比較的詳しいため、批判闘争の間にも仕事をすることもできたので、当時は「半打倒」と呼ばれていた。

一九七一年の春、私は「半打倒」の状態から「解放」された。文化大革命の期間労働組合、青年団、婦女連は皆「ドアを閉め革命をしていた」が、外国の多くの労働者、青年、婦人団体が依然として中国訪問を要求したため、周恩来総理はこの受け入れを臨時的に中連部に担せることを決めたのであった。それによって私は外国からの賓客のほか、日本も含めた外国の労働者、青年、婦人団体の代表や指導者と接触することが増えた。このほか中日友協の仕事も、完全にたえることがなかった。したがって七〇年代、私が接触した外国からの賓客は五〇、六〇年代をはるかに超えた。当然のことだが外国からの賓客にいつも講話をし、状況を紹介し意見を交換していた。

そのため累積した講話のレジュメと記録は少なくない。しかも一部の日本の代表団は帰国した後訪中を記念するパンフレットを作り、各方面関係者との懇談の記録を印刷したのであった。私はこの文集を編集するとき、七〇年代における私の多くの講話のレジュメや記録を読み直した。それらは主に、中国の当時の国際情勢に対する見方を紹介したものであり、特に中ソ対立問題についてであった。もうひとつの主な内容は中国の状況を紹介し、「文化大革命」について紹介したものであったが、これらの講話の内容に多くの間違いがあったことはいうまでもない。

だから、本文集の中には、一九七五年一月の日中友協の指導者への講話を選んだ以外、ほかは全部入れなかった。あの談話は中日友協にもう「四つの敵に反対する」という言い方をしないでくださいと提案したものだ。いわゆる日本の四つの敵は、「米帝」、「ソ修」、「日本反動派」と「日修」(日本共産党)を指している。一九七一年一〇月、王国権が私と共に日中友協代表団と中日友協の間の「共同声明」を発表した時、双方はすでに「四つの敵に反対する」という言い方をやめていた。しかし、当時私はこの問題についてはっきりとは話さなかった、加えて当時も日中友協の内部に厳しい意見の対立が存在していたため、一九七五年に私は彼らと長時間にわたって話し合い、この言い方をしないよう提案した。当時中国はまだ「文革」の期間にあったため、私も友協という団体の性格上、この言い方をもう用いないようにと提案した。しかしこの言い方に何の錯誤があるか説明しなかった。しかしこの談話は比較的重要なので、これを文集に加えた。（二四〇頁参照）

本文集に、中日友好二一世紀委員会の第六次から第一〇次までの開幕式における中国側委員会の基調報告を掲載した。この期間私は委員会の中国側首席委員だったため、この間の基調報告は私が会議で発言したものだ。しかしこの初稿は全部中国側の委員会事務当局が起草し、委員会全体でそれを議論し修正を経て脱稿したものであるため、基調報告は私個人のものではなく中国側委員会全体によるものである。これらの基調報告は、会議を行ったその年の両国関係の状況や新しい進展と存在する問題を反映しており、そのため委員会事務当局責任者の同意を得、この六回の基調報告も本文集の中に加えたのである。（一八〇頁参照）

ここでついでに触れたいのは、一九八六年から最近まで、中国国際交流協会が宇都宮徳馬先生（故人・元参議院議員）と共同で九回の「アジアの平和懇談会」を開催していたことである。その会議の中国側の基調報告も全部私が書いたものであるが、これらの基調報告は主にアジア情勢そして平和と軍縮の問題を討論したものであり、中日両国関係の問題については簡単にしか言及していないので、これらの基調報告は本文集の中には加えなかった。

さてこの文集は『中日関係に対する管見と見証』と名づけられたものの、実際には主に中日両国の国交回復およびその後の両国関係について言及し、新中国が成立してから中日国交回復前の両国関係、そしてその段階におけるわが党の対日政策と方針の問題に言及しなかった。これは大変残念なことである。しかし目前にペンを取って臨時的に書いてもあまりいいものにはならない。そのため一九九七年七月に「朝日新聞」の堀江義人先生の取材を受けた時言及した、「中国の対日政策と方針」の一節をこの文集の中に加えた。短い一節であるものの、その中から新中国成立初期に制定した、しかも中央政治局が議論し採択した対日政策と対日活動方針を見ることができる。それは実践の検証を得て正しいと証明され、しかも重要な指導的役割を発揮した。しかし私の知っている限りでは、現在日本関係の仕事に携わっている関係者で中にこの文書に接触したことのある人は極めて少なくなっているだろう。（七六頁参照）

この文集にはもうひとつ残念なことがある。それは、われわれが中共中央の対日政策と方針を実行する際に起きた錯誤と欠点にほとんど触れられていないことである。もちろんこれらに欠点や錯誤がなかったからではなく、まとめていなかったから触れられなかったのだ。また一九九〇年に中華日本学会が発足大会を開いた時、私は「中国における日本学の構築に関する発言をした。その中ではわれわれが過去の日本を研究し、対日政策をすすめるなかで犯した間違いについて言及した。この発言はその後要約して発表されたが、元の発言の中に言及した間違っていた部分が削除されたため、当時述べた三つの主な間違いをこのあとがきで補おうと考えた。（二四二頁参照）

この三つの主な錯誤は何だろうか？

第一、五〇年代にわれわれは、戦後日本が米国の占領のもとで行った改革を過小評価したことである。独、伊、日のファシズムが敗北したため世界は反ファシズム勝利の高潮にあり、ほかの要素も加えて一九四八年まで、米国占領軍が日本に「非軍事化」と「民主化」の改革を行った。それは軍事、政治、経済などの三つの面にかかわるものであるが、それらは(1)軍隊を解散する (2)一系列のファシズム軍事法令と軍事機構を廃棄する (3)旧憲法を廃棄する (4)新しい憲法を公布する (5)絶対専制の天皇制を廃止する (6)戦犯を逮捕し審判する (7)軍国主義団体を解散する (8)政教分離を実現させる (9)ファシズム軍国主義教育を廃止する (10)ファシズム軍国主義の公権を奪う (11)農地改革を行う (12)財閥を解体するなどである。しかし一九四七年、一九四八年になって冷戦体制が形成され始め、特に中国革命の勝利は目前にあったため、米国は日本をアジアにおけるソ連と中国の社会主義国家に対抗する障壁とするようになった。そのため日本に対する改革を中断し、一部の改革をなおざりにした。とは言っても、明治維新以来依然として存在した封建主義と、以後形成された軍事的封建的帝国主義制度は打ち砕かれたのだった。しかし五〇年代に、われわれは日本の戦後数年の改革に適当な評価をせず、一部の改革の成果を抹殺する態度まで取った。たとえば天皇が依然として大きな役割を果たしている、また農地改革は虚偽であるなどといったものだが、さらに一九五〇年に発表した一部の論文には日本は依然として「帝国主義」であるとまで述べている。八〇年代に入ってから、わが国の日本を研究する著作ははじめて日本の戦後の改革に比較的適切な判断をしたと言ってよい。

第二に、六〇年代半ばごろの文化大革命が始まった後、左傾思潮の氾濫のため、わが国の一部の対日工作に携わっている関係者と日本の中日友好貿易をする一部の友人がともに日本国民の「四つの敵論」を唱え、しかも中国国民は日本国民がこの四つの敵に反対する闘争を確固として支持すると表明したのである。明らかに「四つの敵論」という言い方は当時の実情に合わない。日本共産党との関係からいえば、主に中国側の錯誤のため、中日両国共産党の関係を断裂に導いた。しかしわれわれは日本共産党が修正主義の党であり、中日両国国民の共通の敵であるという間違った結論を下したままにしたというわけでは決してない。七〇年代後期になって、われわれはこの間違った見方を是正した。しかしこの錯誤が生じたマイナスの影響はいまだに完全に除去されていない。

第三に、七〇年代初め、われわれは日本軍国主義がすでに復活したという結論を下した。その後日本からの各種代表団と座談するとき、ほぼ毎回これについて話をした。しかも日本の覚書貿易代表団との交渉の前に行われた政治会談では、相手にこの主張を受け入れてもらうことを繰り返し求め、そして双方の会談記録にも書き入れられた。しかし、相手はもちろんこれに対抗し、結局この会談と双方の関係はほぼ破談に向かった。われわれが、日本軍国主義がすでに復活したという言い方をしたのは友好国家の意見を受け入れたからだ。自ら日本を綿密かつ詳細に調査してから得た結論ではなかったのだ。その後私が多くの日本の友人と接触する中で、われわれよりさらに日本の状況を理解しているはずの日本の友人は、ごく少数の人を除いて、皆々の主張に反対していると言うことが分かった。私はある時これを周総理に報告した。たぶん周総理もすでにこの問題に気づいていたのだろう。だから「すでに復活した」を「復活しているところ」と変えて良いとただちに指示した。これは明らかに必要なことであったのだ。

一九七二年の両国の国交回復後、ほぼ一〇年の間われわれは日本軍国主義の問題に触れなかった。しかし八〇年代になって日本に教科書問題が発生し、中曽根首相が靖国神社を参拝し、日本の軍事予算はGNPの一％を超えた。そして中曽根首相は戦後政治の総決算を求め、政治大国（以後また「国際国家」と直した）になることを図ったことによって、一部の対日関係に携わっている者や日本問題を研究する者の中で、日本軍国主義がいよいよ復活するという論調がまた沸き起こった。しかしこの主張はあくまでも主流にはならなかった。確かに日本が今後再び軍国主義国家になるかどうかに対して、それがもし可能であれば将来どのような条件のもとで軍国主義国家になるのか、そしてこの軍国主義と戦前の日本軍国主義は同じものなのか、もしそうでなかったら新しい軍国主義にはどんな特徴があるのか等々は、中国で日本問題を研究する関係者のあいだでまだ解決されていない問題だと思う。しかし、われわれはこれらの問題に対して大げさに言うことを避け、事実に基づいて真剣に且つ厳格に研究する必要がある。

以上われわれの日本問題における三つの大きな失敗例をあげた。もちろんこれは私個人の大まかな意見にすぎない、もし間違いがあったら、関係者と読者に指摘していただきたい。

文集中における各著作はほとんどがすでに発表されたものである。大部分はもとの内容のまま一部文字の訂正だけを行ったが、なかには内容について補充と修正を行った文章もある。

あとがきが長くなったので、この辺でペンを置きたいと思う。
最後に、私がこの文集を出版するにあたり、いろいろお世話になった関係者に深くお礼を申し上げる。

（一九九八年二月二五日）

訳者あとがき

張香山氏は一九一四年浙江省寧波市の生まれである。天津中日学院を経て、一九三三年から四年間日本に留学、東京高等師範にて学ぶ。帰国後は八路軍において日本軍捕虜教育の仕事にあたるとともに、新中国誕生後は、主に中連部(中国共産党中央対外連結部)において活動。副秘書長、秘書長、副部長を歴任したが、特に、王家拝中連部長(中共中央書記処書記)の政治秘書として、中国におけるはじめての日本政策の立案に参画。また、周恩来総理の指導の下、一九七二年の日中国交正常化交渉の際には、外務省顧問としてこれに参加するなど、日中関係のほとんどの発展段階の全過程に関与。また一九八二年からは、中連部顧問をつとめるかたわら、日中政府間でつくる日中友好二一世紀委員会中国側首席委員や、中国国際交流協会副会長、日中友好協会副会長等の要職を歴任される等中国における対日関係の責任者のひとりとして大きな役割をはたされてきた。氏は二〇〇二年十月で八九歳を迎えるが、現在でも中国国際交流協会や日中友好協会の顧問として後進の指導にあたる他、活発な執筆活動を展開するなど今なお矍鑠として日中友好の前進のために奮闘されている。

一九九七年、張氏はこれまでの時々の論文や発言をまとめ「中日関係管窺与見証」として発刊された。同誌はこれまでの日中関係を見証する上で第一級の資料であり、日中関係を研究する者にとっては貴重な文献である。本書は、これに最近発表されたものを追加し若干の整理を加えたものであるが、そもそも浅学非才の私が、日中関係の長老である張氏に恐れもせずにこの翻訳を申し出たのは、第一には張氏に対する敬慕の情があったからである。私は一九八三年八月初の訪中で張氏にお会いして以来、氏より大きな裨益を受けてきた。ご多忙にもかかわらず幾度となく面会をいただき私の話に耳を傾けて下さり、いろいろとアドバイスを下さったことは今もって忘れることはできない思い出である。張氏はまさに私が中国において最も尊敬する人物であり、著書を翻訳することで氏から、また氏が記されておられるひとつの時代から学びたいと考えたからである。

本年、両国は国交正常化三〇周年を迎えるが、この間両国の関係は大きな発展をとげた。そしてそれは新たな広がりと深みを増し、日中友好はアジアと世界における平和と安定のために欠くことができないものとなったのである。しかしながら、現在でも両国間には歴史問題を始め、様々な問題が存在することも事実である。これらをいかに克服するか——本書は日中関係を考えるうえで絶好の書といえよう。

張氏は私の要請を快く承諾してくれ、そればかりか、いろいろな無理なお願いに対しても快く了解してくれた。私はそのご好意に深く感謝すると同時に、私の訳文が原文をそこねていまいかとひそかに恐れている。しかし、日中両国の相互理解の促進と、友好関係の強化こそ張氏の目的とするところであり、そのためにいささかの力を捧げることができたら訳者として望外の幸せである。

原著はもともと、多くの項目に渡るものであったが、著者の了解を得て若干の部分について割愛し、各見出しについても日本人向けにかえさせていただいた。また、翻訳にあたって日本の新聞や雑誌、また多くの方々のご著作を参考にさせていただき引用もさせていただいた。逐一出所をあげられないご無礼を許していただくと同時に、心から感謝申し上げる次第である。

最後に、張香山氏のご厚情にあらためて感謝の意を表すとともに一層のご活躍を祈りたい。そしてこの企画をはじめから支持し、ご協力を下さった日中友好運動の長年の師である中国国際交流協会理事の劉遅氏に心から感謝申し上げるとともに、この企画の意義を高く評価してくださり、出版まで漕ぎ着けてくださった三和書籍の高橋社長、そして編集部の毛利康秀さん、仲里のぞみさんに心からお礼申し上げたい。

翻訳には細心の注意を払ったが、なお生硬な点、未熟な点は訳者の力不足のゆえである。原著の内容と風格が読者により良く伝わることを願ってやまない。

二〇〇二年七月　北京にて

鈴木英司

著者張香山氏（右）と鈴木英司氏（左）

著者紹介

張香山(Zhang　Xiangshan)

現職　中国国際交流協会顧問、中日友好協会顧問。

経歴　1914年浙江省寧波市に生まれる。天津中日学院で学び33年天津左翼作家連盟書記を務める。34年東京高等師範に学び、左翼作家連盟東京分会に参加。37年に帰国し、延安において八路軍に参加。38年中国共産党入党。41年八路軍129師団敵工作部副部長、43年大行軍区敵工作部長、45年晋冀魯櫸豫軍区敵工作部長、46年北平軍事調停処中共側新聞処副処長、中共中央外事グループ副処長を歴任。建国後は51年中共中央マルクスレーニン学院第一分校教務処長。55年中共中央対外連絡部秘書長（～73年)、73年同部副部長（～77年）中国アジア・アフリカ団結委員会副主任、中日友好協会副会長、外交部顧問、中央広播（放送）事業局長、77年中共中央宣伝部副部長（～82年)、中国新聞工作者協会主席、82年中共中央対外連絡部顧問、日中友好21世紀委員会中国側委員、中国国際交流協会副会長を歴任。88年日中友好21世紀委員会中国側首席委員、第5～7期中国人民政治協商会議常務委員。筑波大学名誉博士。1992年日本政府より勲一等端宝賞受賞。

訳者紹介

鈴木英司(すずきひでじ)

1957年茨城県生まれ。中国人民大学教授。

1978年日本大学法学部卒業。労働組合書記、国会議員政策秘書を経て、1997年北京外国語大学の教壇に立つ。その後、外交学院、国際関係学院を経て現職。

1983年はじめて中国を訪問。その後訪中歴約80回。現在は、他に北京市社会科学院中日関係研究センター客員研究員、中日関係史研究会特別会員。訳書に『徹底検証！日本型ODA』がある。

日中関係の管見と見証

——国交正常化30年の歩み——

2002年　9月　29日　第1版第1刷発行

著　者　張　香　山
翻訳・構成　鈴　木　英　司

発行所　三　和　書　籍
発行者　高　橋　考
〒112-0013　東京都文京区音羽2-2-2
TEL 03-5395-4630　FAX 03-5395-4632
sanwa@sanwa-co.com
http://www.sanwa-co.com/

印刷・製本　株式会社　シナノ

© 2002 Printed in Japan
乱丁、落丁本はお取り替えいたします。
価格はカバーに表示してあります。

ISBN4-916037-47-2　C3031

三和書籍の好評図書

Sanwa co.,Ltd.

中国人は恐ろしいか？

＜知らないと困る中国的常識＞

尚会鵬・徐晨陽著　四六判　244 ページ

1,400 円

●ミスを認めず、あやまらず、プライバシーもなく、行列も平気で割り込む喧嘩上手の中国人と、喧嘩下手で人とあわせる気配りだけで知らんぷりのあいまい日本人が激烈バトルを開始する！勝つのは日本か中国か？

徹底検証！日本型 ODA

＜非軍事外交の試み＞

金 熙徳著、鈴木英司訳　四六判　342 ページ

3,000 円

●「テロ事件」後進められつつある危険な流れのなかで、平和憲法を持つ日本がどのようなかたちで国際貢献をはたすのかが大きな課題となっている。本書では憲法第九条を持つ日本の立場から ODA の歴史を踏まえて徹底検証をした。

精神分析の終焉

＜フロイトの夢理論批判＞

ジョルジュ・ポリツェル著

寺内　礼監修　富田正二訳　四六判　362 ページ　3,200 円

●ポリツェルはフロイトの夢理論と無意識理論を綿密に分析し、夢から得られる豊かな素材を利用できるのは、精神分析だけだということを確認した。心理学の古典ついに完訳、本邦初公開。

麻薬と紛争

日本図書館協会選定図書

＜麻薬の戦略地政学＞

アラン・ラブルース／ミッシェル・クトゥジス著

浦野起央訳　四六判　190 ページ　2,400 円

●世界を取り巻く麻薬密輸を詳細に解明した本書は、他に類を見ない稀有の本といえる。ラブルースはフランスの麻薬監視機構を設立した本人であり、クトゥジスは「麻薬世界地図」で有名な社会学者。この二人の手による本著は、現在の世界の麻薬の流れを正確に伝えることだろう。

世界テロ事典

＜ World Terrorism Data Book ＞

浦野起央編著　B6 判　294 ページ　3,000 円

●2001 年 9 月 11 日、アメリカワールドトレードセンターに始まった同時多発テロ事件までのデータを収録した、国内初のテロ事典！全世界 145 カ国、1210 項目におよぶデータを検証している。さらに現在活動中と目されるテロ組織 145 組織についても、その活動地域と特徴を詳細に紹介している。

実例でわかる福祉住環境

バリアフリーデザインガイドブック

2002 年度版　高齢者の自立を支援する住環境デザイン

サンワコーポレーション編集　A5 判　410 ページ　3,000 円

●「家をバリアフリー住宅に改修したい」「バリアフリー商品のカタログがほしい」「介護保険給付制度の受け方を知りたい」・・・などのニーズに応える、これまでにない充実の福祉必携本!!

資格をとろう!!

ビジネスキャリア

知的所有権認定試験をめざせ

高田歳三・溝辺大介著　A5判　180ページ　1,700円

●厚生労働省認定、IT時代の有望ライセンスである「知的所有権認定試験」を理解し、試験に合格するための手引書。

180年間戦争をしてこなかった国

日本図書館協会選定図書

＜スウェーデン人の暮らしと考え＞

早川潤一著　四六判　178ページ　1,400円

●スウェーデンが福祉大国になりえた理由を、戦争を180年間してこなかったところに見い出した著者が、スウェーデンの日常を詳細にスケッチする。平和とは何か。平等とは何か。この本で新しい世界が開けるだろう。

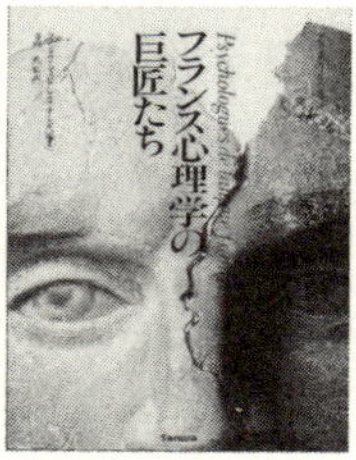

フランス心理学の巨匠たち

＜16人の自伝にみる心理学史＞

フランソワーズ・パロ／マルク・リシェル監修

寺内　礼監訳　四六判　640ページ　3,980円

●今世紀のフランス心理学の発展に貢献した、世界的にも著名な心理学者たちの珠玉の自伝集。フランス心理学のモザイク模様が明らかにされ、歴史が描き出されている。

意味の論理

＜意味の論理学の構築について＞

ジャン・ピアジェ／ローランド・ガルシア著

芳賀　純・熊田 伸彦監訳　A5判　234ページ　3,000円

●本書は新しい角度から、20世紀の心理学の創立者ジャン・ピアジェの業績を解き明かす鋭い豊かな試論を示すとともに、現代思想のいくつかの重大な関心事に邂逅している。